Milo Dahlmann (1958), aufgewachsen in Helsingborg, lebt in Stockholm. Sie widmete einen Teil ihres Lebens zunächst dem Ballett und engagierte sich dann zehn Jahre lang für *Greenpeace*.

Die Überquerung des Atlantiks war ihr erster großer Einhandtörn, und ohne eine Rekordleistung zu planen, war sie damit die erste Schwedin, der dies gelang.

Heute arbeitet Milo Dahlmann als Navigationslehrerin, Vortragsreisende und Umweltbeauftragte einer Stockholmer Klinik.

Im Jahr 2006 will sie mit einem neuen Boot einen weiteren Anlauf unternehmen, die Antarktis zu erreichen.

Die Deutsche Bibliothek – CIP-Einheitsaufnahme
Ein Titeldatensatz für die Publikation ist bei
Der Deutschen Bibliothek erhältlich.

NATIONAL GEOGRAPHIC ADVENTURE PRESS
Reisen · Menschen · Abenteuer
Die Taschenbuch-Reihe von
National Geographic und Frederking & Thaler

1. Auflage Mai 2004

Titel der Originalausgabe: Min dröm om havet

Aus dem Schwedischen von Leena Flegler
Titelfoto oben: Hauke Trinks
Fotos: Milo Dahlmann, soweit nicht anders angegeben
Lektorat: Knut Krüger, München
Umschlaggestaltung: Petra Dorkenwald, München
Herstellung: Caroline Sieveking, München
Druck und Bindung: Clausen & Bosse, Leck
Printed in Germany

ISBN 3-89405-225-2
www.frederking-thaler.de

Das Papier wurde aus chlorfrei gebleichtem Zellstoff hergestellt.

MILO DAHLMANN

MEIN GROSSER TÖRN VOM ATLANTIK ZUM PAZIFIK

30 000 Seemeilen mit dem Segelboot

Aus dem Schwedischen
von Leena Flegler

NATIONAL GEOGRAPHIC
FREDERKING & THALER

Allen, die diesen
Segeltörn ermöglichten, weil sie an
mich geglaubt und mir geholfen haben.
Allen voran Torbjörn, der immer da
und mir eine unschätzbare Stütze war.
Ein inniges DANKESCHÖN!

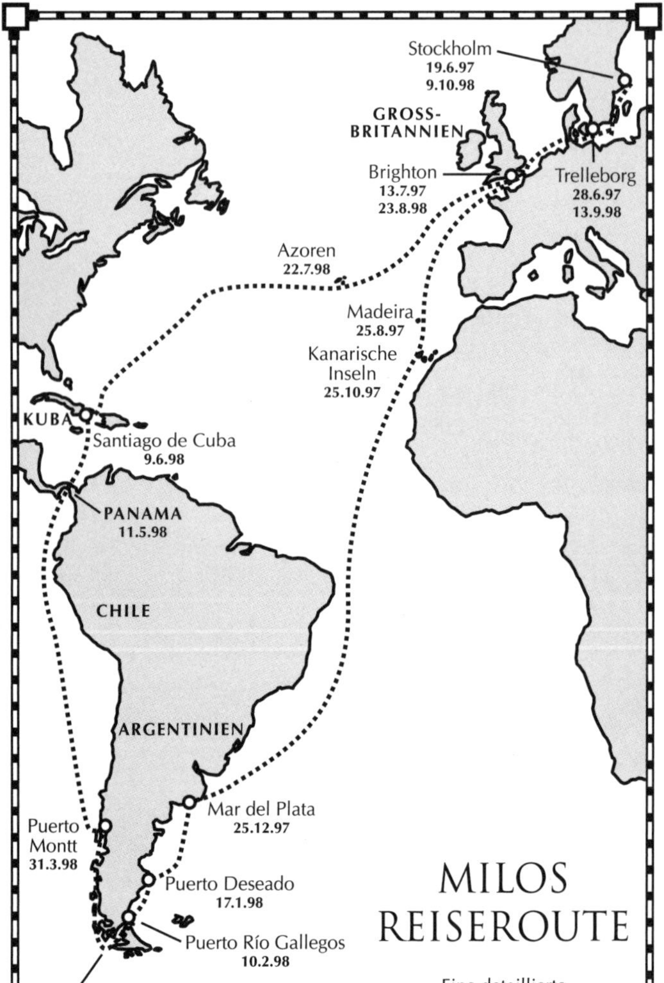
Stockholm
19.6.97
9.10.98
GROSS-
BRITANNIEN
Brighton
13.7.97
23.8.98
Trelleborg
28.6.97
13.9.98
Azoren
22.7.98
Madeira
25.8.97
Kanarische
Inseln
25.10.97
KUBA
Santiago de Cuba
9.6.98
PANAMA
11.5.98
CHILE
ARGENTINIEN
Mar del Plata
25.12.97
Puerto
Montt
31.3.98
Puerto Deseado
17.1.98
Puerto Río Gallegos
10.2.98
Magellanstraße
MILOS
REISEROUTE
Eine detaillierte
Reiseroute findet sich auf
den Seiten 267 bis 269

Inhaltsverzeichnis

Einleitung 9

1. Im Auge des Wals 11
2. Wie alles begann 15
3. Der Entschluss 24
4. Unterwegs 39
5. Schonen achteraus 52
6. Zeit für die Seele 71
7. Das weite Meer 95
8. Endlich in Richtung Antarktis 119
9. In windigen und fremden Fahrwassern 134
10. Am südlichsten Punkt 149
11. Zwischen Eisschollen und Behörden 160
12. Eine unangenehme Überfahrt 172
13. Wieder eine schwere Entscheidung 179
14. Beinahe ein Auffahrunfall 192
15. Ein warmes Willkommen auf Kuba 198
16. Das Schlimmstmögliche tritt ein – Rigghavarie! 207
17. Allein mit dem Meer 216
18. Ein ordentlicher Sturm 227
19. Zurück in die Zivilisation 236
20. Kreuzkurs Nordsee 248
21. Festen Boden unter den Füßen 259

Reiseroute 267

S/Y Artemisia – Bootsdaten 270

Einleitung

Wir alle haben Träume. Träume müssen natürlich nicht auf Biegen und Brechen verwirklicht werden, aber allzu oft hören wir auf zu träumen, weil wir denken, dass wir sie ohnehin nicht wahr machen können. Das gilt im Großen wie im Kleinen.

Einer meiner Träume war ein langer Segeltörn. Mich reizte nicht die Aussicht auf warme Länder, sondern die Vorstellung, in einem kleinen Boot zu sitzen, in den Weiten des Ozeans, und den Naturgewalten ganz nahe zu sein. Nachdem ich in der Antarktis gewesen war (während ich für *Greenpeace* als Matrose arbeitete), erwachte in mir der Traum, einmal dorthin zu segeln – über dem eigenen Kiel.

Die Rahmenbedingungen waren nicht die besten. Ich hatte weder eine wirklich gut bezahlte Arbeit noch eine reiche Familie oder ein Haus, das ich hätte verkaufen können. Zu segeln hatte ich erst als Erwachsene gelernt. Aus moralischen Gründen wollte ich mich nicht sponsern lassen; ich wollte nicht meine Seele verkaufen, um meinen Traum zu verwirklichen.

Ich hatte zwar kein Geld, aber ein Boot. Und meinen Traum. Die nötigen 200000 Kronen würde ich durch Sparen nie zusammenbekommen, das war mir klar. Doch es musste noch einen anderen Weg geben. Oder sollte ich vielleicht statt zu segeln wirklich nur träumen dürfen?

Ich wollte versuchen, zur Antarktis zu segeln, und gab mir zwei Jahre Zeit, um mein Boot flottzumachen und das Geld aufzubringen. Zwar hatte ich in den folgenden zwei Jahren keine großen Einnahmen zu erwarten, doch mein Entschluss half mir dabei, mich darauf zu konzentrieren, was ich wirklich wollte – und tatsächlich setzte ich knapp zwei Jahre später die Segel und startete den Segeltörn meines Lebens.

Mein Ziel – die Antarktis – erreichte ich nie. Aber ich lernte, wie wichtig es ist, sich Ziele zu setzen und an ihnen festzuhalten. Genauso wichtig ist es aber auch, flexibel zu sein und seine Pläne zu verändern, wenn die Wirklichkeit es erfordert.

Ich ging davon aus, dass die lange Reise mir in vielerlei Hinsicht schwer fallen würde. Daher bat ich ein paar Freunde, mich auf unterschiedlichen Teilstrecken zu begleiten. Ich wollte allerdings auch versuchen, einige Etappen alleine zu bewältigen, was ich über drei Etappen tat; die längste davon war die Rückfahrt über den Atlantik.

Viele glauben, dass man seit seiner Kindheit gesegelt, ein großes Boot und viel Geld haben müsse, um einen langen Törn zu unternehmen. Wenn das Geld fehle, sei die einzige Möglichkeit, sich sponsern zu lassen. Inzwischen weiß ich, dass nichts von alledem notwendig ist. Ein großes Boot ist nicht unbedingt sicherer als ein kleines; es kommt vielmehr auf seine Konstruktion, seinen Bau an. Und das Meer ist, von einem kleinen Boot aus betrachtet, genauso schön, wie von einem großen aus gesehen. Außerdem ist es möglich, die Reise zu finanzieren, auch wenn man keine Reichtümer besitzt.

Nach der Rückkehr von meinem Segeltörn dauerte es eine Zeit lang, bis mir klar wurde, was die Reise mir alles gegeben hatte. Indem ich versuche, meine Erlebnisse und Erkenntnisse zu beschreiben, möchte ich auch zeigen, dass viele unserer Lebensträume verwirklicht werden können. Wir können viel mehr, als wir gemeinhin denken.

Kapitel 1

Im Auge des Wals

Ich lehnte mich an die Reling und spähte durch den Sucher. Wartete, wie schon so oft, auf den richtigen Augenblick. Doch zum wiederholten Male setzte ich die Kamera ab, ohne auf den Auslöser gedrückt zu haben. Ich setzte mich und ließ meine Sinne umherschweifen, um all das aufzunehmen, was mich umgab.

Irgendjemand hat einmal gesagt, dass es in der Antarktis keine Farben gäbe – außer Weiß und ein wenig Blau. Wie war diese Person bloß darauf gekommen?, fragte ich mich, während ich eine Landschaft betrachtete, die mich blendete mit all ihren Nuancen von Weiß, Blau, Grün und Schwarz. Irgendjemand hatte sogar behauptet, hier gäbe es kaum etwas zu sehen ... Doch nirgends sonst habe ich Vögel gesehen, die mit größerer Geschicklichkeit und Eleganz bei rauer See nur wenige Zentimeter über der Wasseroberfläche segelten, ohne nass zu werden. Große, majestätische Albatrosse, die nur die äußerste Spitze eines Flügels ein wenig beugten, um ihre Flughöhe zu verändern. Pinguine, die vorbeischwammen und fröhlich schnatterten. Wale, die sich erhaben durch das Wasser bewegten.

Und nie habe ich eine derartige Größe erlebt: enorme Eisberge, die, so weit das Auge reicht, im Meer verteilt lagen und alle unterschiedlich aussahen. Es gab scharfkantige Berge, Berge mit riesigen Grotten und Einbuchtungen sowie Berge, die rund und weich aussahen, wie Samt. Es gab Berge, die mehrere hundert Jahre alt waren, und wieder andere, die erst kürzlich entstanden waren. Obwohl diese Eisberge unglaublich mächtig schienen, so wie sie dort vor mir lagen, wusste ich, dass ich höchstens ein Siebtel der gesamten Eismasse sah. Der Rest lag unter der Wasseroberfläche.

Diese Größe erfüllte mich mit unbändiger Kraft und Lebenslust. Es war, als träte ich mit meinem innersten Wesen in Kontakt und begriffe mit einem Mal, was das Leben wirklich ausmacht: Kampf, Überleben, Wärme, Glück und Liebe. Und Kummer. Ich fühlte mich klein, aber nicht machtlos. Ich empfand große Demut, weil ich Teil von alledem war, das bereits so unendlich lange vor mir existiert hatte, und das unendlich lange weiterexistieren würde, wenn ich längst zu Staub zerfallen war. Dies alles gab mir Ruhe.

Wir glitten sachte durch dieses unfassbar schöne Gewässer der Antarktis. Obwohl ich zu diesem Zeitpunkt schon viele Eisberge gesehen hatte, saß ich wie gebannt da – unfähig, meine Umgebung in einem Blechkasten einzufangen, den man Kamera nennt. Viele hundert Seemeilen um uns herum gab es weder Menschen noch irgendetwas, das auf ihre Anwesenheit hindeutete. Kein Fußabdruck, kein menschlicher Laut, keine Spur menschlichen Wütens. Nichts dergleichen.

Plötzlich verspürte ich den Drang, mich in das Wasser zu stürzen und den Eisberg vor mir zu erklimmen, der in seiner Mitte eine Bucht geformt hatte, und mit dem einsamen Pinguin Kontakt aufzunehmen, der dort drüben stand und den unsere Anwesenheit nicht im Geringsten zu stören schien.

Zwischen zwölf und vier hielt ich Wache, bei Tag und bei Nacht. In den antarktischen Gewässern waren wir zu dritt auf der Brücke, ein Steuermann und zwei Matrosen, um das Eis im Auge zu behalten, das uns umgab. Ich ging immer zusammen mit Grace und François Wache. Die Nachtwache war mir am liebsten. Während die anderen schliefen, wurde alles greifbarer, und die Geräusche klangen wie die der Sommernächte in Lappland. In klaren Nächten warteten wir auf das Südlicht, das am Himmel aussah wie verspielte, tanzende Schleier. Hauptsächlich aber hielten wir Ausschau nach *growlers*, kleineren Eisschollen, die, besonders wenn sie aus altem Eis waren, unser Schiff beschädigen konnten. Diese *growlers* waren noch fantastischer geformt als die großen Eisberge. Man konnte in ihnen Hunde, menschliche Wesen, Häuser, Badewannen und Pferde vorüberziehen sehen.

Als wir eines Nachts in einer fast eisfreien Gegend unterwegs waren, hielten wir hauptsächlich nach Walen Ausschau. Nach einer Weile konnten wir in weiter Ferne eine Fontäne aufsprühen sehen. Alle drei eilten wir mit Ferngläsern in den Händen auf die Nock und spähten hinaus. Etwas später – François war nur kurz auf die Brücke gegangen, um nachzusehen, ob alles in Ordnung ist – hörten wir einen erstickten Schrei ...

Direkt vor uns lag ein schlafender Pottwal! Schnell rannte ich auf die gegenüberliegende Nock, um besser sehen zu können. Für ein Ausweichmanöver war es zu spät, und die Sekunden vergingen wie Stunden, bevor wir mit nur drei Metern Abstand an dem schlafenden Wal vorüberglitten. Ich versuchte, an der Reling dem Wal so nah wie möglich zu stehen, und in genau dem Moment, als wir auf gleicher Höhe nebeneinander lagen, öffnete der Wal ein Auge und sah zu mir hinauf. Die Zeit stand still, ich hörte auf zu atmen. Das Einzige, was existierte, war dieses Auge, das mich mit Wärme, Stolz und Zuversicht ansah.

Jedenfalls empfand ich das so.

»Komm zurück! Ich will mit dir reden! Ich will, dass du mir von den Geheimnissen des Lebens erzählst, vom Wasser des Ozeans und davon, was du von den Menschen hältst!«

Der Wal mit der großen Schwanzflosse tauchte ein in die Tiefen des Meeres. Wie er uns Menschen wohl sah? Hier stehen wir, haben uns selbst zu Herrschern der Erde ernannt. So lange der Mensch auf der Erde lebt, hat er unterdrückt und geherrscht, behaupten viele Historiker. Ich glaube das nicht und habe andere Historiker an meiner Seite. Welcher Geschichtsschreibung sollen wir glauben? Man sagt, dass Kinder in ihrem Weltbild naiv sind, weil sie an das Gute glauben.

Wir selbst sind »erwachsen« und »vernünftig« geworden, um unseren Widerwillen und Überdruss an dem, was wir sehen, zu betäuben. Und wir werden niedergehalten von einem Gefühl der Machtlosigkeit, das uns suggeriert, wir seien klein und könnten nicht viel aus unserem Leben machen, geschweige denn die Probleme der Welt lösen. Ich bin jedoch überzeugt davon, dass wir unsere Menschlichkeit wiedererlangen können, indem wir nicht herrschen, sondern uns als Teil allen Lebens auf dieser Erde begreifen.

Ich sah den Wal verschwinden und dankte ihm für den Moment der Gemeinsamkeit, den er mir geschenkt hatte. Dieses Gefühl haben wir Menschen vergessen und glauben noch immer, besser zu sein als andere Geschöpfe.

Wir leben abgetrennt von den übrigen Bewohnern der Erde. Diese Trennung verursacht uns Schuldgefühle. Sich vom Rest der Welt abzusondern heißt, einen Teil von sich sterben zu lassen.

Die Antarktis machte mich stolz. Mit ihrer selbstgewissen Stärke, bereits so unendlich lange existiert zu haben. Mit ihren Walen, Pinguinen und Albatrossen, die sich dort trotz der Kälte wohl zu fühlen schienen. Mit ihrer Zeitlosigkeit.

Mitten darin: ich. Ein Gast, der mit offenen Armen empfangen wurde, dem niemand Schaden zufügen wollte.

(Dies schrieb ich nach meiner ersten Reise zur Antarktis mit der *M/S Greenpeace* im Jahr 1992.)

Kapitel 2

Wie alles begann

Bis 1980 hatte ich nicht die leiseste Ahnung vom Segeln, war noch nicht einmal in der Nähe eines Segelbootes gewesen. Damals war ich mit Ted zusammen, der seit Jahren ein begeisterter Segler war. Er schlug vor, im Sommer in den Schären vor Stockholm segeln zu gehen. Gemeinsam mit zwei Freunden, Lena und Peter, mieteten wir eine gut acht Meter lange Vega, und zum ersten Mal in meinem Leben setzte ich meinen Fuß an Deck eines Segelbootes.

Die ersten Tage verbrachten wir in den Schären, und ich war vollkommen überwältigt vom Anblick all der Inselchen, die dort lagen. Irgendwann wollten die Männer mehr erleben und dachten laut über einen Ausflug nach Gotland nach. Die Fähigkeiten an Bord waren klassisch verteilt – die Männer konnten segeln, die Frauen nicht. Weder Lena noch ich konnten also einschätzen, was ein Segeltörn nach Gotland bedeuten würde, aber die Begeisterung von Ted und Peter war so groß, dass wir schließlich zustimmten.

Also verließen wir Stockholm gen Süden, und als es Abend wurde, teilten wir die Wachgänge ein. In der Dunkelheit frischte der Wind auf, aber weil er von achtern wehte, kamen wir gut voran. Ted und ich hielten Wache. Er stand lächelnd am Steuerruder.

»Ist der Wind nicht zu stark?«, fragte ich.

»Nein, nein, der ist gerade richtig.«

»Glaubst du, dass es noch windiger wird?«

»Nein, sicher nicht. Wir haben zwar keinen Wetterbericht gehört, aber ich glaube nicht, dass sich etwas ändert.«

Eine Welle nach der anderen rollte von achtern an uns heran. Mir war ein bisschen übel, und ich starrte zum Horizont, wie man es mir empfohlen hatte. Plötzlich kam Sturm auf, es pfiff und toste im Dunkeln. Am Himmel rasten finstere Wolken vorüber, und die Wellen kamen aus allen Richtungen, sodass das Boot hin und her geschleudert wurde. Dann passierte alles in Sekundenschnelle: Das Hauptsegel schlug um – Patenthalse! Als ich sah, dass Ted am Steuer auf dem Geländer saß und der Großbaum direkt auf ihn zuraste und ihn über Bord zu schlagen drohte, schrie ich auf. Er konnte sich zwar festhalten, aber der Baum traf ihn mitten ins Gesicht. Blut schoss ihm aus Nase und Mund. Er war vollkommen still. Ich starrte ihn an, bis mir klar wurde, was gerade geschehen war.

»Peter! Lena! Kommt! Schnell!«

Peter übernahm das Steuer, während ich zu erkennen versuchte, wie schwer Ted verletzt war. Gott sei Dank waren seine Nase und Zähne unversehrt.

»Wir müssen das Segel reffen!«, schrie Ted.

Peter nickte.

»Milo, übernimm das Steuer! Sieh zu, dass du alle Wellen direkt von vorne nimmst!«

Beklommen übernahm ich von Peter das Steuerrad – ich hatte doch noch nie ein Boot gesteuert!

Ohne Sicherheitsleine verschwanden Ted und Peter in der Finsternis. Das Segelboot schwankte heftig auf dem rauen Meer.

So langsam geriet ich in Panik. Wie sollte ich die Wellen »direkt von vorne nehmen«, wenn sie permanent von allen Seiten anrollten? Und wenn jemand über Bord ging?

»Pass auf, wohin du steuerst!«, brüllte Ted.

»Ich versuch's ja!«

Wie durch ein Wunder konnten die Männer das Segel einholen. Ohne Segel fuhren wir weiter gen Süden, während ich mich ununterbrochen übergeben musste. Ich wollte nur noch herunter von diesem Boot. Es gab Augenblicke, in denen ich hätte schwören können, dass wir diese Fahrt nicht überleben, sondern mitten auf der Ostsee kentern und ertrinken würden. Als endlich der nächste Tag anbrach, war das Wasser um uns herum noch immer aufgewühlt, doch der Sturm hatte sich gelegt. Die anderen versuchten mich dazu zu bewegen, endlich etwas zu essen, aber ich brachte keinen Bissen hinunter. Ich war vollkommen apathisch, alles war mir egal. Als Lena eine Tüte mit Gummibärchen hervorkramte, schaute ich sie nur müde an.

»Krieg ich ein Gummibärchen?«, fragte ich sie.

»In deinem Zustand ist das vielleicht nicht so gut«, entgegnete sie zweifelnd.

»Wahrscheinlich nicht, aber ich hätte trotzdem gerne eins ...«

Nie zuvor hatte ich ein Gummibärchen so langsam zerkaut – und es schmeckte unglaublich gut! Es war erstaunlich: Dieses Gummibärchen war das Einzige, was ich bei mir behalten konnte.

Wenig später legten wir im Hafen von Visby an. Als ich an Land torkelte, konnte ich nicht mehr normal gehen, ich balancierte immer noch die Wellen aus, die es gar nicht mehr gab!

Wir erfuhren, dass in den Dörfern ein Wind von 30 Metern pro Sekunde gemessen worden war – Sturmstärke! Allerdings wusste ich zu diesem Zeitpunkt nicht einzuschätzen, was das wirklich bedeutete. Ich konnte schließlich noch keinen Vergleich anstellen.

Es wäre sicherlich verständlich gewesen, wenn ich mich nach diesem Erlebnis geweigert hätte, je wieder einen Fuß an Deck eines Segelbootes zu setzen. Ich tat es dennoch. Die Heimfahrt verlief glatt, und ich begann das Gefühl zu genießen, auf offenem Meer zu sein. Auf diesem Segeltörn lernte ich einiges, vor allem, was man besser *nicht* tun sollte: zum Beispiel ablegen, ohne eine Wetterprognose gehört zu haben. Ohne Sicherheitsleine hinaus an Deck gehen. Mit Leuten segeln gehen, ohne ihnen vorher in ruhigem Gewässer beigebracht zu haben, ein Boot zu steuern. Unnötig schreien.

Zwei Jahre später, im Herbst 1982, kauften Ted und ich ein IF-Boot, das 7,85 Meter lang war. Wir tauften es auf den Namen *Aquarius*. Sich nach insgesamt nur drei Wochen Segelerfahrung ein eigenes Boot zu kaufen mag etwas voreilig erscheinen, aber ich wusste bereits zu diesem frühen Zeitpunkt, dass das Meer auf mich eine große Anziehungskraft ausübte.

Im darauf folgenden Winter trennten Ted und ich uns. So kam es, dass ich zu Beginn des nächsten Sommers Besitzerin eines halben Segelbootes war. Wir hatten uns darauf geeinigt, uns die Pflege des Bootes zu teilen, und das funktionierte problemlos. Ich hatte allerdings keine Freunde, die segeln konnten. Diejenigen, die ich mit hinaus aufs Meer nahm, konnten es noch weniger als ich selbst. In diesem ersten Sommer beging ich vermutlich jeden einzelnen Fehler, den man überhaupt machen konnte: Ich setzte das Boot auf Grund, verlor im Nebel die Orientierung, hatte einen Motor, der einfach nicht starten wollte, wurde in eine flache Bucht getrieben, in der wir wieder auf Grund liefen ... Aber ich lernte, auch ohne Motor in einen Hafen einzulaufen, und nach diesem geglückten Manöver fühlte ich mich wie der stolzeste Skipper überhaupt.

Weitere zwei Jahre später wollte Ted seinen Anteil an der *Aquarius* ausbezahlt bekommen. Er wollte mit seiner neuen Partnerin zusammen eine Wohnung kaufen und brauchte dringend Geld. Maria, eine Freundin von mir, sprang kurz entschlossen ein und wurde auf diese Weise für ein paar Jahre zur Miteigentümerin des Bootes.

In den folgenden Jahren wuchs in mir die Liebe zum Meer und zur *Aquarius*. Das Segeln nahm einen immer größeren Platz in meinem Leben ein. Ich studierte theoretische Navigation, machte den Segelschein, das Examen zur Küstenschifffahrt und später auch noch den

B-Segelschein. Währenddessen erledigte ich einen Fulltimejob für *Greenpeace*.

Ich bin in Helsingborg aufgewachsen und 1978 nach Stockholm gezogen, wo ich Tanz studierte und einen Job fand. Sich als Tänzerin über Wasser zu halten ist nicht ganz einfach, daher arbeitete ich zunächst eine Zeit lang als Nachtschwester. Je mehr ich mir der fortschreitenden Umweltzerstörung bewusst wurde, desto größer wurde mein Wunsch, in der Umweltarbeit aktiv zu werden und selbst Einfluss zu nehmen. Ich kam in Kontakt mit *Greenpeace*-Mitgliedern und war beeindruckt von ihrem Trotz, Mut und Eigensinn. Daher fiel es mir nicht schwer, die Tanzschuhe an den Nagel zu hängen und mich *Greenpeace* anzuschließen. Das war 1985. Meine Aufgabe bestand zunächst darin, Schulen, Vereine, Organisationen und dergleichen zu besuchen und dort über die Umweltprobleme und die Arbeit von *Greenpeace* zu berichten. Im Laufe der Jahre wuchs mein Engagement für die Umweltorganisation stetig. Ich nahm an vielen Anti-Gewalt-Aktionen teil. Zu unseren Grundprinzipien gehörte, nie Gewalt anzuwenden, nie jemand anders als uns selbst einer Gefahr auszusetzen und nie Sabotage zu verüben. Das Gesetz zu brechen war kein Selbstzweck, aber es geschah eben bisweilen. Wenn beispielsweise eine Reihe von international anerkannten Wissenschaftlern übereinstimmend die Meinung vertritt, dass ein bestimmtes chemisches Element lebenden Organismen schadet, einige Regierungen aber dessen Einsatz weder begrenzen noch verbieten, bin ich bereit, ein Gesetz zu missachten, um die Menschen über die Gefahren zu informieren, die mit der weiteren Produktion und Verarbeitung dieses chemischen Elements verbunden sind. *Greenpeace* geht natürlich noch andere Wege, aber ich glaube, dass es »Wecker« geben muss, die den Menschen die Augen und Ohren öffnen angesichts dessen, was um uns herum geschieht.

Die erste Aktion, an der ich teilnahm, fand 1985 auf dem Gelände eines englischen Kohlekraftwerks statt. Die Debatte um den sauren Regen war in vollem Gange, und englische Abgase trugen viel dazu bei, dass schwedische Wälder und Seen versauert wurden. Dennoch sollte ein neues Kohlekraftwerk ohne Abgasfilter gebaut werden. Zu dritt wollten wir an einem 60 Meter hohen Kran emporklettern und ein Banner mit der Aufschrift »STOP ACID RAIN« aufhängen.

Hinauf kamen wir ohne Probleme, aber als wir weit über dem Boden am Arm des Krans hingen, kletterten uns drei Männer nach, die mit dem Bau des neuen Werkes zu tun hatten. Die drei waren sehr aggressiv und kappten mit einem Messer unsere Sicherheitsleinen. Wir versuchten, mit ihnen ins Gespräch zu kommen, um ein Unglück zu verhindern.

»He, mal ruhig, sonst fällt noch einer von uns runter und kommt ums Leben«, startete ich einen Versuch.

Einer von ihnen sagte: »I don't give a shit!«

Der Hass in seinen Augen machte mir Angst, aber mir fiel einfach nichts mehr ein, was ich hätte sagen können. Die drei Männer zerschnitten jedes Seil, das sie zu fassen bekamen, und erst als wir ihnen klar machten, dass wir oben zu bleiben gedachten, schienen sie der Sache überdrüssig zu werden.

Am Ende zogen sie ab und niemand wurde verletzt. Die meisten anderen, die dort arbeiteten, versicherten uns, dass sie auf unserer Seite stünden und dass wir uns um die drei, die uns nachgeklettert waren, nicht zu kümmern brauchten.

Später musste das Kohlekraftwerk mit dem zu jener Zeit üblichen Umweltschutzstandard ausgestattet werden. Das Übersäuerungsproblem wurde dadurch nicht gelöst, aber es war ein Schritt in die richtige Richtung.

Ich habe bei vielen Aktionen Angst gehabt. Aber die Angst angesichts dessen, was tagtäglich um uns herum passiert, ist größer.

Menschen, die nicht reagieren oder die aufgegeben haben, die erschrecken mich.

Zehn Jahre lang habe ich für *Greenpeace* gearbeitet, die längste Zeit davon in der schwedischen Zentrale, aber ich war auch zwei Jahre in London und immer wieder als Matrose auf *Greenpeace*-Schiffen unterwegs, was mir zweimal das Glück bescherte, zur Antarktis fahren zu dürfen.

Als ich beschloss, meinen Traum von dem langen Segeltörn wahr zu machen, hörte ich auf, bei *Greenpeace* zu arbeiten. Ich wusste, dass die Vorbereitung des Törns all meine Zeit in Anspruch nehmen würde, und auf See zu arbeiten und immer wieder monatelang unterwegs zu sein ließ sich zeitlich leider nicht mit der Planung meiner eigenen Reise vereinbaren.

Das Segeln wurde mir von Jahr zu Jahr wichtiger. Ich las Naomi James' Buch *Ich und der Ozean* und war fasziniert von dieser Frau, die 1978 mit nur wenig Erfahrung im Gepäck losgezogen und rund um den Erdball gesegelt war und dabei alle Geschwindigkeitsrekorde gebrochen hatte. Ich begann, mich hinaus auf die Weltmeere zu träumen: Einmal das Meer erleben, von einem kleinen Boot aus, und der Größe und Kraft der Natur ganz nah sein!

Mit der *Aquarius* unternahm ich ausgedehnte Segeltouren durch die Schären, aber einmal segelte ich auch nach Leningrad, dem heutigen St. Petersburg. Ich wollte zunehmend längere Segeltörns unternehmen. Wohin genau, wusste ich nicht – ich träumte nicht von den Westindischen Inseln, ich träumte vom Meer an sich. Segeln war Balsam für meine Seele, gab mir Harmonie, Lebenslust und Kraft und war eine willkommene Herausforderung. Irgendwann konnte ich mir ein Leben ohne Segeln nicht mehr vorstellen.

Obwohl es Menschen gibt, die in einem IF-Boot über den Atlantik gesegelt sind, wollte ich mir ein etwas größeres Boot anschaffen, in dem ich aufrecht stehen konnte. Außerdem wünschte ich mir einen Außenbordmotor und mehr Stauraum, als mir auf der *Aquarius* zur Verfügung stand. Ich wusste allerdings nicht, nach welchem Bootstyp ich suchen sollte, hatte andererseits ein klares Bild vor Augen, wie das Boot auszusehen hatte. Ich hatte bislang keinem davon erzählt, doch tief in mir keimte der Wunsch, zur Antarktis zu segeln. Dort konnte es passieren, dass man über Eis fuhr, und dafür brauchte ich ein Boot mit langem Kiel.

Mein Bruder Christian, der damals noch in Helsingborg lebte, erwähnte eines Tages am Telefon, dass er im Hafen von Råå ein geeignetes Boot gesehen habe. Weil ich ohnehin nach Schonen, in die südlichste schwedische Provinz, reisen wollte, fuhr ich ihn besuchen und wir spazierten zum Hafen. Der Besitzer des Bootes war gerade an Bord und zeigte uns sein Fahrzeug, eine Bianca 27. Ich spürte instinktiv, dass ich mein Boot gefunden hatte. Zwar stand dieses Boot nicht zum Verkauf, aber ein halbes Jahr später fand ich ein anderes in Göteborg. Um an Geld zu kommen, überführte ich die *Aquarius* nach Deutschland und verkaufte sie dort – aus zwei Gründen: Zum einen bekam ich in Deutschland einen besseren Preis, und zum anderen hatte ich emotionale Schwierigkeiten, mich von dem Boot zu trennen, auf dem ich segeln gelernt hatte. Wenn ich sie in Deutschland verkaufte, würde ich die *Aquarius* wahrscheinlich nie wieder sehen, und das erleichterte mir die Trennung ein wenig.

Im Sommer 1992 brachte ich mein neues Boot über den Göta-Kanal heim nach Stockholm. Es hatte einen fürchterlichen Namen, wie ich fand, sodass ich es umtaufen wollte, wohl wissend, dass dies nach alter Seefahrermeinung Unglück bedeutete. Dieses Risiko wollte ich gerne in Kauf nehmen, als ich den passenden Namen für mein Boot fand: *Artemisia.* In der griechischen Mythologie ist Artemis unter anderem die Schutzgöttin der Natur. Aber es hatte auch eine wirkliche Artemisia gegeben, eine antike Kapitänin. Sie war geschickt in Seekriegen, eine kluge Strategin und äußerst beliebt. Artemisia ist überdies eine Pflanzenfamilie, die sich hauptsächlich aus Heilkräutern zusammensetzt. Ich fand jedenfalls, dass der Name hervorragend zu meinem Boot passte.

Nun hatte ich das Boot, aber immer noch kein Geld. Jetzt hieß es sparen! Ich schob die Verwirklichung meines Traums vorerst auf, denn über das nötige Geld sollte man schon verfügen, ehe man sich darüber Gedanken macht, wann es losgehen soll.

Kapitel 3

Der Entschluss

An einem Frühlingstag im April 1993 lernte ich Torbjörn kennen. Er wohnte damals in Borlänge und arbeitete dort im Sozialamt, aber aufgewachsen war er in einem kleinen Dorf nördlich des Polarkreises, in Yrttivaara. Nach einigen Reisen zwischen Borlänge und Stockholm beschlossen wir, unser Leben fortan zu teilen.

Torbjörn war in seinem Leben nie zuvor gesegelt. Als Kind war er lediglich einmal in einem Motorboot hinaus nach Malören gefahren, einer kleinen Insel weit oben im Bottenmeer. Ob er das Segeln mögen würde?

Als wir das erste Mal gemeinsam segelten, war das Wetter sehr schön. Natürlich wollte ich nicht, dass er so ein grauenhaftes erstes Segelerlebnis haben würde, wie ich es gehabt hatte. Ein ruhiger Segeltörn in den Schären sollte es werden. Was wäre gewesen, wenn er Segeln langweilig oder sogar ganz und gar schrecklich gefunden hätte?

Doch hinterher sah Torbjörn so aus, als hätte es ihm gefallen, und als ich nachfragte, sagte er: »Es war lustiger, als ich es mir vorgestellt hatte!«

Bereits im folgenden Sommer segelten wir bis nach Luleå. Eine schöne Reise, die wir ohne größere Schwierigkeiten zu Ende brachten.

Als Torbjörn und ich einander besser kennen gelernt hatten, erzählte ich ihm irgendwann von meinem Traum eines langen Segeltörns. Ich wollte, dass er davon wusste. »Wenn es das ist, was du willst, dann solltest du es in Angriff nehmen«, entgegnete er.

Es war ein kühler, aber schöner Frühsommertag im Mai 1995. Ich war gerade von der Volkshochschule heimgekommen, wo ich einen Navigationskurs abhielt, hatte mir eine Tasse Kaffee gemacht und mich auf die Couch gelegt. An der Wand hingen die Bilder meiner letzten Antarktisreise. Wieder einmal begannen meine Gedanken um die Frage nach dem Wie zu kreisen. Wie in aller Welt sollte ich es auf eigene Faust dorthin schaffen? Den Traum, über dem eigenen Kiel zur Antarktis zu segeln, hatte ich, seit ich im Jahr 1991 das erste Mal dort gewesen war. Die Antarktis faszinierte mich auf vielfältige Art und Weise. Ein großartiger Kontinent mit einem einzigartigen Ökosystem. Weil es die meiste Zeit sehr kalt ist, dauert es unglaublich lange, bis etwas vermodert. Als der Engländer Robert Scott 1910 zu seiner zweiten Antarktisexpedition aufbrach, um als Erster den Südpol zu erreichen, starb einer seiner Hunde draußen vor der Hütte. Der Hund liegt immer noch dort ...

Unser Lebensstil verändert das Ökosystem der Antarktis und somit das unserer eigenen Umgebung. Das Ozonloch über der Antarktis ist ein riesiges Problem, das auf umweltschädliche Emissionen zurückzuführen ist, die wir auf der Nordhalbkugel der Erde – nicht auf der Südhalbkugel – zu verantworten haben. Die Pinguine in der Antarktis sind dioxinverseucht. Dioxin ist eines der gefährlichsten Umweltgifte, und was die Pinguine in sich tragen, haben sie von uns. Ausschlaggebend sind unsere Produktion und unser Konsum.

Es ist leicht zu sagen, wir könnten das alles ohnehin nicht beeinflussen, weil die Antarktis so weit weg ist und es andere sind, die die richtungsweisenden Entscheidungen treffen. Im privaten Bereich treffen wir doch auch jeden Tag Entscheidungen – wenn wir einkaufen, wenn wir bestimmte Waren anderen vorziehen.

Mein Traum war, zur Antarktis zu segeln, um dort zu fotografieren und meine Eindrücke zu dokumentieren. Später wollte ich Vorträge halten über diese einzigartige Region, wollte mein Wissen über die Zusammenhänge zwischen unserem Lebensstil und dem, was in der Antarktis vorgeht, an andere weitergeben.

Weil ich aber keine nennenswerten Gelder zur Verfügung hatte, schob ich meinen Traum die ganze Zeit vor mir her. Selbstverständlich zahlte ich, wann immer es mir möglich war, etwas Geld auf ein Sparkonto ein, aber die Summe war nicht der Rede wert. Wenn ich nur endlich genug Geld hätte ... Meine Gedanken waren draußen auf dem Meer und bei den Pinguinen in der Antarktis.

Daheim auf der Couch wurde mir mit einem Mal klar, dass ich die 200 000 Kronen durch Sparen niemals zusammenbekommen würde.

Es *musste* einen anderen Weg geben. Nur welchen? Konnte man dieses Problem umgehen? Anstatt darauf zu warten, das nötige Geld erspart zu haben, konnte ich doch einfach ein Reisedatum festsetzen ... Der Gedanke verunsicherte mich. Ob das möglich war? Wie lange würde es dauern, das Boot hochseetauglich zu machen? Zwei Jahre? Ideen schwirrten mir durch den Kopf, nur leider sehr unstrukturiert. Irgendwann setzte ich mich auf und wusste, dass ich mich gerade entschieden hatte. Ich würde alles versuchen, um im Juni 1997 aufbrechen zu können, exakt zwei Jahre später. Das Schlimmste, was passieren konnte, war, meinen Plan aufgeben zu müssen. Und das würde ich wohl irgendwie überleben.

Plötzlich fühlte ich mich wieder energiegeladen. Griff nach Papier und einem Stift und begann, Listen zu schreiben. Was war an der *Artemisia* zu tun? Was musste ich noch lernen? Wie konnte ich sichergehen, dass ich letztlich alles wusste, was ich wissen musste?

Es dauerte nicht lange, bis Torbjörn nach Hause kam. Voller Begeisterung erzählte ich ihm von meinem Entschluss, wie ich ihn gefasst hatte und wie sehr ich mir wünschte, dass er mich auf Teilen der Reise begleitete. Natürlich nur, wenn er selbst wollte. Er hörte mir zu und sagte dann: »Ich habe zwar keine Ahnung, worauf ich mich da einlasse, aber natürlich wäre es toll, zumindest bei einer Reiseetappe dabei zu sein. Und ich helfe dir gerne, wo ich kann.«

Die Welt schien mir plötzlich neu und anders und ich konnte an jenem Abend nur schwer einschlafen.

In der Folgezeit entstand eine Liste mit den wichtigsten Dingen. Diese Liste war niemals abgearbeitet, denn wann immer ich etwas erledigt hatte, kam etwas Neues hinzu.

Zuallererst las ich mir Wissen an. Es gibt jede Menge Bücher über globale Wettersysteme und den besten Zeitpunkt, irgendeinen Punkt auf der Erde anzusegeln. Diese Bücher sind voll wichtiger, wertvoller Informationen. Ich trat einem Verein von Ozeanseglern bei, einem Klub für Segler, die längere Törns unternehmen. Anfangs erzählte ich dort niemandem von meinem Plan, sondern verriet nur, dass ich hinaus aufs Meer wollte. Mein wahres Ziel vertraute ich einzig und allein Jonas Ekblad an, den ich in den Navigationskursen der Volkshochschule kennen gelernt hatte, wo er als Lehrer tätig war. Hauptsächlich aber schrieb er Artikel für *På Kryss & Till Rors*, die Zeitschrift für die Mitglieder des Kreuzerklubs, und Bücher über Navigation.

Wir saßen in einer Pizzeria in Hornstull, als ich ihm von meinem Antarktisplan erzählte. »Warum willst du nicht irgendwohin, wo es warm ist?«, wollte Jonas wissen.

»Weil ich von der Antarktis so fasziniert bin und weil ich schon so lange davon träume.«

»Kannst du nicht nach Südamerika fliegen und von dort aus eine ganz normale Touristenreise zur Antarktis machen?«

Ich musste lachen. »Nein, das wäre einfach nicht dasselbe. Zum einen will ich länger dort bleiben, damit ich alles dokumentieren kann und etwas lerne, zum anderen will ich Plätze aufsuchen, die man auf normalen Reisen nicht erreicht. Und nicht zuletzt geht es mir um die Reise an sich. Ich beobachte den zunehmenden Tourismus mit gemischten Gefühlen. Ich weiß, das klingt paradox, weil ich selbst dorthin reisen will, aber ein Teil der Touristen richtet mehr Schaden an, als er von Nutzen ist.«

»Also, das ist wirklich kein Segeltörn, den ich machen wollte, viel zu beschwerlich ... Aber es imponiert mir schon ein bisschen, dass du es versuchen willst.«

Während der gesamten Vorbereitungszeit führte ich unzählige Gespräche mit Jonas. Er rechnete damit – und sprach das auch offen aus –, dass ich irgendwann kentern würde. Aber all seine Zweifel und Warnungen führten nur dazu, dass ich mich umso besser vorbereitete und alle Eventualitäten in Erwägung zog. Zum Beispiel setzte ich mich in das Boot und prüfte es von oben bis unten. Welche Teile könnten sich lösen? Ich bedachte wirklich ungeheuer viele Details. Es musste doch möglich sein, alles an Bord zu sichern, und als ich fertig war, konnte sich so gut wie nichts mehr lösen und hin und her fliegen. Falls ich denn nun tatsächlich kentern sollte.

Ich schätzte, dass die Aufrüstung der *Artemisia* mich 150 000 Kronen kosten würde. Weil ich diese Summe nicht hatte, musste ich sie mir mühevoll verdienen. Meine Einkünfte kamen vom Klinikum Stockholm, wo ich stundenweise als Nachtschwester arbeitete, von der Umweltbildungseinrichtung *Miljökompass* und von der Volkshochschule, für die ich als Lehrerin jobbte. Sobald ich mein Gehalt bekam, bezahlte ich die Miete sowie alle anderen Fixkosten und kaufte Lebensmittel auf Vorrat. Was übrig blieb, setzte ich sofort in den Posten um, der zuoberst auf der Liste für das Boot stand. Wenn das Geld ausgegeben war, blieb mir nur noch, auf den nächsten Monat zu warten.

Ein paar Freunde rieten mir, mich sponsern zu lassen. Ich dachte darüber nach und erkundigte mich bei Leuten, die mit Sponsoring Erfahrung hatten. Aber Sponsoring kam für mich eigentlich nicht infrage. Viele Unternehmen, die Sponsoring betreiben, haben Niederlassungen in der Dritten Welt, was ich inakzeptabel finde, oder schädigen auf irgendeine Art und Weise zu sehr die Umwelt. Von diesen Unternehmen konnte ich kein Geld nehmen, ich wollte mich ja nicht verkaufen, nur um meinen Traum zu verwirklichen. Natürlich gibt es auch »anständige Unternehmen«. Aber die brauchten meist unendlich viel Zeit, um ihre Mittel zu verteilen. Außerdem war es ohnehin nicht sehr wahrscheinlich, einen Sponsor für mich zu finden – für eine gänzlich unbekannte Frau, die zur Antarktis segeln wollte!

Es folgte eine Zeit, in der ich nur noch arbeitete. Um Geld zu verdienen, das ich sogleich wieder ausgab, um das Boot nach und nach auf Vordermann zu bringen.

In der Hauptsache wurde die *Artemisia* folgendermaßen ausgerüstet:

- neue Wanten, Stage und Verteiler
- Die Püttinge waren lediglich an Deck festgehämmert. Sie wurden mit Winkeleisen verstärkt, sodass der Zug von der Takelage in den Schiffsrumpf eingeleitet wurde.
- eine Trittleiter, um am Mast emporklettern zu können
- Die alten Griffe der Winschen waren nicht mehr in Ordnung. Sie wurden durch rostfreie Griffe ersetzt.
- Vier der Fenster (eigentlich heißen sie in der Seemannssprache Klappen, aber die großen Scheiben »Klappen« zu nennen, widerstrebt mir) waren zu groß; sie stellten ein Sicherheitsrisiko dar. Anstelle von Luken, die man herausstellen und bei schlechtem Wetter wieder heranziehen konnte (was uns riskant erschien), setzten wir feste Sturmluken mit kleinen Ventilen ein.
- Die Elektronik wurde von Grund auf überholt.

- Windfahnen für die Selbststeueranlage wurden montiert.
- GPS (Satellitennavigation), eines fest installiert und eines tragbar
- Sextant
- Echolot
- EPIRB (Seenot-Rettungssender)
- VHF-Sender mit Mastantenne
- Navtex (sendet Wetterprognosen für fast die ganze Welt, wenn man 300 bis 500 Seemeilen vom Land entfernt ist)
- Rollreff
- Gummijolle
- ein zusätzlicher Dieseltank
- Geländer am Vorschiff
- Solarpaneel, an diesem Geländer befestigt, seitwärts beweglich und gegen die Sonne anwinkelbar
- *Watermaker* (der aus Salzwasser Trinkwasser macht)
- Heizung, Seeventil, Dieselkocher und Kühlschrank
- neue Lüfter
- Pumpen (eine für das Cockpit, eine für die Kajüte)
- zusätzliche Abflusslöcher im Cockpit
- verstärkte Poller
- Die Polster, auf denen wir monatelang jede Nacht schlafen sollten, wurden gegen neue ausgetauscht.
- mehr Regale, Zwischenwände und Schränke, um alles verstauen zu können
- Regal für Seekarten in der Vorpiek (unter der Decke)
- Radarreflektoren
- Welt- und Kurzwellenempfänger (damit konnte ich zwar nicht senden, aber empfangen und hören). Darüber hinaus waren natürlich viele weitere Dinge nötig, ein zusätzlicher Anker beispielsweise, jede Menge Taue, Seekarten, eine Schiffsapotheke, Werkzeug, diverse Ersatzteile, ein Feuerlöscher u. v. m.

Eine unschätzbare Hilfe war Bengt, ein Schweißer, der so gut wie alles fertig brachte. Er realisierte meine Vorschläge und Ideen, sogar wenn ich selbst nicht so recht wusste, wie etwas am Ende aussehen sollte. Zum Beispiel wollte ich eine Vorrichtung am Niedergang zur Kajüte haben, um die Klappluke sowohl von innen als auch von außen öffnen und schließen zu können (die Klappluke durften von einer Welle oder wenn ich kenterte, nicht herausgerissen werden). Die Vorrichtung sollte einfach sein. Einige Tage später erfand Bengt eine Konstruktion, die meinen Wünschen hundertprozentig entsprach! Auf sein Anraten hin wurde eine Strebe in der Kochnische montiert, an der ich mich bei starkem Seegang festhalten konnte. Ich frage mich wirklich, wie viele blaue Flecke ich mir geholt hätte, wenn es diese Strebe nicht gegeben hätte!

Gewisse Elemente der Ausrüstung, die in vielen Langstreckensegelbooten vorhanden sind, ließ ich bewusst weg, zum Beispiel Rettungsboot, Radar und Kurzwellensender.

Wenn man lange segeln will, muss man irgendein Beiboot haben. An vielen Orten gibt es keine Möglichkeit anzulegen und ohne Beiboot kommt man nicht an Land. Wenn ich aber ein Beiboot mitnahm, wo sollte dann das Rettungsboot hin? Das war ein Problem, das sich zwar hätte lösen lassen. Nachdem ich aber mit immer mehr Leuten gesprochen hatte, die mit Rettungsbooten Erfahrung hatten, kamen mir Zweifel. Es gab Berichte über Löcher in der Bootshaut, über Boote, die sich nicht entfalteten oder die sich ausgerechnet dann entfalteten, wenn sie es nicht sollten. Man konnte sie im Wasser nicht richtig drehen, sich darin nicht aufrichten und so weiter. Und sie sind sehr teuer. Kann man ein Leben mit Geld aufrechnen? Selbstverständlich nicht. Allerdings wollte ich mein Leben auch nicht etwas anvertrauen, von dem ich nicht sicher war, ob es in einer Gefahrensituation funktionieren würde. Also entschied ich mich für eine Gummijolle anstelle des Rettungsbootes und dafür, die *Artemisia* so sicher wie möglich zu machen, u. a. durch ein wasserdichtes Schott, das den Rest des Bootsraumes von der Vorpiek trennte und das Sinken des Bootes verhindern konnte, wenn die Vorpiek aufbrechen und mit Wasser voll laufen sollte.

Mit Radar konnte ich nicht umgehen.

Der Kurzwellensender stand durchaus auf meiner Liste, vor allem im Hinblick auf die Antarktis. Aber zum einen hatte ich nicht mehr genug Zeit, eine Lizenz dafür zu bekommen, und zum anderen war es eine Geldfrage.

Alles, was Torbjörn und ich selbst machen konnten, nahmen wir in Angriff. Wir schreinerten, schliffen, schraubten, leimten, strichen, bohrten und installierten in jeder freien Minute. Und das meiste dauerte viel länger, als wir gedacht hatten. Die großen Fenster beispielsweise. Die ursprünglichen waren aus Hartplastik mit Aluminiumrahmen. Eine Welle konnte ein solches Fenster ohne weiteres eindrücken. Für ein stabiles Fenster musste das Glas größer als das Fensterloch und von außen am Boot befestigt sein. Ich entschied mich für Plexiglas, das angeblich unzerstörbar war. Der Verkäufer versicherte mir, dass vier Millimeter mehr als genug wären. Nachdem Torbjörn und ich alle Scheiben festgeschraubt hatten, entdeckten wir, dass die meisten von ihnen um die Schraublöcher herum gesprungen waren. Der Verkäufer bestand am Telefon stur darauf, das sei unmöglich, und als ich mit einer der gesprungenen Scheiben zu ihm zurückging, begann er, mit aller Kraft auf dem Glas herumzuhämmern, um zu beweisen, wie solide es war. Doch welche Rolle spielte das? Die Scheiben waren ja bereits gesprungen.

Nach vielem Wenn und Aber bekam ich neue Scheiben (zu einem reduzierten Preis), und zwar diesmal, wie in einem Artikel empfohlen, acht statt vier Millimeter dick. Wir mussten lediglich alle alten Scheiben wieder abschrauben und noch mal von vorne beginnen.

Das war aber noch lange nicht alles. An einem Wintertag saßen Jonas, der Bootskonstrukteur Rolf Eliasson, seine Frau Agneta und ich auf dem Bootssteg und unterhielten uns über die Fenster der *Artemisia*. Sie glaubten, dass die Fenster noch immer nicht stark genug wären, und machten jede Menge Vorschläge. Der drastischste von allen war, alles wieder mit Plastik zu überziehen. Nun, das war wohl reichlich übertrieben. Doch das Resultat dieser Diskussion waren feste Sturmluken aus Spanplatten mit je zwei Ventilen aus Plexiglas, die mit durchgehenden Bolzen befestigt wurden. Diese Lösung sollte sich ausgezeichnet bewähren, und später war ich froh, dass wir die Fenster auf diese Weise verstärkt hatten.

Irgendwann hatte ich alles gelernt, was man im Vorfeld lernen konnte. Davon auszugehen, alles zu wissen, bevor man lossegelt, ist töricht. Man kann nie auf alles vorbereitet sein; das gilt für das ganze Leben. Ich hatte allerdings versucht, mir so viel wie irgend möglich über Motoren, Elektrizität, Wetter, das globale Windsystem, die Gezeiten, Bestimmungen, Genehmigungen, Schwerwettersegeln und anderes mehr beizubringen.

Ich besuchte zwei Motorenkurse, beim zweiten war mein Motor das Anschauungsobjekt. Auch Torbjörn nahm an diesem Kurs teil. Es war ungemein lehrreich, den eigenen Motor aus dem Boot auszubauen und ihn zu zerlegen. Eine Erfahrung, die, wie ich finde, unschätzbar ist.

Andere Dinge lernte ich im Ozeansegelklub durch Jonas, Arne Olofsson und Gunilla Svedberg, die selbst auf hoher See gesegelt waren. Ein weiterer Lehrer war Magnus Lindén, ein sehr erfahrener Segler, der mir unzählige Ratschläge erteilte und – das war wohl das Wichtigste von alledem – an mich glaubte.

Um zur Antarktis zu segeln, braucht man die Genehmigung des Polarforschungssekretariats, und die sollte man rechtzeitig beantragen. Ebenfalls benötigte ich die Erlaubnis, zu den Galapagosinseln zu segeln. Dies hatte ich von Anfang an geplant. Die Antragsunterlagen bekommt man von den ecuadorianischen Botschaften und Konsulaten.

Auch eine Versicherung sollte man sicherheitshalber abschließen. Ich erkundigte mich bei unterschiedlichen Versicherungsgesellschaften nach den gültigen Tarifen und ahnte, dass keine einzige Versicherungsgesellschaft die *Artemisia* für die Antarktis versichern würde. Für die restliche Zeit aber, für die anderen Gebiete, sollte der Abschluss einer Versicherung kein Problem sein, dachte ich. Doch da lag ich vollkommen falsch. Versicherungsgesellschaften vermuten hinter Menschen mit kleinen Booten Menschen mit wenig Geld, die nach der Hälfte der Reise überhaupt kein Geld mehr haben und Versicherungsbetrug begehen könnten. Daher versichern sie keine Boote unter 30 Fuß. Die *Artemisia* misst 27 Fuß. Die Statistik, auf der die Behauptung der Versicherer beruhte, war gelinde gesagt zweifelhaft. Ich machte aus meiner Meinung über ihre Haltung keinen Hehl, hatte aber andererseits keine andere Wahl, als unversichert loszusegeln. Vermutlich hätte es Gesellschaften gegeben, die die *Artemisia* versichert hätten – zu einem Preis, der dem Wert des Bootes entsprach ...

Zumindest hatte ich eine Haftpflichtversicherung (für den Fall, dass ich auf ein fremdes Boot auffahren würde) und eine Krankenversicherung für mich und die anderen an Bord.

Nach einem Jahr Vorbereitung hatte ich bereits viel erreicht. Das Beschlussfassen an sich hatte einen erstaunlichen Effekt. Seit dem Moment der Entscheidung dachte und handelte ich viel zielgerichteter. Es ging nicht mehr um das Ob, nur noch um das Wann. Genügend Geld zusammenzubekommen blieb jedoch mein Hauptproblem. Irgendjemand riet mir, mich um Stipendien zu bewerben. Ich lieh mir ein dickes Buch mit Informationen zu verschiedensten

Stipendien, um die man sich bewerben kann. Ich suchte nach denen, die auch nur im Geringsten mit meinem Vorhaben zu tun hatten, wurde jedoch nicht fündig.

Mein Einkommen während dieser zwei Jahre war nicht bedeutend höher als zuvor. 1996 verdiente ich etwas mehr als 200000 Kronen, ansonsten aber immer ein wenig darunter.

Je näher der Abreisetermin rückte, desto mehr Leuten erzählte ich, wohin ich segeln wollte. Einige wenige glaubten von ganzem Herzen an das Projekt, die meisten brachten jedoch unverhohlen ihre Skepsis zum Ausdruck. Gewisse Männer schienen zu denken: Wie willst du, kleines Mädchen, das denn alleine schaffen? Aber in dem Bootshandel, in dem ich häufig einkaufte, gab man mir immer häufiger Rabatt, und auch in anderen Geschäften, von denen ich meine Ausrüstung bezog, kam man mir mit den Preisen entgegen und war durchaus positiv eingestellt. Das half mir ungemein.

Als es nur noch sechs Monate bis zu dem Tag waren, an dem ich lossegeln wollte, sah ich ein, dass mein Geld definitiv nicht ausreichen würde. Meine Ausgaben hatten die 150000-Kronen-Grenze überschritten. Nachdem ich mich heftig herumgequält hatte, setzte ich mich schließlich auf den Hosenboden und schrieb einen Rundbrief an alle meine Freunde, in dem ich um finanzielle Unterstützung bat. Wenn jeder 200 Kronen spendieren würde, kämen 15000 zusammen! Ich bekam ausschließlich positives Feedback, und die Summe, die all diese Menschen gemeinsam aufbrachten, betrug genau 15000 Kronen. Als Gegenleistung wünschten sie sich nur, dass ich meinen Segeltraum auch wirklich realisieren würde. Welch fantastische Freunde!

Doch auch das reichte nicht. Es fehlten nach wie vor 50000 Kronen. Ich hatte genug Geld, um die *Artemisia* vollends auszurüsten, aber von irgendetwas musste ich unterwegs ja auch leben. Einen Kredit aufzunehmen schloss ich zunächst rigoros aus, denn Bankschulden hatte ich noch nie gemacht. Als ich meinen Unwillen gegenüber einem Kredit zum Ausdruck brachte, lachten manche nur und erklärten mir, dass viele Leute noch deutlich höhere Schulden hätten, als ich sie je machen würde. Andere meinten allerdings, ich würde einen Kredit später sicherlich bereuen, denn wenn ich wiederkäme, müsste ich diesen zurückzahlen. Letztendlich entschied ich mich aber doch für den Kredit.

Welche Bank würde mir Geld leihen? Ich war nicht wirklich kreditwürdig, konnte keine feste Arbeit, kein Vermögen oder irgendeine andere Form von Sicherheit bieten. Aber ich hatte Christian, meinen wunderbaren Bruder, dessen Kreditwürdigkeit außer Frage stand. Mit seiner Hilfe erhielt ich von der Bank die 50000 Kronen, die mir noch fehlten.

Ich stellte mir vor, dass ich unterwegs auf dem langen Segeltörn jede Menge lernen würde. Über das Segeln an sich natürlich, aber vor allen Dingen über mich selbst, über andere Menschen, andere Kulturen und über die Welt insgesamt. Deshalb wollte ich auch, dass einige meiner Freunde mich auf verschiedenen Teilstrecken begleiteten. Es würde für sie einfacher sein, nur ein paar Monate statt eines ganzen Jahres fort zu sein. Torbjörn durfte zuerst wählen, wann er mit dabei sein wollte, und er entschied sich für die längste Atlantiküberfahrt, die zwischen Madeira und Argentinien.

Insgesamt wollten mich neun Freunde auf verschiedenen Etappen begleiten. Allerdings wollte ich zwischendurch auch alleine segeln. Ich war – abgesehen von ein paar Sommertagen in den Schären – gänzlich unerfahren im Einhandsegeln. Deshalb legte ich die Etappe, die ich alleine sein würde, ganz ans Ende der Route und hoffte, dass ich bis dahin genügend Erfahrung gesammelt haben würde, um alleine klarzukommen.

Die letzten Monate vor der Abreise waren hektisch. Obwohl ich einen Terminplan erstellt hatte, geriet ich permanent in Zeitverzug.

Torbjörns und meine einzigen Beschäftigungen waren, an der *Artemisia* zu arbeiten und zu schlafen – und der Schlaf kam dabei definitiv zu kurz.

Ich wollte von Anfang an alles dabeihaben, was ich im Laufe der Fahrt benötigen würde – abgesehen von frischen Lebensmitteln natürlich. Das Einzige, was ich unterwegs kaufen wollte, war eine Seekarte der Antarktis, die man in England billiger erstehen konnte als in Schweden.

Auch ein wenig Reserveproviant hatte ich eingekauft: Konservenbüchsen, Nudeln, Reis, Tütensuppen und dergleichen. Wasch- und Putzmittel wollte ich von zu Hause aus mitnehmen, ebenso wie Seife, Shampoo etc., weil ich mir auf diese Weise so umweltverträgliche Produkte wie möglich anschaffen konnte. Ich verhandelte mit dem Leiter »meines« Supermarktes über einen kleinen Rabatt. Er fand Gefallen an meinem Plan und erließ mir zehn Prozent!

Shampoo, Sonnenschutzmittel u. v. m. hatte ich die gesamte Zeit über an Bord. Als ich 1994/95 mit *Greenpeace* in der Antarktis war, waren wir vier lange Monate von jeglicher Zivilisation entfernt. Damals hatte ich notiert, wie viel Shampoo und ähnliche Produkte ich in der Zeit verbrauchte. Das musste ich nun nur noch hochrechnen.

Es war spät am Abend des 18. Juni 1997, als Torbjörn zu mir sagte: »Wir müssen noch raus und den *Watermaker* testen.«

»Ja, ich weiß«, antwortete ich.

Vor allem wollte ich nach Hause und endlich schlafen. Am nächsten Morgen würde ich abreisen, doch in diesem Augenblick sah ich nur noch mein Bett vor mir. Allerdings hatte Torbjörn Recht, also legten wir ab und trieben hinaus in die Riddar-Bucht, wo wir testen würden, ob die Maschine Trinkwasser herstellte.

»Bereit für eine Geschmacksprobe?«

Ich nahm ihm den Becher aus der Hand und trank daraus.

»Probier mal, das schmeckt richtig gut!«

Mehr als zufrieden kehrten wir nach Långholmen zurück. Auf dem Steg erwartete uns jemand, und als wir näher kamen, erkannten wir Magnus Lindén, der immer an mich geglaubt hatte. Sein blondes Haar war zerzaust, er hatte ein breites Lächeln auf den Lippen.

»He, was machst du denn so spät noch hier draußen?«, fragte ich ihn.

»Ich kann morgen früh nicht herkommen und dir zuwinken.«

Wir setzten uns ins Cockpit und Magnus bekam unser Wasser zu kosten.

»Ich habe dir etwas mitgebracht«, sagte er und zog eine lange Angelschnur hervor. »Mit dieser Schnur und diesem Köder kriegt ihr im Atlantik garantiert Fische an den Haken.«

Ich nahm die Angelschnur dankbar entgegen, denn ich hatte tatsächlich vergessen, selbst eine zu kaufen.

Irgendwann war es Zeit, nach Hause zu fahren, um noch ein paar Stunden zu schlafen. Magnus umarmte mich zum Abschied ganz fest.

»Ich habe so ein komisches Gefühl«, sagte ich. »Stell dir vor, ich schaffe nicht, was ich mir vorgenommen habe!«

»Tja, du hast dir ja nicht gerade das Einfachste der Welt vorgenommen«, erwiderte Magnus. »Aber wenn überhaupt jemand das schafft, dann du«, fügte er hinzu.

Ich weinte ein bisschen und verabschiedete mich von Magnus.

Kapitel 4

Unterwegs

Als ich endlich im Bett lag, drehten sich meine Gedanken im Kreis. Hatte ich an alles gedacht? Wahrscheinlich nicht. Würde ich morgen wirklich abreisen? Ich konnte es nicht so recht glauben. Ob ich Angst hatte? Natürlich. Unglaublich lange hatte ich daran gearbeitet, meinen alten Traum zu verwirklichen. Was, wenn die ganze Unternehmung eine einzige Enttäuschung werden sollte? Auch der Gedanke daran, dass die *Artemisia* in eine Situation geraten könnte, die weder sie noch ich meistern konnten, beunruhigte mich. Oder dass irgendjemand unterwegs krank würde.

Ich fühlte mich überarbeitet und am Ende meiner Kräfte. Nichtsdestotrotz hatte ich in dieser letzten Nacht an Land und auch später keinerlei Schlafprobleme.

Wir frühstückten wie immer. Es hätte einer jener Tage sein können, an denen wir sogleich aufgebrochen waren, um weiter am Boot zu arbeiten. Aber als Torbjörn hinter uns absperrte und ich der Haustür den Rücken zudrehte, hatte ich auf einmal ein seltsames Gefühl. Was würde alles passieren, bis ich diese Tür wiedersah?

Als wir zur *Artemisia* kamen, strahlte die Sonne, und die Luft war warm. Bei diesem herrlichen Wetter waren jede Menge Spaziergänger auf Långholmen unterwegs und alles schien so wie immer. Ein ganz normaler Tag. Aber bevor die Sonne untergehen würde, sollte ich bereits unterwegs sein. Auf dem Segeltörn meines Lebens!

Auf der ersten Teilstrecke nach Schonen bestand meine Besatzung aus Micke und Reine. Micke hatte ich zu Beginn der Achtzigerjahre kennen gelernt, als wir zusammen auf der Intensivstation des St.-Erik-Klinikums arbeiteten. In der Zwischenzeit war er Opernsänger geworden. Reine und Micke lebten zusammen.

Bereits am Vortag hatten die beiden ihr Gepäck im Boot verstaut, und nun hatten sie »nur« noch leckeren, wohl riechenden Proviant für später dabei. Schließlich war Mittsommernacht! Micke testete die Koje und stellte erleichtert fest, dass er Platz darin hatte, allerdings mit nur wenigen Zentimetern Spielraum. Micke ist wahnsinnig groß und Bootskojen sind ihm fast immer zu kurz.

Wir waren bereit.

Wir mussten nun nur noch ablegen.

Ich umarmte Torbjörn. Uns liefen die Tränen übers Gesicht. Himmel, worauf hatte ich mich bloß eingelassen? Wir versuchten, einige wohl gewählte Worte zu wechseln – es wurden nicht allzu viele.

»Pass auf dich auf!«

Ich nickte.

Micke löste die Vertäuung, und wir verließen Långholmen, winkten den Menschen am Kai zu, bis sie kaum noch zu erkennen waren. Reine saß in Shorts und mit seiner neu erworbenen Sonnenbrille auf dem Vordeck. Wir tuckerten in Richtung Hammarby-Schleuse. Unterwegs kam uns ein großes, luxuriöses Segelboot entgegen. Am Steuer stand ein Mann in frisch gebügelter Kleidung und mit einer Kapitänsmütze auf dem Kopf. Er sah pompös aus und würdigte uns keines Blickes, als wir aneinander vorüberfuhren. Als er aber außer Hörweite war, zeigte Micke auf mich und schrie dem Mann im Segelboot hinterher: »SIE segelt zur Antarktis. Und wo fährst DU hin?«

Alle drei brachen wir in lautes Gelächter aus.

An der Hammarby-Schleuse sah ich oben auf einem Pfad jemanden winken. Es war meine Freundin Jorun, die von Långholmen zur Schleuse geradelt war, um mir ein letztes Mal zuzuwinken. Ich sprang auf und ab und winkte zurück, während mir wieder Tränen über die Wangen liefen. So viele Gefühle kämpften in mir: Freude, Angst, Ungläubigkeit, Zweifel, Überzeugung und Schwäche.

Weiter südlich in den Schären setzten wir die Segel. Nach einer gemütlichen Tagesfahrt fanden wir eine schöne Bucht vor der Insel Ägnö, wo wir den Mittsommerabend feierten. Wir waren nicht alleine; drei weitere Boote lagen in der Bucht. Micke und Reine tischten im Cockpit all ihre Leckereien auf: Hering und Dillkartoffeln, selbst gebackenes Brot und jede Menge herrlicher Erdbeeren! An Bord der anderen Boote waren keine wilden Feiern im Gange, wofür wir dankbar waren. Nur schwach konnte man Musik von einer Scheune auf der Insel hören und wir genossen den lauen Sommerabend.

Es gibt unzählige Geschichten und Anekdoten vom Leben auf See. Eine davon handelt von den Leuten, die ohne Seekarte hinaus in die Schären fahren und bestenfalls den Übersichtsplan aus den Stockholmer Gelben Seiten dabeihaben. Ich habe diese Geschichten nie wirklich geglaubt. Als wir aber am nächsten Tag in die Gränö-Bucht hinaussegelten, erblickten wir ein Motorboot, das direkt auf uns zuhielt. Als es uns näher kam, drosselte jemand seine Geschwindigkeit.

»Wahrscheinlich fragen die uns gleich nach dem Weg nach Sandhamn«, spöttelte Micke.

Ich musste lachen. »Na, das sind doch bloß Geschichten!«

In dem Motorboot saß ein Pärchen, und als es nah genug herangefahren war, fragte die Frau: »Entschuldigung, können Sie uns sagen, wie wir zum Saltsjöbad kommen?«

Ich konnte es nicht fassen und musste mir mit aller Kraft das Lachen verkneifen.

»Eh, ja, wissen Sie, wir haben unsere Karte verloren«, sagte die Frau entschuldigend.

»Dort entlang!«, rief Micke und zeigte in eine bestimmte Richtung. Auch er rang um seine Fassung.

Der Mann drückte aufs Gas und weg waren sie.

»Nicht besonders clever«, grinste Reine.

»Das kann man wohl sagen«, erwiderte ich.

An diese lustige Begegnung erinnerten wir uns immer wieder gerne, und ich hatte tatsächlich erlebt, was ich nie wirklich hatte glauben wollen.

Eigentlich wollten wir südwärts weitersegeln, aber da es regnete und der Wetterdienst noch schlechteres Wetter voraussagte, gingen wir über Nacht in Nynäshamn vor Anker. Es war ziemlich voll am Landungssteg, doch zwischen zwei Segelbooten fanden wir noch einen freien Liegeplatz. Von der Seite frischte der Wind auf. Reine stand am Bug, Micke und ich achtern. Wir mussten luven und uns gleichzeitig von den Bojenleinen der anderen Boote fern halten, damit sie uns nicht in den Propeller gerieten. Micke manövrierte uns geschickt zwischen die Bojenleinen. Ich schaltete in den Leerlauf und wir glitten sanft in Richtung der Lücke – leider zu langsam, denn nun hatte der Wind die *Artemisia* erfasst. Ich wollte jedoch wegen der ganzen Leinen um uns herum nicht wieder einen Gang einlegen. Auf einem der benachbarten Boote saß eine Frau. Ich bat Reine darum, der Frau unsere Leine hinüberzuwerfen, damit wir uns an die Anlegestelle ziehen konnten.

»Würden Sie bitte die Leine nehmen?«, fragte Reine.

»Eh ... Tore ... Tore, da ist jemand ... Tore!«

Die Frau machte keine Anstalten, unsere Leine zu übernehmen, sondern blieb einfach sitzen, starrte zum Anlegesteg und rief nach jemandem namens Tore.

Micke und ich sahen uns an und schüttelten die Köpfe. Die *Artemisia* glitt unerbittlich seitwärts, doch irgendwann gelang Reine das Kunststück, hinüber an Land zu springen.

»Klasse, jetzt kannst du uns ja heranziehen«, rief ich Reine zu.

Inzwischen hatten sich drei Männer auf dem Bootssteg versammelt. Sie standen da und schauten zu, wie Reine zog und zog, das Boot jedoch kein Stück näher heranbekam.

»Meine Güte, zieh doch einfach«, sagte einer der Männer, aber genau das machte Reine ja. Die drei Männer gaben allerlei gut gemeinte Ratschläge und Anweisungen.

»Sagt ihr das, sie ist die Kapitänin«, rief Micke zurück, doch die Männer ignorierten diesen Hinweis vollkommen. Irgendwann nahm einer der Männer Reine dann doch die Leine aus der Hand, um ihm zu zeigen, wie man es besser macht. Er meinte wohl, Reine sei zu schwach, krempelte die Hemdsärmel hoch und zog. Als er fast blau im Gesicht war und einsehen musste, dass auch er nichts bewegen konnte, verließ er verstimmt den Ort des Geschehens.

Inzwischen war ich unruhig geworden. Trotz aller Vorsicht musste sich ein Tau im Propeller verfangen haben, sodass ich weitere Versuche, die *Artemisia* an Land zu ziehen, unterließ. Vom Boot aus konnte man nicht erkennen, was passiert war. Wir brauchten das Beiboot. Meine Jolle lag immer noch in Originalverpackung auf dem Deck; sie musste nur ausgepackt und zu Wasser gelassen werden. Doch einer der Männer vom Bootssteg kam mir zuvor und ruderte in seinem Beiboot heran, um den Schaden zu inspizieren. Und natürlich: Wir hingen fest.

Ich hatte ein mulmiges Gefühl. Was, wenn der Propeller beschädigt war? Dieser Idiot vom Bootssteg hatte ja zu allem Übel noch demonstrieren wollen, wie stark er war. Ich würde das Boot in Nynäshamn an Land stellen müssen. Das konnte mich teuer zu stehen kommen.

»Ich geh baden«, sagte ich zu Micke.

Obwohl es Mittsommernacht war, herrschten nicht unbedingt Badetemperaturen. (Später lasen wir das Thermometer ab: 13 °C.)

Trotzdem hatte ich noch nicht ganz meine Kleidung abgelegt, als Micke sich ebenfalls auszuziehen begann.

»Ich spring rein«, sagte er.

»Nein, Micke, nicht! Das ist mein Problem«, versuchte ich, ihn davon abzubringen.

»Kein Problem, Milo, kaltes Wasser macht mir nichts aus.«

Ich wusste, dass das nicht stimmte. Doch er war bereits ins Wasser gesprungen und unter der Oberfläche verschwunden. Mit heftig klopfendem Herzen wartete ich auf die Hiobsbotschaft, die Micke verkünden würde, wenn er wieder auftauchte.

»Die Leine hat sich ein paar Mal um die Schiffsschraube geschlungen, es wird nicht ganz leicht sein, sie loszubekommen«, berichtete er. »Aber die Schraube ist, glaube ich, unbeschädigt.«

Das klang ja einigermaßen beruhigend, aber wie würde es aussehen, wenn die Leine erst mal entfernt war?

»So, jetzt sind wir wieder frei!«, rief Micke ein bisschen später mit blauen Lippen. »Und der Propeller ist vollkommen in Ordnung!«

»Gott sei Dank, was für ein Glück!«

Micke war der Held des Tages. Später stand er – inzwischen wieder in trockenen Kleidern – im Cockpit und sah hinüber an Land.

»Habt ihr den Bahnhof dort drüben gesehen?«, fragte er. »Was meint ihr, wie lange wohl der Zug von hier bis in die Stadt braucht? Vierzig Minuten? Und wir haben bei Regen und Gegenwind drei Tage gebraucht, um hierher zu kommen. Ihr müsst doch zugeben, dass das Ganze schon ein wenig absurd ist.«

Dem konnten wir nicht widersprechen. Wir beschlossen, im Restaurant zu Abend zu essen, schon allein wegen Micke. Dort konnten wir endlich über alles lachen, was passiert war.

»Also wirklich, da will ich bis ans Ende der Welt segeln und bleibe gleich am Anfang an einem Seil hängen!«, scherzte ich.

»Habt ihr eigentlich bemerkt, dass jedes Mal, wenn wir irgendwo unterwegs sind, die Leute immer nur mit *mir* reden?«, fragte mich Micke.

»Stimmt, um mich schert sich keiner, ich bin ja nur der ›Spring-ans-Land-Hansel‹, und Milo ist ›nur‹ eine Frau – also musst du der Kapitän sein«, sagte Reine und fuhr sich durch das kurz geschnittene Haar.

»Ich weiß ... Sogar wenn du sagst, dass du nicht viel vom Segeln verstehst und dass die *Artemisia* mein Boot ist«, sagte ich, »ist das den meisten egal. Sie fragen weiterhin dich. Das ist so lächerlich. Langsam werde ich echt sauer, ständig ignoriert zu werden. Und dann diese Frau, die Reine das Seil nicht abgenommen hat! Ich hab später kurz mit ihr geredet. Sie hat mir erzählt, dass sie schon ewig mit ihrem Mann segeln geht. Dabei findet sie alles, was mit Segeln zu tun hat, ganz furchtbar. Und die meiste Zeit hat sie sogar Angst.«

»Unglaublich«, meinte Reine. »Wie kann man nur so aneinander vorbeileben?«

Niemand von uns wusste darauf eine Antwort.

Zum ersten Mal war alles normal. Ganz gemächlich segelten wir gen Süden. Ich hätte auch auf einem Ferientörn sein können. Ich kannte die Stellen, an denen wir vorüberfuhren. Meistens stand Micke am Steuer; das war seine Art, seine Seekrankheit zu bewältigen. Obwohl er sehr gerne segelt, wird er nämlich leicht seekrank. An Bord war eine entspannte Stimmung und wir lebten einfach in den Tag hinein. Bedauerlich war allenfalls, dass die Sommerwärme sich immer noch nicht weit genug nach Norden vorgearbeitet hatte.

Als wir an Öland vorbeikamen, legten wir einen Zwischenstopp bei Mickes Bruder Tobias ein, der mit seiner Freundin Anna für ein paar Tage ein Sommerhaus im Süden der Insel angemietet hatte. Wir legten in Byxelkrok an, wo Tobias uns mit dem Auto abholte.

Ich war noch nie zuvor auf Öland gewesen und war vollkommen hingerissen. Ich nahm mir vor, hier später einmal wesentlich mehr Zeit zu verbringen.

Als wir Öland verließen, gab unser neuer Dieselkocher seinen Geist auf. Kein guter Start! Wir nahmen vorerst den Reserve-Spirituskocher in Betrieb, aber vom nächsten Hafen aus wollte ich auf jeden Fall den Hersteller anrufen.

Reine brachte sich selbst ein paar Geheimnisse der Navigation bei und übernahm das Steuer, wenn Micke eine Pause machen wollte. Die beiden mit an Bord zu haben war großartig, alles lief wie am Schnürchen.

Den Leuchtturm von Utklippan umrundeten wir mitten in der Nacht und steuerten von dort aus westwärts. Dem Wetterbericht zufolge sollte ein leichter Wind wehen, doch ganz plötzlich änderte er sowohl Richtung als auch Stärke, die Himmelsschleusen öffneten sich und es begann zu schütten. Wir zogen unsere Regenkleidung an, verzichteten jedoch auf Gummistiefel; barfuß ging es genauso gut. Micke und ich kauerten die ganze Nacht im Cockpit und versuchten, Aussicht zu halten. Die Haut an Händen und Füßen wurde langsam, aber sicher schrumpelig, das Wasser tropfte unablässig von Mickes blondem Pony, und in den Kaffee mischte sich Regenwasser. Reine hingegen verschlief das ganze Gewitter!

Als es wieder Tag wurde, hatte sich zwar der Wind gelegt, doch der Regen nicht.

»Das ist der schlimmste Regen, den ich jemals erlebt habe«, behauptete Reine. »Schlimmer kann es wohl kaum mehr werden.«

Nach einer Weile stellten wir alle drei fest, dass das Prasseln stärker geworden war.

»Es kann schlimmer werden«, seufzte Micke erschöpft.

Ein paar Regentage später erreichten wir Gislovs Läge vor Trelleborg. Hier sollte ich die Besatzung wechseln.

»Es war wirklich toll, hierher zu segeln«, bedankte sich Micke, als wir uns verabschiedeten. »Aber die ganze Strecke würde ich trotzdem nicht mitfahren.«

»Das kann ich gut verstehen«, entgegnete ich.

Wir umarmten uns lachend.

»Mach keine Dummheiten«, riet mir Reine.

»Ich werd's versuchen.«

Plötzlich schien mir die *Artemisia* viel größer als zuvor. Und es war leise an Bord. Obwohl wir uns zu dritt auf einer relativ kleinen Fläche aufgehalten hatten, hatte ich mich nie beengt gefühlt. Was auf so engem Raum leicht zu Streit führen kann, ist Unordnung. Sobald man einen Gegenstand nicht mehr braucht, muss man ihn gleich wieder an seinem ursprünglichen Platz verstauen. Aber mit Micke und Reine war es diesbezüglich vollkommen unkompliziert gewesen. Micke hatte mir ein Buch hinterlassen, *Wolkenlose Bombennacht* von Vibeke Olsson. Ich presste das Buch an mich und war glücklich, die beiden als Freunde zu haben.

Später am Tag fiel mir wieder ein, dass in Helsingborg ein Dieselkocher auf mich wartete. Der Hersteller hatte zu meiner großen Erleichterung den alten Kocher gleich durch einen fabrikneuen ersetzen wollen. Aber was sollte ich mit dem kaputten Kocher machen? Mitnehmen wollte ich ihn auf keinen Fall.

Gislövs Läge ist ein kleiner Hafen für ebenso kleine Boote. Ich fragte den Tankwart, ob ich den alten Kocher fürs Erste bei ihm unterstellen dürfte. Mein Bruder Christian aus Lund konnte ihn später abholen. Der Tankwart willigte ein. Erst nach einer Weile bemerkte ich, dass er blind war! Aber das schien ihn nicht daran zu hindern, sich um die Tankstelle zu kümmern.

Am Abend kamen Inger und Jaak, die mit mir nach England segeln sollten. Sie richteten sich erst einmal an Bord ein, wir machten

Tee und schmiedeten Pläne für die bevorstehende Etappe, während draußen wieder der Regen prasselte.

Inger war ich 1985 zum ersten Mal begegnet. Wir hatten beide gerade erst angefangen, ehrenamtlich für *Greenpeace* zu arbeiten, und nahmen an einer Aktion in Göteborg teil. Einige Jahre später lernte ich dann auch Jaak kennen, der inzwischen mit Inger zusammenlebt. Beide sind sehr erfahrene Taucher, und von Anfang an versuchten sie, mich zum Tauchen zu überreden. Vergeblich. Obwohl ich das Meer über alles liebte, hatte ich Angst davor, unter der Wasseroberfläche zu sein. Schwimmen war nie ein Problem, doch tauchen ... Wie viele andere auch hatte ich ein Trauma davongetragen, als ich etliche Jahre zuvor von ein paar größeren Jungs unter Wasser festgehalten worden war. Die Angst, keine Luft zu bekommen oder von irgendetwas unter Wasser festgehalten zu werden, habe ich immer noch, auch nach all diesen Jahren.

Eines Tages – es ist fast zehn Jahre her – waren ihre Bemühungen endlich von Erfolg gekrönt, was aber hauptsächlich an meinem Bruder Christian lag, der gerade bei mir zu Besuch war. Inger und Jaak fragten ihn, ob er nicht einen Probetauchgang wagen wollte, und als er Ja sagte, konnte ich nicht anders, als mich anzuschließen.

Ich werde diesen Tauchgang nie vergessen. Inger hatte mir geholfen, den Tauchanzug anzuziehen und den Gürtel mit den Gewichten sowie die Sauerstoffflaschen anzulegen. Dann erklärte sie mir, wie ich unter Wasser atmen musste: »Du atmest einfach ganz normal, wie über Wasser. Den Rest mache ich. Zunächst musst du versuchen, mit dem Kopf unter Wasser Luft zu holen.«

Ich tat, was mir gesagt worden war. Inger klopfte mir auf die Schulter und ich nahm den Kopf wieder hoch.

»Du sollst *atmen*«, sagte sie und lachte.

Das hatte ich tatsächlich nicht getan – ich hatte natürlich den Atem angehalten. Beim nächsten Versuch holte ich tief Luft, und es war wirklich ein magisches Gefühl, unter der Wasseroberfläche atmen zu können.

Wir tauchten also. Als ich bemerkte, dass ich ganz normal atmen konnte, entspannte ich mich endlich. Und ich war begeistert: Es war wie der Anblick einer völlig neuen Welt! Andächtig schaute ich mich um und hatte Inger schon fast vergessen. Jede Menge unterschiedlicher Pflanzen bewegten sich sachte hin und her, kleine Tierchen krabbelten am Grund umher, ein Fisch schwamm ganz nah an mir vorbei. Als mir Inger nach ungefähr einer Viertelstunde signalisierte, dass wir wieder auftauchen sollten, schüttelte ich den Kopf. Ich wollte hier unten bleiben!

So hatte ich endlich meine Angst überwunden und machte später sogar den Tauchschein. Inger war meine Lehrerin.

Mit Inger und Jaak bin ich sehr eng befreundet. Beide arbeiten heute im Umweltsektor, Inger als Umweltberaterin und Jaak bei *Greenpeace*. Ich schätze ihre Meinung sehr und war froh, dass ausgerechnet die beiden mich auf der Fahrt über die Nordsee begleiten würden. Sie überlegen immer sehr gewissenhaft, bevor sie irgendetwas tun.

Ich zog los, um den Kocher abzuholen. Ich nahm zunächst den Bus nach Malmö. In Malmö erinnerte mich vieles an die Zeit, als ich am Stadttheater klassisches Ballett getanzt hatte. Ich hatte als Neunjährige dort vorgetanzt und war in das Ensemble aufgenommen worden. Fünf Mal in der Woche pendelte ich von Helsingborg hierher und zurück, saß zwei Stunden lang im Zug, um eine Stunde lang tanzen zu dürfen. Ich lächelte, als ich durch den Bahnhof schlenderte. Damals fuhren die Züge nicht allzu häufig, und wenn ich den Zug um 18:02 Uhr verpasste, musste ich bis 22:10 Uhr warten. Eine lange Wartezeit, wenn man noch so jung ist. Die harten Bänke sahen immer noch so aus wie damals, als ich darauf saß und versuchte, nicht einzuschlafen.

Ich fuhr weiter nach Helsingborg und dachte zurück. Tanzen hat viele Facetten. Für mich war es eine wahre Freude gewesen, meinen Körper einzusetzen, mich zur Musik zu bewegen und etwas auszudrücken. Es war aber auch ein hartes Training, nicht nur körperlich, sondern auch mental. Nicht aufzugeben, wenn doch alles sinnlos oder langweilig erschien. Immer zu glauben, dass man am Ende erfolgreich sein würde, auch wenn man die meiste Zeit eher harsch kritisiert als angefeuert wurde.

Als ich älter war, zog ich nach Stockholm und tanzte sowohl klassisches Ballett als auch Ausdruckstanz. Ende der Siebziger-, Anfang der Achtzigerjahre schossen freie Tanzgruppen wie Pilze aus der Erde, eine Reaktion auf den rigiden klassischen Tanz und das heitere Showballett. Man experimentierte viel und versuchte, neue Ausdrucksformen zu finden. Ich war in einigen dieser Tanzgruppen aktiv. Wir hatten keine feste Bühne, sondern mieteten immer wieder neue Räume an, manchmal zusammen mit anderen Tanzgruppen.

Eine Zeit lang hatte ich einen Tanzlehrer der »alten Schule«, einen Russen, der aus der Sowjetunion emigriert war. Er glaubte offenbar, dass Unterdrückung und Beleidigungen tüchtige Tänzer hervorbringen würden. Wenn man keine Schmerzen habe, arbeite man nicht hart genug, meinte er. Es war schrecklich mitanzusehen, wie eine solche Behandlung das Selbstwertgefühl vieler Menschen zerstörte. Sie verursachte eine besondere Art der Selbstverachtung, die auch auf andere überging. Ich kann mich an ein Weihnachtsfest der Tanzschule erinnern. Auf einem großen Tisch stand ein Büfett, von dem meine Freundin Eva und ich uns bedienten. Weil wir nicht gerade reich waren, begrüßten wir das kostenlose Abendessen. Plötzlich drehte unser Tanzlehrer die Musik ab und alle verstummten sofort. Er sah zu uns herüber und sagte: »Schaut euch die zwei dort an! Seht ihr, wie sie das Essen hinunterschlingen? Und glauben, sie könnten Tänzerinnen werden! Ha! Wenn ihr anderen etwas werden wollt, macht es den beiden bloß nicht nach!«

Ich sah auf meinen Teller, auf dem wirklich nicht besonders viel Essen lag. Eva und ich wären am liebsten im Erdboden versunken, wir fühlten uns vollkommen zunichte gemacht. Eva war der Appetit vergangen, doch ich war zu hungrig, um das Essen stehen zu lassen. Später am Abend nahm ich all meinen Mut zusammen und fragte den Lehrer, warum er uns vor versammelter Mannschaft bloßgestellt hatte. Da fing er an, von seiner Ausbildung zu erzählen. Als er jung war, liebte er Pferde, doch sein Lehrer verbot ihm zu reiten.

»Ich musste leiden, um ein guter Tänzer zu werden«, sagte er. »Glaube ja nicht, dass du richtig gut wirst, ohne zu leiden, wie ich es musste.«

Er hatte schon einiges getrunken, nur deshalb sagte er wohl überhaupt etwas. Betrübt verzog ich mich.

All die Jahre lang, in denen ich tanzte, brannte ein Konflikt in mir: Es war der Konflikt des Tanzes, den ich so liebte, gegen den Rest der Welt. In der Welt des Tanzes ist es leicht, egozentrisch und körperfixiert zu werden. Die Welt außerhalb der Trainingshalle wird schnell unwichtig und bedeutungslos. Für mich war es umgekehrt: Die Welt dort draußen wurde mir immer wichtiger, ich wollte mich darin bewegen und sie verändern. Was ich um mich herum sah, bedeutete nichts Gutes für die Zukunft: Die skrupellose Ausbeutung der Dritten Welt, Umweltverschmutzung, Raketenstellungen in Europa ... Der Tanz verlor immer mehr an Bedeutung, und nachdem er achtzehn Jahre lang mein Leben beherrscht hatte, war ich bereit, damit aufzuhören. Ich trauere diesen Jahren keineswegs nach – das Tanzen hatte mir immer viel Freude bereitet, hatte mich stark und zielorientiert gemacht.

Kapitel 5

Schonen achteraus

Als ich mit dem neuen Kocher zurückkehrte, bauten wir ihn ein und konnten den Spritkocher wieder verstauen. Dann schickten wir uns an, Schweden zu verlassen, und setzten Kurs in Richtung Nord-Ostsee-Kanal. Ich blickte lange auf die schwedische Küste zurück, die am Horizont immer schmaler wurde, und fragte mich, was auf mich zukommen würde, bis ich sie wiedersah ...

Die Überfahrt nach Deutschland war gemütlich. Wir legten in Holtenau an, wo wir auf die Einfahrt in die Schleuse warteten. Dann tuckerten wir die ziemlich enge Passage entlang, auf der einen Seite, nur ein paar Meter von uns entfernt, grasende Kühe, auf der anderen Seite riesige Tanker, die mitunter gefährlich nahe an uns vorüberfuhren. Die Sonne schien, und Inger und Jaak informierten sich über die Gezeiten, was auch ich selbst im Vorfeld hätte tun sollen, aber die Müdigkeit und Hektik der letzten Tage vor meiner Abreise aus Stockholm hatte ich noch nicht so richtig abgeschüttelt. Also lag ich auf dem Vordeck und döste vor mich hin. Direkt vor der Schleuse, die uns am nächsten Tag hinaus auf die Nordsee entlassen sollte, vertäuten wir die *Artemisia*.

Zwei Dinge sind auf der Nordsee besonders zu beachten, besonders wenn man nur die Ostsee kennt: Zum einen ist das Wasser sehr viel salziger, und zum anderen gibt es die Gezeiten. Ich hatte immer eine positive Einstellung zum Salzwasser gehabt, ein Bad in Salzwasser und anschließend ein Sonnenbad ... herrlich! Inzwischen habe ich meine Meinung geändert. Salz ruiniert das Boot und alles, was sich an Bord befindet. Ein bisschen Salzwasser auf einem Laken beispielsweise führt dazu, dass das Laken nicht mehr trocknet, weil das Salz die Feuchtigkeit bindet. Man muss es in Süßwasser auswaschen, und Süßwasser ist rar, wenn man sich auf See befindet. Außerdem rostet alles. Ich hatte zwar überall rostfreies und säurebeständiges Material verwendet, doch das bedeutet lediglich, dass alles ein bisschen langsamer rostet. Nichtsdestotrotz mag ich Bäder in Salzwasser immer noch!

Die Gezeiten allerdings sind tatsächlich etwas gewöhnungsbedürftig für uns, die nicht damit aufgewachsen sind. Sich mit den Gezeitentabellen vertraut zu machen ist eigentlich nicht so schwer. Doch richtig logisch und einleuchtend fand ich das Ganze nie.

Draußen auf der Nordsee konnten wir endlich ein paar Dinge testen. Konnten wir überhaupt schlafen, wenn das Boot schwankte und krängte? Würde die Selbststeueranlage das Boot dorthin steuern, wohin wir wollten? Wie würde sich die *Artemisia* auf hoher See verhalten, so schwer beladen, wie sie war?

Schlafen war kein Problem. Die Matratze in der Messe konnten wir leicht zu einer Koje umrüsten, und zwar mithilfe eines festen Webstoffes, den wir so aufspannten, dass die Matratze nicht herausfallen konnte. Dort lagen wir geborgen. Viele hatten mir gesagt, dass es unmöglich sei, bei Seegang in der Vorpiek zu schlafen, besonders wenn man hart am Wind segelte. Ich schlief jedoch fast immer dort, außer während der allerheftigsten Stürme.

Anfangs war ich immer fasziniert, wenn ich die Selbststeueranlage einschaltete. Die *Artemisia* hielt exakt ihren Kurs, ohne dass jemand von uns am Steuer saß. Trotzdem steuerten wir die meiste Zeit mit der Hand, denn es war schlicht und ergreifend ein seltsames Gefühl, es nicht zu tun. Die Selbststeueranlage sollte später noch oft genug zum Einsatz kommen.

Über das Beladungsgewicht hatte ich mir vor meiner Abreise immer wieder Gedanken gemacht. Wenn man mit einem kleinen Boot eine lange Fahrt antritt, passiert es leicht, dass man das Boot überlädt, sodass die Segeleigenschaften sich verschlechtern. Das Boot kann unter Umständen sogar segeluntauglich werden. Der Segelmacher Peder Cedersköld hatte mir geholfen, die Grenzen der *Artemisia* auszuloten. Ich wog alles, was ich in das Boot brachte, um herauszufinden, mit wie viel Kilo ich es belastete. Die Ausrüstung, der Essensvorrat und die vollen Diesel- und Wassertanks brachten es insgesamt auf 800 Kilogramm. Was wir nicht einrechneten, waren frische Nahrungsmittel und die Besatzung. Ich wusste, dass ich mit einer Tonne Ladung jederzeit gut zurechtkommen würde. Natürlich bemerkte ich, dass die *Artemisia* schwerer war als üblich, doch sie bewegte sich immer noch optimal durch das Wasser.

Auf der Nordsee ist unglaublich viel Verkehr und es gibt jede Menge Ölplattformen. Sie ragen aus dem Wasser wie blanke Skelette, und damit man nachts nicht auf sie auffährt, leuchten sie wie verstümmelte Weihnachtsbäume vor dem schwarzen Himmel. Alle drei fühlten wir uns unbehaglich, als wir an einer Ölplattform vorübersegelten.

Wenn man sich für Boote interessiert und auf See hinaus will, machen die meisten einen Bootsführerschein. Man lernt dann beispielsweise, welches Fahrzeug mit welcher Art Laternen ausgestattet ist, damit man weiß, ob da nachts ein Fischkutter, ein Trawler, irgendein manövrieruntaugliches größeres Schiff oder was auch immer auf einen zukommt. All diese Laternenvarianten sieht man in der Realität nicht allzu häufig – wenn man nicht gerade auf der Nordsee unterwegs ist! Dort bekamen wir alle möglichen Kombinationen zu sehen und noch einige undefinierbare mehr ...

Wir teilten den Tag in Wachgänge ein, sodass immer mindestens einer von uns wach war und Ausschau hielt. Erst jetzt begriff ich langsam, dass ich die Reise meines Lebens angetreten hatte. Wenn ich Wache ging und die anderen schliefen, stand ich manchmal im Cockpit und schaute über das Meer zum Horizont. Mich erfüllte dann eine grenzenlose Freude darüber, dass ich nun tatsächlich auf dem Weg über die großen Ozeane hin zur Antarktis war.

Einmal hatten wir gerade zu Abend gegessen, saßen im Cockpit und redeten miteinander. Der Wind war recht stark, sodass wir Probleme gehabt hatten, die Kartoffeln auf dem Teller zu behalten. Die Selbststeuerung hielt den Kurs für uns, während wir abwuschen, d. h. während einer von uns sich über die Reling beugte und die Teller ins Salzwasser hielt. Dabei musste man die Teller mit aller Kraft festhalten, damit sie einem nicht von der Gewalt des Wassers entrissen wurden. Aber der Abwasch ging auf diese Weise ziemlich schnell.

Plötzlich lockerte eine Welle unseren Rettungsring, der kurz darauf ins Wasser fiel.

Den mussten wir natürlich wiederholen! Alle drei hatten wir im Vorfeld Mann-über-Bord-Übungen gemacht, aber die hatten alle in ruhigen Gewässern stattgefunden. Weil es hier um den Rettungsring ging und nicht um einen Menschen, war dies also eine weitere willkommene Übung. Wir wendeten und holten den Ring aus dem Wasser. Obwohl wir ein solches Wendemanöver noch nie gemeinsam vollzogen hatten, wusste jeder von uns genau, was zu tun war. Es war fantastisch zu erleben, wie glatt alles ging und wie gut unsere Zusammenarbeit funktionierte. Voll Stolz hängten wir den Rettungsring zurück an seinen Platz und diskutierten, was wir beim nächsten Mal noch besser machen konnten.

»Eine Sache hast du vergessen«, sagte Jaak.

»Was denn?« Ich wusste nicht, was er meinte.

»Na ja, wenn jemand über Bord geht, muss man immer ›Mann über Bord!‹ rufen. Und du hast ›Oh, Shit!‹ gesagt.«

Wir lachten, und ich gab meiner Hoffnung Ausdruck, nie ›Mann über Bord‹ rufen zu müssen.

Einen Menschen zu retten, der über Bord gegangen ist, ist schwieriger, als man gemeinhin glaubt. Sogar in ruhigen Gewässern kann es beschwerlich sein, aber da passiert so etwas in der Regel ja nicht. Ich habe mehrfach gehört, dass jemand über Bord gegangen ist, die Besatzung aus wirklich erfahrenen Seeleuten bestand und die Person trotzdem nicht retten konnte. Offensichtlich hat man nur eine minimale Chance, wenn der Ernstfall tatsächlich eintritt. Also darf er nicht eintreten. Nur eine Maßnahme kann verhindern, dass jemand über Bord geht, und das ist die Rettungsleine, mit der man sich immer am Boot festbinden muss, sobald das Wetter umschlägt. Das mag so manch einem überflüssig vorkommen, besonders wenn man oft und lange gesegelt ist und sein Boot in- und auswendig kennt – aber gerade da ist die Gefahr am größten.

Bevor ich Stockholm verließ, hatten einige Freunde mir Geschenke mit auf den Weg gegeben. Einige hatten mir Bücher geschenkt, worüber ich mich sehr gefreut habe. Ich hatte keines davon je zuvor gelesen. Mia aber schenkte mir zwei Tassen, die nach unten hin breit zuliefen, verschließbar waren und aus dem gleichen Material wie Stahlthermoskannen bestanden.

»Du trinkst doch so gerne Kaffee«, sagte sie mit einem Lächeln auf den Lippen.

Als ich die Tassen später wieder in die Hand nahm, begriff ich, welche Kostbarkeit Mia mir geschenkt hatte. Draußen auf der Nordsee verstand ich es endlich.

»Willst du nicht mal deine neue Tasse ausprobieren?«, fragte Inger, die für Jaak und mich Kaffee kochte; selbst trank sie nur Tee.

»Oh ja, das sollte ich wirklich.«

Die *Artemisia* neigte sich gerade ein Stück zur Seite, und da muss man immer schnell seine Kaffeetasse festhalten, damit sie nicht umkippt. Ich bekam also meine neue Tasse, setzte sie nach einer Weile auf dem Boden ab und staunte: Sie blieb stehen!

Die Tasse wurde mir auf der Reise unentbehrlich. Klar kippte sie auch ein paar Mal um, aber da musste schon einiges passieren!

In regelmäßigem Abstand trugen wir unsere Position in eine Seekarte ein. Eines Tages lehnte ich mich voller Vorfreude aus dem Cockpit heraus und rief: »Eigentlich müssten wir bald England sehen!«

England empfing uns mit seinem berühmt-berüchtigten Nebel. Ein paar Stunden zuvor hatten wir beobachtet, wie alles an Bord langsam feucht wurde. Obwohl der Himmel klar war, tropfte es von den Segeln und Leinen. Wir begriffen nicht, dass dies das erste Zeichen für den sich ausbreitenden Nebel war. Zuerst waren es nur lange, tanzende Schatten über dem Meer, und mir nichts, dir nichts waren wir von einer grau-weißen Masse eingeschlossen. Wir standen still an Deck und schauten uns um. Man konnte zwar die tutenden Signale der anderen Schiffe von überall her hören, aber sehen konnten wir rein gar nichts.

»Wir müssen alle an Deck bleiben«, sagte ich. »Ich mache uns eine Kanne Kaffee, die werden wir noch brauchen.«

Während ich den Kaffee aufsetzte, merke ich, wie Frust in mir aufstieg. Ich hasse Nebel, Nebel ist mit das Schlimmste, was ich kenne. Sahen uns die großen Schiffe auf ihrem Radar? Funktionierte der Radarreflektor am Mast? Würden wir die anderen rechtzeitig sehen? Oder würden wir mit einem anderen Fahrzeug kollidieren?

Ich überprüfte unsere Position zum wiederholten Male. Die Nordsee ist in Verkehrszonen eingeteilt, um die rege Seefahrt zu erleichtern. Die breiteren Fahrrinnen sind Handelsschiffen vorbehalten, kleinere Boote sollen sich in der Küstenverkehrszone halten. Wir befanden uns zwar in der richtigen Zone, aber die war nicht gerade leer. Fischerboote, Lotsenschiffe und andere kleinere Fahrzeuge fuhren umher.

»Das Geräusch gerade, war das nicht doch näher als vorhin?«, fragte Inger beunruhigt.

Niemand antwortete. Ja, nein, weiß nicht, kann ich nicht sagen. Plötzlich tauchte steuerbords etwas Schwarzes aus dem Nebel.

»Da! Wo will der denn hin?«, fragte Jaak angespannt.

Ein paar unendliche Sekunden lang war einfach nichts auszumachen, aber dann wurden die Konturen langsam schärfer und das Boot glitt an uns vorbei, lautlos wie der Tod.

Im Wetterbericht waren *fogpatches* angekündigt, Nebelbänke. Also müsste der Nebel sich doch bald auch wieder lichten? Der Nebel waberte um uns herum wie flatternde Wolkenbäusche. Wie weit konnten wir sehen? 200 Meter? 100 Meter? Der Wind blies jedenfalls wieder, sodass wir den Motor abschalten konnten. Bei laufendem Motor hört man so viel schlechter.

Uns allen brannten die Augen, nachdem wir stundenlang ins Nichts gestarrt hatten. Nur manchmal hatten wir die undeutlichen Umrisse anderer Schiffe auftauchen und gleich wieder im Nebel verschwinden sehen.

Jaak wunderte sich: »Hatten die nicht Nebelbänke vorhergesagt?«

»Ja, sowohl heute Morgen als auch heute Nachmittag«, antwortete Inger und rieb sich die müden Augen. »Ziemlich große Nebelbänke!«

Bisweilen war direkt über uns ein wenig blauer Himmel zu sehen, der aber schnell wieder aus unserem Blickfeld verschwand. Als die Nacht kam, wurde die Situation noch ungemütlicher. Wir mussten uns mit den Wachgängen abwechseln, damit jeder sich ein wenig ausruhen konnte, aber schlafen konnte keiner von uns. Die ganze Nacht hindurch hörten wir andere Schiffe, ohne je eines zu Gesicht zu bekommen. Hellwach und hochkonzentriert lag ich in der Koje.

Warum konnten wir nicht irgendwo anders sein? Warum hatte es uns ausgerechnet hierher verschlagen? Ich hasse Nebel, Nebel ist wie russisches Roulett: Man weiß nie, wann es kracht.

Als die Nacht ihrem Ende entgegenging und es zu dämmern begann, verzog sich der Nebel langsam. Stück für Stück konnten wir jetzt das englische Festland erkennen. Die Anspannung fiel von uns ab, und wir lachten und scherzten über all die Schiffe, die uns hätten überfahren können. Wir hatten es unbeschadet durch den Nebel geschafft!

Endlich erreichten wir die Straße von Dover und bekamen prompt Gegenwind. Bald würde die Ebbe einsetzen, und bis wir Brighton anlaufen konnten, mussten wir erst *mit* dem Strom, dann ihm entgegen fahren. Ich saß am Steuerruder und setzte das Boot aus Versehen gegen eine Boje, die daraufhin einen Laut von sich gab, der dem eines unglücklichen Esels ähnelte. Dann sah ich plötzlich, dass wir uns nicht mehr vorwärts, sondern rückwärts bewegten! Die Ebbe hatte eingesetzt, und trotz des Windes und obwohl wir volle Kraft voraus fuhren, war der Strom stärker und zog uns dorthin zurück, woher wir gekommen waren!

»Das ist doch lachhaft«, sagte ich.

Eine Stunde später waren wir immer noch keinen Meter vorangekommen – im Gegenteil. Ich verfluchte die brüllende Boje und die unerbittliche Kraft der Gezeiten. Wir befanden uns vor Dover, und es waren so viele andere Schiffe um uns herum, dass nicht daran zu denken war, vor Anker zu gehen. Wir schalteten den Motor wieder an.

Nach einem halben Tag hatten wir völlige Flaute. Die Flaute dauerte so lange an, dass der Kanal spiegelglatt wurde; nicht die geringste Brise war zu spüren. Im Grunde war es wirklich wunderschön. Nur dass wir ungeduldigen Großstadtmenschen das eben nur eine begrenzte Zeit lang aushalten. Außerdem herrscht im Ärmelkanal ständig ein dichter Verkehr. Also warfen wir wieder den Motor an. Es war mitten in der Nacht, ich ging Wache und war ziemlich müde. An dem Nebeltag hatte keiner von uns viel geschlafen, aber so lange würde ich nicht mehr aushalten müssen.

Plötzlich stockte der Motor und war nach einer kurzen Weile vollkommen still. Mein erster Gedanke war, dass der Tank leer sein könnte, was aber eigentlich nicht der Fall sein durfte. Und leer war er auch nicht. Also startete ich den Motor von neuem, aber er lief nur ein paar Minuten. Ich musste wohl das System entlüften. In der Zwischenzeit hatte der Lärm, den ich verursachte, Inger und Jaak geweckt. Sie munterten mich auf und gingen mir zur Hand. Beide lieben es, derartige Probleme zu lösen, und geben nicht so schnell auf. Aber hier kamen wir nicht weiter. Wir mussten den Fehler irgendwo anders suchen – was täte man auch um zwei Uhr nachts lieber? Vor allem mitten auf dem Ärmelkanal und zwischen den Gezeiten. Die Flut würde bald einsetzen! Wenn die Flaute anhalten und unser Motor weiterhin nicht funktionieren würde, konnten wir an Land getrieben werden. Dann würden wir nur noch ankern und warten können.

Als ich den Kraftstofffilter herausnahm, fiel mir zu meiner großen Verwunderung ein Metallspan in die Hände, und es dauerte ein paar Sekunden, bis ich begriff, woher der stammte. Ich hatte im Dieseltank ein Inspektionsfenster anbringen lassen, der Span musste von dieser Montage stammen. Als ich ihn entfernt hatte, sprang der Motor sofort an. Am Vormittag erreichten wir den Gasthafen von Brighton.

Am nächsten Tag sah die *Artemisia* aus wie ein Weihnachtsbaum. Wir hatten einfach alles zum Trocknen aufgehängt. Schwimmwesten, Bettbezüge, Stiefel und all unsere Kleidung. Nicht dass es geregnet hätte oder eine Welle ins Boot geschwappt wäre. Nein, der feuchte Nebel war überall hineingekrochen. Im Zuge der allgemeinen Putzaktion sah ich auch noch einmal nach dem Motor. Ich entdeckte ein winziges Loch in der Gummimanschette auf dem Kardangelenk, durch das hindurch sich das Fett, das auf der Innenseite sein sollte, im ganzen Motorraum verteilt hatte. Ich musste das Kardangelenk herausnehmen und in eine Werkstatt bringen. Selbst wenn es nur das Gummi war, das ausgetauscht werden musste, würde man es erst bestellen müssen, und das dürfte ein paar Tage dauern. An und für sich machte das nichts – ich hatte ja keine Eile.

Der Hafen von Brighton ist sehr groß, und es gibt dort jede Menge Luxusboote, die die überwiegende Zeit des Jahres am Kai zu liegen scheinen. Außerdem hat man hier Zugang zu höchst geschätzten Einrichtungen wie Waschmaschinen und Duschen! Jeden Morgen legten mit Touristen besetzte Fischerboote von hier ab, jeden Nachmittag wurden sie von ihren Besatzungen frenetisch geputzt. Die Gezeiten bekam man aufgrund der Schwimmstege nicht zu spüren, aber der Landungssteg hob und senkte sich zweimal am Tag fast unmerklich um mehrere Meter.

Meine Besatzung musste bald wieder heimkehren. Als unsere Sachen zum Trocknen draußen hingen, bemerkte Inger, dass meine Gummistiefel nicht mehr in Ordnung waren. Bei ihrer Abreise ließ sie mir ihre eigenen da und warf meine weg, obwohl mir klar war, dass sie ein eigenes Paar gut hätte brauchen können.

Wir hatten eine fröhliche und erlebnisreiche Zeit miteinander verbracht, und ich fühlte die Leere, die Inger und Jaak hinterließen, als sie von Bord der *Artemisia* gingen. Doch Ingers Stiefel begleiteten mich auf dem gesamten Rest der Reise!

Als das Kardangelenk wieder eingebaut wurde, war ich nicht selbst an Bord, aber alles sah gut aus. Weil es noch etwas dauern würde, bis Peter, mein nächster Reisebegleiter, kommen sollte, beschloss ich, alleine ein Stück westwärts an der englischen Küste entlangzusegeln. Ich hatte ein komisches Gefühl bei der Sache, weil ich mich immer noch nicht hundertprozentig mit den Gezeiten angefreundet hatte und drauf und dran war, in unbekannte Gewässer vorzustoßen. Doch einmal mehr war ich fest entschlossen.

Zuerst fuhr ich eine Stunde lang motorisiert, weil der Wind zu schwach war. Doch dann war es Zeit, die Segel zu setzen. In diesem Moment nahm ich einen seltsamen Geruch wahr, der vom Motor zu kommen schien, und öffnete den Maschinenraum. Zu meinem großen Erschrecken kam mir eine Riesenwolke entgegen, und ich sah, dass das Kardangelenk in zwei Teile zerbrochen war. Schnell stellte ich den Motor ab und setzte die Segel. Ich musste zurück nach Brighton – aber wie? Der Wind war zu schwach und der Gezeitenstrom verlief in entgegengesetzter Richtung. Langsam näherte ich mich dem Hafen, aber ich drohte an ihm vorbeizutreiben. Glücklicherweise waren relativ viele Freizeitboote auf dem Wasser, und als der Wind sich vollkommen legte, signalisierte ich mit einer Armbewegung, dass ich Hilfe benötigte. Von den anderen Booten winkte man mir zurück ... Trotz der prekären Lage musste ich lachen. Und irgendwann fand sich auch ein Segler, der mein Zeichen verstand und mich in den Hafen zurückschleppte.

Ich nahm das Kardangelenk heraus und machte mich wütend auf den Weg zurück zur Werkstatt. Dort erklärte man mir, dass es meine Schuld wäre: Mein Motor stünde nicht in einer exakten Linie zur Propellerachse. Natürlich nicht – deshalb hatte ich auch ein Kardangelenk montiert, das die Abweichung kompensieren sollte! In den vier Jahren, die es bereits in Betrieb war, hatte ich nie irgendwelche Probleme gehabt. Und jetzt ging es nach einer Stunde kaputt! Mein Argument war offenbar nicht überzeugend genug. Sie beharrten darauf, dass es mein Fehler sei und die einzige Lösung darin bestehe, den ganzen Motor umzupositionieren. Ich bat den Mechaniker, das Gelenk zu flicken, während ich über seinen Vorschlag nachdachte. Verwirrt und verärgert verließ ich die Werkstatt. Ich musste jemand anders um Rat fragen. Im Hafen lag ein großes Segelboot unter schwedischer Flagge, und vielleicht kannte sich seine Besatzung einigermaßen mit Motoren aus. Ich hatte selbst zwei Motorenkurse besucht, meinen eigenen Motor auseinander und wieder zusammengebaut, um so gut wie möglich Bescheid zu wissen, und konnte mein derzeitiges Problem trotzdem nicht lösen. Allerdings war es wohl auch kein alltäglicher Schaden. Auf dem schwedischen Boot befand sich eine Frau, der ich die Sachlage schilderte. Vielleicht könne ihr Mann mir helfen, sagte sie, aber der wäre bereits im Bett.

»Sie können aber dort vorne durch die Luke mit ihm sprechen«, fügte sie hinzu.

Ich wollte ihn eigentlich nicht stören, aber der Mann sprach mich durch die Luke hindurch an, und zu meiner Überraschung sah ich einen Rollstuhl in der Vorpiek. Er folgte meinem Blick und erklärte, dass es eine Weile dauere, ihn ins Bett zu bekommen, sodass sie dieses Unterfangen immer rechtzeitig in Angriff nähmen. Ich war beeindruckt und fragte mit erstaunter Stimme, wie die beiden denn alleine zurechtkämen. Da antwortete er lachend, seine Frau sei die Bootsfrau, und man fände doch für alles eine Lösung, wenn man nur wolle. In Bezug auf meinen Motor äußerte er die Vermutung, dass die Werkstatt das Kardangelenk falsch montiert habe und den Fehler nun nicht zugeben wolle. Ich verabschiedete mich nach einer Weile, bedankte mich für das nette Gespräch, ging davon und freute mich über die Lebenslust dieses Mannes.

Zurück in der Werkstatt, verlangte ich, dass ihr bester Mann sich meinen Motor ansehen und mir alles erklären sollte, damit ich verstand, worin der Fehler bestanden hatte. Zudem wollte ich dabei sein, wenn man das neue Kardangelenk einsetzte. Später am Nachmittag kam dann ihr »bester Mann«, ein älterer Herr im Blaumann. Unruhig wartete ich ab, während er im Maschinenraum Maß nahm und alles inspizierte. Nach einer Weile sagte er: »So, wie sie in der Werkstatt den Fall beschrieben haben, dachte ich, hier wäre alles krumm und schief. Aber ich sehe keine Probleme. Sie können unbesorgt weitersegeln.«

Fast wäre ich ihm um den Hals gefallen, so erleichtert war ich.

Nun musste die Frage geklärt werden, wer die Zeche bezahlen sollte. Als alles fertig installiert war und ich eine Probefahrt gemacht hatte, erklärte sich der Werkstattleiter bereit, die letzte Reparatur zu übernehmen; nicht weil er irgendetwas falsch gemacht hätte – im Gegenteil, er gab mir auch jetzt nicht mehr als ein paar Stunden Motorlaufzeit –, sondern aus reiner Gefälligkeit, wie er sagte. Ich drehte mich zum Boot um und überlegte. Was war, wenn er Recht hatte? Die Sache war undurchsichtig, schließlich hatte ich doch vorher keine Probleme gehabt. Aber der Mann aus der Werkstatt war sich seiner Sache so sicher ... und das war ich auch. In meinem Zeitplan war ein Monat Madeira eingerechnet. Ich wollte den Motor auf dem Weg dorthin testen, und wenn der Mann Recht behielt, musste ich eben dort den Motor umsetzen.

Ich konnte allerdings nicht gen Westen segeln, bevor Peter zu mir stieß. Peter ist eher Torbjörns als mein Freund. Die beiden hatten sich kennen gelernt, als sie in Borlänge lebten. Peter arbeitete damals als Lokomotivführer. Derzeit machte er eine Umschulung zum Musiklehrer. Er war von allen, die mich auf den verschiedenen Etappen begleiten sollten, derjenige mit der geringsten Segelerfahrung. Seine Segelausflüge ließen sich zwar an einer Hand abzählen, aber ich war überzeugt, dass aufgrund seiner positiven Einstellung alles gut gehen würde. Er ist praktisch veranlagt und hat keine Scheu davor, Neues anzupacken. Ich hatte ihm erzählt, was alles passieren konnte, im Positiven wie im Negativen, erklärte ihm das Wichtigste am gemeinsamen Segeln, aber auch, dass die letztendliche Verantwortung für den Törn und die Sicherheit aller bei mir lag.

Ich wartete ungeduldig fünf Tage lang, wollte endlich weg aus Brighton. Irgendwann kam Peter schließlich die Brücke herunterspaziert, breit lächelnd, in Shorts und Sandalen, mit Süßigkeiten und einem Brief von daheim im Gepäck. Als Peter sich nach einem Tag bereit fühlte, legten wir ab und segelten in Richtung Falmouth. Im Ärmelkanal westwärts zu segeln bedeutet hauptsächlich Gegenwind, wir mussten also immer wieder kreuzen. Weil Peter es nicht gewohnt war, übernahm ich die Nachtwachen, was kein Problem war, da ich ohnehin ein ausgeprägter Nachtmensch bin. Es war toll zu sehen, wie schnell Peter sich alles aneignete, und als ich mich schlafen legte, tat ich das in der beruhigenden Gewissheit, dass er mich eher einmal zu viel als einmal zu wenig wecken würde, wenn Gefahr drohte.

In Falmouth lagen wir fast eine Woche lang bei Regen und Wind vor Anker. Wir waren nicht allein: Jede Menge Segelboote lagen dort und warteten auf besseres Wetter, bevor sie weiter südwärts segeln würden. Wir vertrieben uns die Zeit damit, die Stadt zu erkunden. Ich erinnerte mich daran, dass ich Flaggen der Länder kaufen wollte, die ich bereiste. Als wir in das Bootsgeschäft, das am Wasser lag, eintraten, vernahmen wir den typischen, angenehmen Geruch der Hanfseile. Eines Abends, als ich durch den Nieselregen zurück zum Hafen schlenderte, ließ ich meinen Blick über die englischen Häuser am Weg schweifen. Fast überall war das flimmernde Licht eines Fernsehers zu sehen. Ich erinnerte mich lächelnd an einen Kommentar meines Stockholmer Frisörs: »Haben Sie auch einen Fernseher mit an Bord?«

»Nein, einen Fernseher nehme ich nicht mit.«

»Also, ich könnte niemals eine längere Strecke segeln, ich könnte auf meinen Fernseher einfach nicht verzichten!«

Vermisste ich bereits jetzt irgendetwas Materielles? Nein, ich vermisste nichts, und ganz bestimmt nicht den Fernseher!

Eines Tages saßen Peter und ich in der Kajüte und redeten. Zum Cockpit hin war die Luke offen, und hin und wieder hörten wir schnelle Schritte von Menschen, die dem Regen entkommen wollten. Plötzlich aber blieben einige ganz in der Nähe der *Artemisia* stehen. Wir konnten hören, worüber sie sich unterhielten.

»Look, this boat is from Sweden!«

»My God, it's a small one.«

»Can you believe that someone has been sailing *that* one all the way from Sweden?«

»I wonder if that's possible ... No, that must be tough.«

Peter und ich versuchten verzweifelt, unser Lachen zu unterdrücken. Ich fand, die beiden übertrieben – *so* klein war die *Artemisia* auch wieder nicht!

Die Bootsklubs oder Häfen, die häufig Langfahrtensegler aufnehmen, haben in der Regel eine Wetterservicestation, in der man Wetterkarten und -vorhersagen einsehen kann. Diese Stationen sind immer gut besucht, auch von mir! Irgendwann bekamen wir dort die Meldung, dass sich das Tiefdruckgebiet verzogen hatte, und wir konnten wieder aufbrechen.

Die nächste Etappe sollte uns hinaus auf den Atlantik nach Madeira führen. Wir würden ungefähr zwei Wochen für die Überfahrt brauchen. Es war das erste Mal, dass ich mein Boot aufs offene Meer hinaus steuerte, und ich hatte ein flaues Gefühl in der Magengrube, als wir Falmouth hinter uns ließen.

Das Wasser im Ärmelkanal war grün, doch als wir endlich auf dem Atlantik waren, war es leuchtend blau. Nach einem Tag auf dem Meer konnten wir kein Land mehr sehen, nur noch Wasser. Wir behielten unser Wachsystem bei, ich übernahm die Nachtschichten.

Ich habe oft auf irgendeinem Fels in den Schären vor Stockholm gelegen und die Sterne betrachtet. Jetzt aber sah ich den Sternenhimmel in seiner ganzen Dimension. Bis zum Horizont war er übersät mit Sternen, deren Leuchten fern jeder Stadt von unvergleichlicher Intensität ist. In manchen Nächten strahlte die Venus so stark, dass sich ihr Licht im Wasser spiegelte. Und wieder empfand ich eine große Freude darüber, hier sein zu dürfen, inmitten all dieser Schönheit. Wir bekamen Besuch von Delfinen, die rund um das Boot tanzten. In einigen Nächten konnten wir auch Wale hören, aber aus nächster Nähe bekamen wir keine zu sehen.

Außerhalb des Golfs von Biskaya ist der Schiffsverkehr dicht, man muss permanent Ausschau halten, damit man den Fischerbooten und ihren Netzen nicht zu nahe kommt. Wir sahen viel Müll im Wasser, nicht nur hier und da eine vereinzelte Dose. Der Abfall strömte in einem gleichmäßigen Fluss unablässig an uns vorbei. Eine Plastiktüte, eine Bierdose, eine Ölflasche, ein Plastikkanister ... Was denken sich die Leute nur? Das Meer schafft die Grundvoraussetzung für alles Leben, auch das der Menschen, und trotzdem tun wir alles, um es zugrunde zu richten.

Es war Nacht. Finster. Um uns herum verschiedene Lichter unterschiedlichster Schiffstypen, die einen dichten Strom bildeten. Plötzlich wurde ich auf etwas aufmerksam, ich streckte mich und versuchte, den Geruch zu lokalisieren, den ich auf einmal wahrgenommen hatte. Öl. Ich versuchte mir einzureden, dass ich mir den Geruch nur eingebildet hatte, aber die Nachtwachen hatten für mich endgültig ihren Reiz verloren. Handelsschiffe reinigten im Schutz der Dunkelheit ihre Tanks, niemand konnte sie identifizieren. Sie dürfen das nicht, im Gegenteil, sie brechen internationale Gesetze. Wir Schweden glauben oft, dass es immer nur die anderen sind, die sich so verhalten, aber zufällig weiß ich auch von gewissen schwedischen Handelsschiffen, die ihre Öltanks im Meer auswaschen. Wie Menschen, die ihre Brötchen auf und mit dem Meer verdienen, so handeln können, ist mir völlig unverständlich.

Nachdem wir eine Weile auf See verbracht hatten, legte sich der Großstadtstress. Es zählten nur noch der Wind, das Meer und das Boot. Man konnte einfach seinen Gedanken freien Lauf lassen: ein schönes Gefühl. Man hatte Zeit, über die Welt und das Leben nachzudenken. Manchmal kamen Gefühle der Unsicherheit auf. Worauf habe ich mich da nur eingelassen? Weiß ich wirklich genug, um diesen Segeltörn zu überstehen? Wird das Boot halten? Kann ich einschätzen, was vor mir liegt? Nein, das konnte ich nicht. Das kann man aber ohnehin nie. Man muss eben mit allem rechnen. Tat ich das? Das konnte nur die Zeit zeigen.

Manch einer glaubt, auf dem Atlantik herrsche nie Windstille. Aber das ist ein Irrtum. Ich bekam hin und wieder die Möglichkeit, meinen Motor zu testen, und besonders zu Beginn ließ ich ihn nur auf kleinen Umdrehungszahlen laufen. In den ersten Stunden sah ich ungefähr alle zehn Minuten nach dem Kardangelenk, aber es schnurrte gleichmäßig im Schiffsbauch und bereitete keine Probleme. Es schien, als hätte ich trotz allem Recht behalten.

Einmal saßen wir im Cockpit und redeten. Es war einigermaßen warm, die Sonne schien vom blauen Himmel herab und die *Artemisia* machte gute Fahrt.

»Was sagt eigentlich Torbjörn dazu, dass du mit anderen Männern segelst?«, fragte Peter plötzlich.

Ich verstand nicht auf Anhieb, was er mir damit sagen wollte.

»Was meinst du? Dass Torbjörn sich sorgen müsste, ich könnte mit den Männern was haben, die mitsegeln?«

»Ja, genau das würde ich befürchten.«

»Aber es sind doch alles Freunde, die mitsegeln! Ich schlafe ja auch nicht zu Hause mit ihnen, warum sollte ich es dann auf See tun?«

»Na ja, man ist weit voneinander entfernt und einsam auf so einem Boot«, meinte Peter. Ich dachte einen Augenblick nach. Torbjörn und ich hatten nie darüber geredet. Ich hatte einfach vorausgesetzt, dass Torbjörn nicht befürchtete, ich könnte Sex mit einem der Männer haben, nur weil ich alleine mit ihm auf dem Boot war. Und wenn er sich doch Gedanken darüber machte?

»Keine Ahnung, ob er sich Sorgen macht«, sagte ich schließlich. »Wenn das ein Problem für ihn wäre, hätte er es doch wohl angesprochen. Aber ich werde ihn fragen.«

Nach gut zwei Wochen sahen wir endlich den Leuchtturm von Porto Santo, einer Insel nordöstlich von Madeira. Ich navigierte mittels GPS, dem Satellitennavigationssystem. Man muss nicht viel selber machen, nur ein paar Knöpfe drücken, und ein Apparat spricht die ganze Zeit und sagt einem, wo man sich gerade befindet. Es ist ein fantastisches Hilfsmittel, nur sollte man sich nicht ausschließlich darauf verlassen. Mein Grundprinzip gegenüber allem Elektronischen ist: Es kann kaputtgehen. Aus diesem Grunde hatte ich auch einen Sextanten dabei, das Instrument, das man vor der Zeit von GPS nutzte und mit dem man den Stand der Sonne maß, um die eigene Position zu bestimmen. Außerdem hatte ich einen Brissextanten an Bord, die Erfindung des Seglers Sven Yrvind. Der Brissextant ist so klein, dass man ihn als Schmuckstück um den Hals tragen kann. Sven hatte ihn mir geschenkt, bevor ich Schweden verließ. Noch vor zehn Jahren hatte fast niemand, der einen längeren Segeltörn unternahm, GPS; das System war für Normalsterbliche schlicht und ergreifend zu teuer. Inzwischen sind die Preise gesunken, GPS ist in den allermeisten Langfahrtsbooten installiert und wird sogar immer mehr zum Standard auf Booten, die lediglich in den Schären herumfahren.

Wir waren glücklich und stolz, als wir nach zweieinhalb Wochen auf See in Funchal auf Madeira endlich wieder festen Boden unter den Füßen hatten. Im Hafen war es eng – all die Segelboote, die auch westwärts unterwegs waren!

Nachdem wir an Land gegangen waren, rief ich Torbjörn an und erzählte ihm, dass wir auf Madeira angekommen waren.

»Torbjörn, hast du Angst, dass ich mit meinen Reisegefährten Sex haben könnte?«

»Warum fragst du? Sollte ich denn Angst haben?«

»Nein, aber Peter hat sich gefragt, ob du dir Sorgen machst. Da ist mir aufgefallen, dass wir noch nie darüber gesprochen haben, aber ich hatte auch nicht gedacht, dass es ein Problem für dich sein würde.«

»Also, ich sehe hier kein Problem. Hab daran überhaupt nicht gedacht.«

Als wir das Gespräch beendet hatten, dachte ich darüber nach, was eigentlich die Basis unserer Beziehung war. Wir hatten beschlossen zusammenzuleben, aber wir waren nach wie vor Individuen. Wir haben viel gemeinsam, sind aber auch in vielerlei Hinsicht verschieden. Beide können wir auf unserem Gebiet wachsen, ohne dass sich der andere irgendwie bedroht fühlen muss. Offensichtlich fanden es einige Leute seltsam, dass ich mit anderen Männern segelte, und gingen davon aus, dass Sex auf dem Segeltörn inklusive war. Torbjörn und ich hatten dagegen keinen Gedanken in diese Richtung verschwendet.

Zwei Tage später musterte Peter ab, um einen alten Traum zu verwirklichen: eine Zeit lang auf Madeira zu verweilen und dort vielleicht einen Job zu finden.

Kapitel 6

Zeit für die Seele

Anderthalb Monate würde ich nun alleine sein, bevor Torbjörn kommen und mit mir nach Argentinien segeln wollte. Es war inzwischen Ende August. Eigentlich wollte ich nach Porto Santo segeln, aber ich musste noch auf ein paar Briefe warten. Funchal ist eine kleine Stadt mit kleinen Gässchen, die in dem hügeligen Terrain auf und ab führen. Der Hafen von Funchal war allerdings nicht ideal zum Liegen, also segelte ich ein Stück weiter zu einem Naturhafen im Osten Madeiras. Dort lag ich fünf Tage, vollkommen alleine. Schwedische Segler sind es nicht gerade gewohnt zu schwoien (d. h. nur am Bug vor Anker zu liegen und nicht mit dem Festland vertäut zu sein), und es scheint vielen schwer zu fallen, auf diesen einen Anker zu vertrauen. Selbst mir fiel es schwer. Aber hier war das Wasser warm. Ich konnte also hinuntertauchen, um mir den Meeresgrund anzusehen, und ich war sehr zufrieden: Der Anker hatte sich tief in den Grund gebohrt, man sah nur sein äußerstes Ende. Aber bereits in der ersten Nacht frischte es ordentlich auf, und ich machte kein Auge zu, weil ich befürchtete, der Anker könnte sich lösen. Als der Morgen anbrach, lag das Boot noch immer da, wo es liegen sollte. Die einzige unangenehme Begleiterscheinung war meine Müdigkeit. Die Sonne schien, meine Unruhe legte sich, jetzt konnte ich anfangen zu genießen, dass ich alleine hier war. Ich schwamm, nahm Sonnenbäder, las viel und schrieb. Ein paar Tage später fiel mir auf, dass ich noch nie in meinem Leben so lange allein gewesen war. Ich hatte mehrere Tage in Folge keine Menschenseele zu Gesicht bekommen, geschweige denn mit jemandem gesprochen. Dies war eine erhebende Erkenntnis für mich, und mit gemischten Gefühlen holte ich nach fünf Tagen den Anker ein und segelte zurück nach Funchal.

Als ich in Funchal ankam, war der Hafen voll besetzt. Mir blieb nichts anderes übrig, als in der Bucht zwischen zahlreichen anderen Segelbooten den Anker wieder herunterzulassen. Die meisten Segler benutzen eine Ankerkette. Davon braucht man nicht so viele Meter wie von einer Ankerleine, und das Boot schwingt nicht so weit herum, wenn der Wind oder die Gezeiten die Richtung ändern. An sich hatte ich 15 Meter Ankerkette zur Verfügung. Weil ich aber keine Ankerwinde hatte und gezwungen war, die Kette mit den Händen wieder einzuziehen, verwendete ich sie nicht, wenn ich alleine an Bord war. Die Leine funktionierte genauso gut, nur dass das Boot ein wenig mehr herumtreiben konnte. Ich war der Ansicht, dass der Abstand zu den umliegenden Booten ausreichen würde, und pumpte meine Jolle auf, um an Land zu gehen. Unterwegs ruderte ich an einem Katamaran unter dänischer Flagge vorbei. Dänemark hat einen ganz besonderen Platz in meinem Herzen, weil meine Mutter aus Dänemark stammte. Als ich einen Mann an Deck sah, steuerte ich auf den Katamaran zu und grüßte hinüber. Ich wurde an Bord eingeladen und lernte Frede kennen, der alleine zu den Westindischen Inseln segeln wollte.

Es war das erste Mal, dass ich an Bord eines Katamarans kletterte. Frede war kurz nach mir in den Hafen eingelaufen und besonders auf dem letzten Stück war es ganz schön windig gewesen. Trotzdem standen Gläser und Schalen auf dem Tisch, als ob Frede hier schon seit langem vor Anker läge.

»Entschuldige die dumme Frage, aber bist du nicht gerade erst angekommen?«, fragte ich.

»Doch, warum?«

»Wie hast du nur so schnell den Tisch gedeckt?«

»Katamarane liegen nicht so schräg im Wasser wie Boote mit nur einem Rumpf«, antwortete er lächelnd.

Das hatte ich natürlich gewusst, aber dass der Unterschied so groß war, dass man auf einem Katamaran gefahrlos mit gedecktem Tisch segeln konnte, hatte ich mir nicht vorstellen können.

Sowohl Frede als auch ich mussten tagsüber ein paar Dinge besorgen, aber wir vereinbarten, später gemeinsam auf Fredes Boot, der *Silver Blue*, zu Abend zu essen.

Am Abend waren noch mehr Segelboote angekommen. Es war nicht mehr viel Platz zwischen den Booten, die dort vor Anker lagen. Den ganzen Nachmittag hatte ich die *Artemisia* im Auge behalten, weil ich fürchtete, sie könnte zu nah an ein anderes Boot herantreiben, aber sie lag die ganze Zeit dort, wo ich sie zurückgelassen hatte. Doch als ich abends zur *Artemisia* zurückrudern wollte, hörte ich einen Ruf in der Dunkelheit. Mein Boot war ein gutes Stück abgetrieben, sodass es plötzlich einem französischen Segelboot gefährlich nahe kam. An Bord des französischen Bootes stand ein Mann, nur mit Unterhose bekleidet, und winkte mit den Armen. Wir stürzten in die Jolle und ruderten hinüber zu dem Franzosen. Es war noch nichts passiert, aber ich musste die *Artemisia* fortbewegen. Zuerst dachte ich, der Anker hätte sich gelöst, doch das war nicht der Fall; ich hatte eben nur die Ankerleine benutzt und somit konnte die *Artemisia* weiter umhertreiben als andere Boote. Doch nun hatte ich noch ein ganz anderes Problem. Inzwischen lagen so viele Boote im Hafen, dass für mich kein geeigneter Platz mehr frei war, und außerdem war es mitten in der Nacht.

»Wir könnten dein Boot über Nacht an meinem vertäuen und morgen einen neuen Liegeplatz suchen«, schlug Frede vor.

Dies schien uns die einzig vernünftige Lösung zu sein. Doch am nächsten Tag war es immer noch genauso eng. Wir fanden, dass unsere Boote, miteinander vertäut, eigentlich ganz gut lagen; es gab keinen Grund umzuziehen.

Frede erzählte, dass er zum zweiten Mal auf dem Weg zu den Westindischen Inseln war. Das erste Mal war 1969 gewesen, in einem nur sechs Meter langen Segelboot ohne Motor. Er ist der Däne, der mit dem bisher kleinsten Boot den Atlantik überquert hatte. Jetzt war er wieder unterwegs, und zwar mit gemischten Gefühlen, weil er wusste, dass die Westindischen Inseln nicht mehr diejenigen waren, die er in den Sechzigerjahren vorgefunden hatte. Damals war es tatsächlich ein unberührtes Inselparadies gewesen. Heute ist es ein bis in den letzten Winkel erschlossenes Touristenareal, in dem alles auf Geld ausgerichtet ist. Viele der Inseln sind gesäumt von Luxushotels und gigantischen Charterbooten, überall dominieren westliches Essen und westliche Kultur, lokale Traditionen werden immer mehr zurückgedrängt. Welches Recht haben wir, dies zu tun?

Während wir darüber auf dänisch-schwedisch redeten, wurde mir klar, dass Frede um die Sechzig sein musste. Sein Haar war schon leicht ergraut, aber seine Augen zeugten von ständiger und reger Neugier.

Madeira ist hauptsächlich für seine fantastischen Wanderwege in den Bergen bekannt. Meist führen sie entlang einer *levada*; so heißen die Bewässerungskanäle auf Madeira. In den Bergen regnet es viel, und damit die ganze Insel das Regenwasser nutzen kann, hat man vor mehreren hundert Jahren die *levadas* gebaut. Das Gefälle der Wasserkanäle ist genau berechnet, damit das Wasser ungehemmt fließt und sämtliche Bananenplantagen an den Berghängen versorgt werden. Dieses Bewässerungssystem wird bis heute benutzt; bislang hat niemand ein besseres austüfteln können.

Frede und ich wanderten an einer *levada* entlang, von der man sagt, sie sei eine der schönsten. Ein Stück den Berg hinauf war der

Wasserkanal streckenweise ziemlich schmal und verlief beinahe senkrecht. Hier und da war ein Geländer angebracht, das aber recht wackelig und somit nicht sehr Vertrauen erweckend aussah. Am sichersten war es, im Wasser zu gehen, doch das war eiskalt, sodass unsere Füße nach einer Weile ganz taub wurden. Die Schönheit der Natur war uns ohne Übertreibung geschildert worden: Man sah von dort oben über üppige Täler und eindrucksvolle Berghänge – es war überwältigend. Wir kamen an einigen Bananenplantagen vorbei, die alle einen verlassenen Eindruck machten. Einige Tage später fragte ich Alexandra, die in einem der Restaurants am Hafen arbeitete, ob sie tatsächlich verlassen waren. Ja, es stimmte. Laut EU-Richtlinien sind die Bananen zu klein, um in EU-Länder exportiert zu werden. Sie dürfen nur nach Portugal verkauft werden, weil Madeira eine selbstständige Region dieses Staates ist. Daher verlassen die Besitzer der Bananenplantagen ihren Grund und Boden und ziehen nach Funchal – wo es allerdings keine Arbeit für sie gibt. Ein Kommentar erübrigt sich.

Manchmal traf ich Peter. Er hatte noch keine Arbeit gefunden, fühlte sich aber mächtig wohl auf Madeira. Er wollte heim nach Schweden reisen, sich von dort aus einen Job besorgen und dann wieder zurückkommen.

Irgendwann war es für Frede an der Zeit, sich in Richtung Kanarische Inseln aufzumachen, und auch ich wollte endlich nach Porto Santo kommen. Gerade waren wir von einem kleinen Ausflug in die Stadt zurückgekehrt und hatten auf der *Silver Blue* Kaffeewasser aufgesetzt. Der Wind war ziemlich stark, ich konnte hören, wie die Ankerkette ratterte, und ich suchte mir einen Orientierungspunkt an Land, um zu sehen, ob wir unsere Position beibehielten. Da fluchte Frede auf einmal. Ich folgte seinem Blick in die andere Richtung und sah, wie sich die Küste immer schneller von uns fortbewegte ... Der Anker hatte sich losgerissen! Schnell hinauf an Deck! Direkt in der Richtung, in die wir schossen, lag ein kleines amerikanisches Segelboot, dessen Besitzer uns angstvoll entgegenstarrten. Alles ging wahnsinnig schnell, aber es gelang uns doch, die aneinander gebundenen Boote an den Amerikanern vorbeizumanövrieren, die Motoren anzuwerfen und die *Artemisia* von der *Silver Blue* abzubinden, ohne auf irgendein anderes Boot aufzufahren. Inzwischen war der Wind so stark geworden, dass ich beschloss, in den Hafen einzufahren, auch wenn dieser voll belegt war. In einer solchen Situation ist es gut, ein kleines Boot zu haben, das meistens zwischen den anderen Booten noch Platz findet. Beim dritten Versuch bekam Frede in dem starken Wind endlich seinen Anker zu fassen, und nachdem alles glimpflich verlaufen war, ließen wir uns auf die Planken fallen und lachten erst einmal herzlich über das, was gerade passiert war. Es musste unglaublich lustig ausgesehen haben!

Am nächsten Tag verabschiedeten wir uns voneinander und ich segelte nach Porto Santo. Porto Santo war nicht weit entfernt – nur etwa 70 Kilometer. Die beiden Inseln könnten unterschiedlicher nicht sein. Auf Madeira gibt es grüne Berge und viele Felsen, während es auf Porto Santo fast nie regnet; die Insel ist für ihren neun Kilometer langen Sandstrand berühmt. Hier wollte ich mich einerseits entspannen und andererseits mental auf das vorbereiten, was vor mir lag.

Doch zuallererst ließ ich die Ankerleine hinab, pumpte die Jolle auf und ruderte an Land, um die *Artemisia* zu klarieren. Es war immer das gleiche: Ich holte meine Papiere hervor, der Mann oder die Frau hinter dem Schreibtisch blickte irritiert und fragte, wo denn der Kapitän sei. Hier, antwortete ich dann. Die häufigsten Reaktionen waren Verwunderung oder Misstrauen. Doch wenn der erste Schock erst einmal überwunden war, wurde ich in der Regel mit Respekt behandelt.

Hier ging alles etwas langsamer als auf Madeira, und schnell hatte ich alle anderen Segler kennen gelernt, die vor Ort lagen. Es schien mir ein Platz zu sein, an dem man leicht »hängen bleiben« konnte. Ein segelndes Paar – er aus Südafrika, sie aus Frankreich – war einst nach Porto Santo gekommen, um dort eine Woche zu verbringen; inzwischen waren schon fünf Monate daraus geworden. Die beiden hielten sich mit Bootsreparaturen und dem Flicken und Nähen von Segeln über Wasser. Auch Franz aus Deutschland, der aussah und lebte wie ein Hippie aus einer anderen Zeit, hatte sich auf Porto Santo niedergelassen. Er segelte nicht selbst, war aber vor vielen Jahren auf einem Boot hierher »getrampt«. Inzwischen hatte er sich ein großes Zementboot gekauft, mit dem er über den Atlantik fahren wollte. Irgendwie hatte ich aber das Gefühl, dass er die Bucht vor Porto Santo wohl nie verlassen würde.

Ich genoss die Zeit, in der ich nichts tun musste, und lebte in den Tag hinein. Natürlich hatte ich eine Reihe von Bootsarbeiten zu verrichten, aber ich musste ja nichts überstürzen. Zu diesem Zeitpunkt hatte ich begriffen, dass ich ein kleines Boot besaß. Die Boote der meisten anderen waren wesentlich größer ... Während des gesamten Segeltörns war ich, mit einer einzigen Ausnahme, immer auf dem kleinsten Boot unterwegs. Doch die Seesicherheit eines Bootes hängt nicht von seiner Größe ab, sondern hauptsächlich von seiner Konstruktion. Ein kleines Boot kann auf den großen Meeren absolut sicher sein.

Hier auf Porto Santo lernte ich Mike kennen, einen mageren englischen Einhandsegler von 46 Jahren, der schulterlange Haare hatte. Er besaß die originellste Jolle, die ich jemals gesehen habe. Er hatte sie selbst gebaut und erzählte jedem, der es hören wollte, dass es von dieser Art nur zwei auf der ganzen Welt gäbe. Die Jolle war aus einem Glasfaserverbund und in der Mitte teilbar. Die eine Hälfte konnte man in der zweiten verstauen. Die Jolle erinnerte mich in ihrer Form irgendwie an eine Banane. Am besten funktionierte sie als Einmannboot; ich unternahm einmal einen vorsichtigen Versuch als zweiter Passagier, gab jedoch auf, bevor wir kenterten. Aber sie war schnell zu rudern, wenn man sich die Technik erst einmal angeeignet hatte.

Der Segler aus England wusste zu schwoien. Mike zeigte mir, wie man es anstellen musste, um einen festen Halt zu haben. Wenn man den Anker auswirft, muss man das Boot achteraus gleiten lassen, ohne Druck auf den Anker auszuüben, damit er die Chance hat, ordentlich zu sinken und Halt zu finden. Wenn die Leine oder Kette die gewünschte Länge erreicht hat, legt man den Rückwärtsgang ein, gibt erst vorsichtig und dann richtig Gas, damit der Anker »einrastet«.

»Lass den Rückwärtsgang danach ruhig noch ein paar Sekunden drin, suche dir in deiner Umgebung einen Orientierungspunkt und vergewissere dich, ob das Boot seine Position beibehält. Wenn der Anker jetzt nicht hält, hält er auch nicht bei Windböen«, erklärte Mike.

So machte ich es in Zukunft immer.

Fast täglich saß Gerry, ein anderer englischer Einhandsegler, der bereits über siebzig war, in der Bar. Die Bar war draußen unter einem Blechdach untergebracht. Wenn man nicht selbst an Bord kochen wollte, konnte man dort einfache Gerichte bestellen. Die Bar war die Anlaufstelle für alle Segler. Gerry saß häufig da und hörte zu, wie die anderen mehr oder weniger glaubwürdiges Seemannsgarn erzählten und tönten, dass heutzutage wohl Biertrinken das Wichtigste sei, was Langstreckensegler auf dem Weg zu den Westindischen Inseln beherrschen müssten, weil sie die meiste Zeit in Bars säßen. Ich dachte zuerst, er gehörte selbst zu der beschriebenen Gattung, musste meine Einschätzung aber revidieren. Eines Tages war ich auf dem Weg in die Stadt, um mir einige Seekarten zu besorgen, die ich noch nicht hatte. Gerry saß in der Bar und ich setzte mich eine Weile zu ihm. Er fragte mich, wo ich gerade hinwollte, und ich erzählte es ihm.

»Welche Seekarten brauchst du denn? Vielleicht habe ich sie.«

»Das glaube ich kaum«, sagte ich. »Die Karten, die mir fehlen, sind von der Antarktis.«

»Und welche?«

Ich sah ihn misstrauisch an. Warum sollte er Antarktiskarten im Gepäck haben? Es zeigte sich allerdings, dass er tatsächlich zwei der drei Karten hatte, die ich noch brauchte! Gerry besaß ein Stahlboot von neun Metern Länge und hatte die meiste Zeit seines Lebens auf See verbracht, überwiegend alleine. Nachdem er nach Grönland gesegelt war, kam ihm die Idee, nach Patagonien und zur Antarktis zu reisen, aber er hatte davon Abstand genommen, weil er es für zu riskant hielt, alleine dorthin zu segeln. Bevor das Segeln sein Leben bestimmte, war er Bergsteiger gewesen. Er war verheiratet und hatte zwei erwachsene Söhne, aber wann er die je sah, war mir ein Rätsel.

Wir ruderten hinaus zu seinem rot angestrichenen Boot, um nach den Karten zu suchen. Es war schwierig, eine Stelle zu finden, auf die man seinen Fuß setzen konnte; an Deck herrschte ein heilloses Durcheinander. In der Kajüte sah es nicht besser aus, ich musste ein paar Sachen beiseite schieben, um ein wenig Platz zum Sitzen zu haben.

»Das meiste hier brauche ich wahrscheinlich irgendwann noch mal«, sagte er, aber er schien selbst nicht so recht daran zu glauben.

Er tauchte tief ein in das Durcheinander, das er an Bord hatte, und fand tatsächlich die Karten und einige Artikel, die ich seiner Meinung nach lesen sollte. Ich nahm alles dankbar entgegen und las über Menschen, die nach Grönland und Patagonien gesegelt waren.

Einer der Artikel handelte von der Crew eines englischen Segelbootes und ihren Abenteuern auf der Fahrt durch die Magellanstraße am äußersten Ende Südamerikas. Es war eine Schwindel erregende Geschichte von Stürmen, unglaublichen Gezeitenströmungen, Nebel, Kälte und Regen. Der Bericht fesselte mich ungemein, und ich war doch froh, dass mein Törn nicht zu dieser berüchtigten Wasserstraße führen würde. Wie wenig ahnte ich, was mich erwartete!

Eines Abends ging ich alleine zurück zum Hafen. Ich hatte gerade Torbjörn angerufen, um ihm zu sagen, dass alles in Ordnung war. Doch »in Ordnung« war tatsächlich untertrieben: Ich fühlte mich in höchstem Maße lebendig und voller Freude. Wenn man sich nicht in seiner gewohnten Umgebung befindet, legt man manchmal all seine alten Verhaltensmuster und sein gutes Benehmen ab und kann endlich sein, wer man wirklich ist. Nicht, dass ich ein anderer Mensch wurde, aber gewisse Dinge fielen mir leichter, mein Selbstbewusstsein wuchs. Ich hatte keine Angst, etwas zu erwidern, wenn jemand dumme, rassistische Kommentare von sich gab oder erniedrigende Frauenwitze riss. Würde ich diese Stärke beibehalten? Nun ging ich diesen Weg entlang und sah zum Mond hinauf. Moment mal – auf dem Weg zur Stadt war Vollmond gewesen und jetzt war nur eine schmale Sichel zu sehen. Täuschte mich meine Erinnerung? Der Mond wurde kleiner und kleiner. Eine Mondfinsternis? Ich setzte mich auf ein Mäuerchen und sah den Mond fast ganz verschwinden. Nach einer Weile nahm er wieder zu. Es musste eine Mondfinsternis gewesen sein! Langsam ging ich weiter zum Hafen und erwartete, dass dort alle anderen sitzen und den Himmel beobachten würden. Aber es war vollkommen menschenleer, abgesehen von einem Fischer, der auf der Brücke stand. Er fragte mich, ob ich »es« gesehen hatte. Ich nickte.

»Das war eine Mondfinsternis«, sagte er.

Unglaublich, so etwas hatte ich nie zuvor zu Gesicht bekommen.

Ich ließ mir viel Zeit, mich mental auf den Rest meines Segeltörns vorzubereiten, besonders auf den Teil, der mich in die Antarktis führen sollte. Auf langen Spaziergängen am Sandstrand versuchte ich, mich in alle möglichen Ereignisse hineinzuversetzen. Wovor hatte ich am meisten Angst? Wohl davor, in Seenot zu geraten und den Mast zu verlieren oder gar zu kentern. Und ich hatte natürlich Angst zu sterben. Manchmal versuchte ich mir einen mächtigen Sturm und 15 Meter hohe Wellen vorzustellen. Ich hatte ein mulmiges Gefühl im Magen, wenn ich nur daran dachte. Wie geht man mit seiner Angst um? Manche Menschen versuchen sich einzureden, dass sie nicht existiere. Ich glaube nicht, dass das funktioniert, im Gegenteil. Wenn man wirklich Angst bekommt, hört man doch meistens auf zu denken. Entweder tut man dann nichts oder die vollkommen falschen Dinge. Wenn man aber akzeptiert, dass man Angst hat, und sich in genau die Situationen versetzt, die man am meisten fürchtet, glaube ich, dass man mit der Angst umzugehen lernen kann. So kann einen die Angst nicht überwältigen, wenn der Ernstfall wirklich eintritt. Je häufiger ich daran dachte, was passieren konnte, und meine Angst nicht unterdrückte, desto geringer wurde sie. Schritt für Schritt überlegte ich, wie ich handeln sollte, wenn das Schlimmste eintreffen würde. Ich wusste aber auch, dass das Schlimmste an sich nur schwerlich voraussehbar war. Also versuchte ich, mich mit offenen Sinnen allen Eventualitäten zu stellen. Mein Leitwort hieß Flexibilität. Gleichzeitig tat ich alles, um die *Artemisia* so seetauglich wie möglich zu machen und selbst eine innere Sicherheit zu entwickeln. Es ist eine fürchterliche Erfahrung, wenn die Personen an Bord eines Bootes nicht harmonieren, auch wenn das Boot selbst allem standhält. Und Tatsache ist auch, dass ein Boot stets mehr übersteht als seine Besatzung.

Manchmal, wenn ich am Strand entlangging, dachte ich an Kolumbus. Bevor er seine lange Reise über das Meer antrat, hatte er eine Zeit lang auf Porto Santo gelebt und eine Frau aus Madeira geheiratet. Auf der Insel gibt es ein kleines Kolumbus-Museum. Vielleicht war auch er am Strand entlanggegangen, hatte zum Horizont geschaut und überlegt, was ihm die Zukunft wohl bringen würde. Hatte er sich nach dem Horizont gesehnt? Welche Risiken haben die Segler damals in Kauf genommen! Offiziell war im 15. Jahrhundert die Erde ja noch eine Scheibe, auch wenn Kolumbus und andere davon überzeugt waren, dass sie rund war. Die Besatzung aber wird größtenteils davon überzeugt gewesen sein, dass sie bis zum Ende der Welt segeln und dann von ihr herunterfallen würde. Der Sextant war noch nicht erfunden, man navigierte hauptsächlich mit einem so genannten Jakobsstab. Mit seiner Hilfe konnte man zum Beispiel den Abstand zwischen dem Horizont und dem Polarstern messen und so seine Position auf dem Breitengrad bestimmen. Den Längengrad konnte man damals noch nicht messen. Man zog außerdem die Logbücher anderer Seefahrer zu Rate. Ansonsten aber galt es loszusegeln, bis einem irgendetwas den Weg blockierte. Man hatte damals also allen Grund dazu, beunruhigt zu sein! In dieser Hinsicht war mein Segeltörn gar nicht so bemerkenswert. Andererseits hört man aber auch nie von all den anderen, die sich zu Kolumbus' Zeiten aufgemacht und den Weg nicht zurück gefunden haben ... Mein Segeltörn war, ganz ehrlich, alles andere als risikolos. Doch ich wollte alles, was in meiner Macht stand, tun, um unnötige Risiken zu vermeiden.

Aber was war ein »unnötiges Risiko«? Wenn man im Leben nie etwas riskiert, sondern sich immer nur auf der sicheren Seite hält, kann das zwar an und für sich bequem sein, aber ich glaube auch, dass man auf diese Weise das Bewusstsein für seine eigenen Möglichkeiten und Grenzen verliert. Es gibt natürlich auch Menschen, die immer wieder Risiken um des Risikos willen eingehen und sich stets am Abgrund bewegen. Hier geht es um etwas ganz anderes, nämlich meistens darum, sich selbst oder anderen etwas beweisen zu wollen, sich selbst niemals »gut genug« zu fühlen. Manchmal handelt es sich auch um eine Art Todessehnsucht, die diese Menschen nicht anders ausdrücken können. Das nenne ich »unnötige Risiken«. Als ich für *Greenpeace* arbeitete, diskutierten wir vor bestimmten Aktionen oft über unnötige Risiken. Wägten sie ab. Wir nahmen oft Risiken in Kauf, riskierten jedoch niemals zu viel. Viele Menschen haben mich gefragt, ob ich denn gar keine Angst hätte. Natürlich hatte ich oft Angst. Aber die Angst davor, wie die Welt in Zukunft aussehen könnte, wenn wir uns weiterhin so verhalten, wie wir es tun, ist größer. Wenn wir nicht versuchen, anders mit den Ressourcen der Erde umzugehen als bisher, wird das Risiko am Ende größer sein als dasjenige, welches ich in Kauf nahm, als ich für *Greenpeace* auf Kräne kletterte und in Schlauchbooten fuhr.

Ich denke, es ist wichtig zu wissen, wofür man Risiken auf sich nimmt. Was ist der Zweck? Für mich wiegen die Freude, die ich beim Segeln empfinde, und die Herausforderungen, die das Segeln mir bietet, schwerer als die Risiken, die ich dabei eingehe. Wenn ich mir der Risiken bewusst bin, kann ich sie auch steuern.

Eines Tages lief ein kleines Segelboot in die Bucht ein und ankerte ziemlich weit entfernt von uns anderen. Mike hatte in der Bar gesessen und von der Neuigkeit gehört und ruderte nun zu mir herüber, um mir davon zu berichten. Es handelte sich um einen Amerikaner, dem ein Unwetter vor den Azoren in die Quere gekommen war. Eines der Fenster seines Bootes war eingeschlagen und seine Jolle abgetrieben worden. Beinahe wäre er gesunken.

»Warum ist er nicht in den Hafen eingelaufen?«, fragte ich.

»Er hat keinen Motor.«

»Und wer hat ihn an Land gebracht?«

»Niemand. Er ist geschwommen.«

Am Nachmittag ruderte ich zu dem Boot des Amerikaners hinüber. Es war ziemlich klein, sogar noch kleiner als mein eigenes! Ich schätzte es auf gut sieben Meter. Der Amerikaner war nicht an Bord. Es schien, als wäre das Boot schon eine gute Zeit lang auf See gewesen. Das Fenster war provisorisch mit einer Spanplatte geflickt. Die halbe Einrichtung lag draußen zum Trocknen, alles schien in Salzwasser getränkt gewesen zu sein. Seine Pflänzchen aber hatte er ganz offensichtlich retten können – die standen ganz weit hinten im Cockpit.

Später traf ich ihn in der Bar. Er hieß Joe und war Mitte dreißig.

»Nein, das war keine Welle, die das Fenster eingedrückt hat. Ich habe im Boot das Gleichgewicht verloren und bin gegen das Fenster gekracht, als eine große Welle das Boot zur Seite warf. Das Wasser ist hineingeflutet, und ich war absolut überzeugt, dass ich untergehen würde.«

»Hat die Pumpe nicht funktioniert?«, fragte jemand.

»Nein. Ich musste mit einem Eimer das Wasser rausschöpfen«, war Joes Antwort, dem der Schrecken immer noch ins Gesicht geschrieben stand.

»Die effektivste Pumpe ist ein Mann mit großer Angst und einem Eimer«, war Gerrys Kommentar.

Ich bot Joe meine Jolle an, wenn er an Land gehen wollte, sodass er nicht länger schwimmen musste. Es dauerte ein paar Tage, bis er mein Angebot annahm, denn er war von jenem Schlag Männer, die immer alleine klarkommen wollen, auch gegen jegliche Vernunft. Andererseits wollte er so schnell wie möglich nach Hause segeln, weil er seiner Mutter versprochen hatte, zum Erntedankfest daheim zu sein. Als ich ihn das erste Mal mit meiner Gummijolle abholte, ruderte ich uns an Land. Das muss sehr komisch ausgesehen haben, weil Joe ein relativ großer, durchtrainierter Mann ist, der sicherlich um die 100 Kilo wiegt. Mit meinen gut 50 Kilo war ich alles andere als ein Gegengewicht, sodass mir das Rudern ziemlich schwer fiel. Erst als wir die Plätze tauschten und die Jolle wieder flach im Wasser lag, kamen wir deutlich schneller voran.

Einmal ruderte ich zu Mike, um mit ihm eine Tasse Kaffee zu trinken. Ich sah ihm an, dass er mir unbedingt etwas erzählen wollte.

»Joe war gerade hier. Wir haben uns über Anker unterhalten. Da hat er mir erzählt, dass er einfach zum Meeresboden taucht, wenn er seinen Anker mal umsetzen muss, den Anker unter den Arm nimmt und dorthin spaziert, wo er ihn haben will.«

Ich starrte Mike an. »Geht das denn?«

Ich sah das Ganze vor mir wie in einem Zeichentrickfilm, in dem ein Mann in Badehosen mit einem Anker am Meeresgrund herumläuft, und oben, auf der Wasseroberfläche, bewegt sich ein Boot, scheinbar ganz von selbst. Konnte man denn so lange die Luft anhalten? Wir brachen in lautes Gelächter aus und konnten nicht glauben, dass das wahr sein könnte. Bei einer späteren Gelegenheit fragte ich Joe danach, und er behauptete, dass es stimmte.

»Alles eine Sache der Übung«, war sein lapidarer Kommentar.

Ich ließ die Sache auf sich beruhen. Doch einige Wochen später hatte ich Gelegenheit, das Ganze mit eigenen Augen zu sehen. Es war eine stürmische Nacht, alle, die in der Bucht schwoiten, waren hellwach, und in jedem einzelnen Boot brannte Licht. Als es zu dämmern begann, konnte ich Joe erkennen, der auf dem Vordeck seines Bootes saß. Irgendetwas hatte er sich unter den Arm geklemmt, als er ins Wasser sprang und unter der Oberfläche verschwand. Ein paar Augenblicke später sah ich, wie sich sein Boot langsam bewegte. Ich begriff, dass er zuerst einen zusätzlichen Anker gelegt und dann den ersten umgesetzt haben musste. Es war also tatsächlich möglich!

Manche Segler legen eine kleine Boje aus, damit sie wissen, wo genau ihr Anker liegt. Alle Boote richten sich nach dem Wind aus, die *Artemisia* mehr als andere, weil sie, wie schon erwähnt, an einer Leine liegt. Ich hatte plötzlich den Eindruck, einer Boje zu nah zu kommen, und versuchte auszumachen, zu welchem Boot sie gehörte. Als ich hinüberruderte, um nachzusehen, sah ich einen Mann an Deck, den ich fragen konnte. Ja, es war die Boje, die zu seinem Boot gehörte, aber ich sollte mir keine Sorgen machen.

»Aber es ist ja nur normal, dass eine Ehefrau sich Sorgen macht«, sagte er mit mildem Lächeln.

Ehefrau?! Ich verbiss mir das Lachen und ruderte zurück.

Später kam der Mann langsam zur *Artemisia* herübergerudert. Er lächelte verhalten, sah sich eine Weile das Boot an und fragte schließlich: »Bist ... Bist du alleine?«

Ich nickte grinsend.

»Kein ... Mann an Bord?«

Ich verneinte lachend und fragte ihn im Gegenzug, warum er das wissen wolle. Ich bekam keine vernünftige Antwort, aber er entschuldigte sich und stellte sich mir als Henric vor. Er kam aus der Schweiz und war mit seinen beiden Kindern ein Jahr lang auf See. Später schwammen die Kinder und ich mit viel Gelächter im Wasser zwischen den Booten umher und erkundeten die Anker aller Boote. Es segeln mehr Familien mit ihren Kindern, als man vielleicht denkt, und für die meisten ist ein solcher Törn eine großartige Lebenserfahrung.

Weshalb segeln manche Menschen alleine? Mich selbst hatte man in Porto Santo als Einhandseglerin klassifiziert, obwohl ich die meiste Zeit über von anderen Menschen begleitet worden war.

»Mike, warum segelst du alleine?«, fragte ich ihn einmal.

»Weil es viel besser ist als mit anderen zusammen. Ich mache genau das, was ich will, und muss auf niemanden Rücksicht nehmen. Man streitet nicht über das Ziel der Reise, die Ordnung an Bord oder wie man sich im Hafen beschäftigen soll.«

»Aber wäre es nicht schön, deine Erlebnisse mit jemandem teilen zu können? Oder eine Unterstützung bei all den Arbeiten zu haben, die auf dem Boot anfallen?«

»Nein, nicht wirklich.«

Ich war nicht recht überzeugt. Ich dachte zurück, erinnerte mich an meine eigenen Träume von einem langen Segeltörn und an das Buch von Naomi James. Ich bewunderte ihren Mut und ihren Eigensinn und träumte davon, das Gleiche zu tun wie sie. Wenn ich aber meine Motive offen legte, war klar, dass ich vor allem beweisen wollte, dass ich in der Lage war, den Törn zu überstehen. Im Laufe der Jahre hatte ich einfach zu viele spöttische und herablassende Kommentare von Männern gehört, die fast jeder Frau das Segeln verdorben hätten. Wenn man aber nicht aufhört, wird das Gefühl, etwas unter Beweis stellen zu müssen, immer stärker. Ich werde diesen Idioten beweisen, dass ich es tatsächlich kann! Das war kein wirklich guter Ausgangspunkt. Außerdem hatte ich das Gefühl, mit meinem Traum von einem langen Segeltörn vollkommen alleine zu sein. Niemand wollte ihn mit mir teilen. Über die Jahre hinweg haben sich für mich einige Werte verschoben, sowohl was das Segeln als auch das übrige Leben angeht. Heute weiß ich, dass ich niemandem etwas beweisen muss. Was ich unternehme, tue ich für mich selbst. Ich träume nicht mehr davon, alleine um die Welt zu segeln.

Eine Sache, die mir an männlichen Einhandseglern auffiel (ich habe nie Frauen getroffen), war, dass sie verschiedenen Dingen an Bord Namen gaben. Die Selbststeueranlage und der Autopilot bekamen Namen, der Motor und das GPS. Männliche Namen. Das Boot selbst hatte allerdings fast immer einen weiblichen. Mit den benannten Gegenständen führen die Männer lange Unterhaltungen, sie loben und schelten sie. Selbst wenn sie alleine sind, wollen sie jemanden haben, mit dem sie sich unterhalten können. Ich glaube, dass wir Menschen Gesellschaft brauchen, wenn auch nicht in jedem Augenblick. Vielleicht, um von anderen zu lernen und uns dadurch weiterzuentwickeln.

Aber es ist auch nicht immer einfach, in Begleitung zu segeln. Alte Freundschaften und Partnerschaften, die schon lange existieren und vielen Belastungen ausgesetzt waren, scheitern beim Segeln. Erst unterwegs, auf dem Boot, finden Partner heraus, dass sie beim Segeln nicht wirklich harmonieren oder sich miteinander nicht wohl fühlen. Weil sie vergessen haben, im Vorfeld über ihre Erwartungen und Träume zu sprechen, darüber, was ein längerer Segeltörn für sie bedeutet. Sie begreifen, dass sie sich aus unterschiedlichen Motiven an Bord befinden. Es ist aber tatsächlich ein großer Unterschied, ob man an Land oder auf einem Boot zusammen ist. An Land kann man nach Hause gehen, sich an verschiedenen Orten aufhalten, man ist nicht in gleicher Weise von der Anwesenheit eines anderen Menschen abhängig. Auf einem Boot kann man nirgendwohin ausweichen.

Als ich überlegte, wen ich auf meinem Segeltörn dabeihaben wollte, dachte ich hauptsächlich darüber nach, mit wem ich an Bord reibungslos zusammenarbeiten könnte. Das war das Allerwichtigste. Einige kannte ich gut, Micke zum Beispiel, Inger, Jaak, Maria und natürlich Torbjörn. Lasse kannte ich ein paar Jahre, Peter kannte ich am wenigsten. Mit Richardo hatte ich zusammen auf See gearbeitet, allerdings auf einem wesentlich größeren Schiff. Ich konnte nicht einschätzen, wie es auf der *Artemisia* sein würde, aber bislang hatte es gut geklappt.

Mit Mike freundete ich mich sehr gut an, und mit ihm besprach ich das Thema Einhandsegeln häufiger. Irgendwann traute er sich zu sagen, was er tief in seinem Inneren wirklich dachte: »Eigentlich hast du Recht. Wenn ich wählen könnte, würde ich nicht alleine segeln. Man wird einsam, selbst wenn man in den Häfen Leute kennen lernt. Wenn es stressig ist, wäre es schön, die Arbeit mit jemandem teilen zu können. Und all die wunderbaren Erlebnisse. Mit wem teile ich die? Aber ich habe schlichtweg niemanden gefunden, der mit mir segeln wollte. Also hatte ich keine andere Wahl.«

»Glaubst du, dass das für andere Einhandsegler auch zutrifft oder nur für dich?«

»Ich glaube, dass die meisten, die alleine unterwegs sind, eigentlich nicht alleine sein wollen. Die meisten sind Männer, und die meisten davon sehnen sich nach einer Frau, die mit ihnen segelt, aber sie finden keine. Warum wohl?«, fragte er und lächelte verschmitzt.

»Was meinst du?«, fragte ich zurück

Er zögerte ein wenig mit seiner Antwort.

»Wenn man sich ansieht, wie wir Männer manchmal mit Frauen umgehen, versteht man, warum sie nicht mit uns segeln wollen. Wir gehen davon aus, dass Frauen nicht in der Lage oder nicht bereit sind, zu lernen, und wir haben Angst davor, die Macht zu verlieren, die wir beim Segeln empfinden. Männer schließen Frauen bei ihren Diskussionen übers Segeln, die Wahl der Route und technische Details oft aus. Wenn ich eine Frau wäre und so behandelt würde, hätte ich auch keine Lust zu segeln. Oder glaubst du etwa, dass Männer von Natur aus lieber segeln?«

»Nein, eigentlich nicht. Wahrscheinlich geht es eher um alte Gewohnheiten und Vorurteile. Die meisten meiner Freundinnen haben mich irgendwann gefragt, ob sie einmal mitsegeln dürften. Und alle, die ich mitgenommen habe, haben es genossen.«

Ich wünsche mir, dass Mike jemanden findet, der mit ihm segelt.

Seglerinnen glänzten während meines Törns tatsächlich durch ihre Abwesenheit. Natürlich gab es an Bord vieler Boote Paare, doch die meisten von ihnen lebten in klar definierten, traditionellen Geschlechterrollen. Ich finde das furchtbar langweilig. Und erschreckend. Ohne das Boot handhaben zu können, würde ich mich nie trauen, einen längeren Törn anzugehen. Und welch ein Unsicherheitsfaktor für einen Mann, der niemanden hat, mit dem er die Arbeit teilen kann! Wenn sich der Mann verletzt oder krank wird, was macht dann die Frau? Jeder Freizeitskipper muss zusehen, dass er nicht der Einzige an Bord ist, der mit dem Boot umgehen kann. Das liegt im Interesse der Sicherheit aller. Geteilte Verantwortung ist doppelte Freude! Wir alle verlieren so viel aufgrund dieser eingefahrenen Geschlechterrollen, sowohl Männer als auch Frauen.

Man stelle sich einen Sommertag in einem Naturhafen in Schweden vor. Ein Boot kommt herein, einen Tick zu schnell. Auf dem Vorschiff eine Frau, der Mann am Steuer. Das Boot nähert sich den Felsen, der Mann schreit: »Spring endlich, verdammt noch mal!« Es sind drei Meter bis zum Land ... Das Ende dieser Geschichte ist ungewiss, aber eines ist sicher: Ein Bootsführer, der seine Besatzung anschreit, hat keine Kontrolle über sein Boot. Männer sollten ihr Prestigedenken ablegen und die Fehler anderer nicht vorschnell verurteilen, vor allen Dingen nicht die Fehler von Frauen. Jeder macht Fehler und jeder lernt aus Fehlern. Immer und überall zu bestimmen, macht Männlichkeit nicht aus. Frauen hingegen sollten häufiger zupacken, selbstbewusst einen neuen Platz einnehmen und Dinge ausprobieren dürfen. Weiblichkeit heißt nicht Passivität! Wir sollten starre Muster sprengen, so wird alles viel aufregender!

Dass ein Monat so schnell vorübergehen kann! Inzwischen war es Anfang Oktober und daheim in Schweden wurde es langsam Herbst. Hier aber war es warm und behaglich. Gleichzeitig fühlte ich, dass ich nun wirklich bereit war, gen Süden zu segeln. Am letzten Abend saß ich mit Gerry zusammen und wir unterhielten uns. Zum Abschied sagte er: »Wenn einer meiner Söhne, die bergsteigen, zu einer Tour aufbricht, sage ich immer einen bestimmten Satz. Ich habe ihn für dich ein wenig abgeändert: ›Be safe, be friends, and go to Antarctica. In that order.‹«

Ich wusste genau, was er meinte. Ich hatte selbst ein paar Berge bestiegen, nachdem ich für *Greenpeace* auf Gebäude geklettert war. Oberste Priorität hatte immer die Sicherheit. Die richtige Ausrüstung zu haben, sich auf sie und auf sich selbst verlassen zu können, über die Route Bescheid zu wissen ... Meinen Kletterpartnern fühlte ich mich immer freundschaftlich verbunden. Wenn diese Voraussetzungen zur Zufriedenheit aller Beteiligten erfüllt sind, muss man nur noch aufbrechen.

Gescheite und wahre Worte, die Gerry mir mit auf den Weg gab. Nach ihnen wollte ich mich immer richten.

Eines Morgens legte ich in aller Frühe ab, um zurück nach Funchal zu segeln und Torbjörn abzuholen. Und dort kam er – mit der schwersten Tasche, die ich je gesehen habe! Allerdings befand sich darin auch ein Ersatz-Kardangelenk. Selbst wenn bisher alles normal verlaufen war, wollte ich nicht riskieren, irgendwann mit einem kaputten Kardangelenk in der Antarktis festzusitzen.

Ich war gespannt, welches Tempo Torbjörn an den Tag legen würde. Er ist eine sehr ruhige Person, aber ich hatte inzwischen eine Gelassenheit angenommen, die ihn regelrecht hektisch erscheinen ließ. Eine Gelassenheit, die Torbjörn in Erstaunen versetzte. Wir hatten uns viel zu erzählen, all das, was in den vergangenen gut drei Monaten passiert war.

Im Hafen von Funchal war es sehr eng, die Segelboote lagen in Päckchen, d. h. in mehreren Reihen Seite an Seite. Um an Land zu kommen, mussten wir über die Decks von sechs fremden Booten steigen. Und eines Morgens sollte das französische Boot, das ganz innen lag, hinaussegeln ... Eine frenetische Aktivität brach aus, rundherum standen Leute und hielten eine oder gleich mehrere Vertäuungsleinen in Händen, bis langsam eine Öffnung in den Reihen entstand und das Boot hindurchkam.

An vielen Orten der Welt sind die Winde sehr viel konstanter als daheim in Schweden. Vielfach kommt der Wind monatelang aus derselben Richtung. Einen langen Segeltörn plant man entlang dieser Winde, und man versucht, sie stets im Rücken zu haben, nie gegen sich. Auf Madeira ist meist Nordwind. Doch eines Tages drehte der Wind und blies direkt in den Hafen hinein. Für die Boote bestand keine Gefahr, aber das Meer gab uns das zurück, was wir ihm gegeben hatten ... Nach wenigen Stunden war der Hafen voll mit Müll, den die Menschen auf dem Meer entsorgt hatten: Bierdosen, Ölflaschen, Plastiktüten, Verpackungen, Plastikbüchsen und vieles mehr. Wir glauben, was wir wegwerfen, verschwindet, doch es taucht schlicht und ergreifend an einem anderen Ort wieder auf.

Die meisten, die den Atlantik überqueren wollen, decken sich auf den Kanarischen Inseln mit Nahrungsmitteln ein. Auch wir wollten nach Las Palmas auf Gran Canaria, um unsere Einkäufe zu erledigen.

Wir hatten ein paar Tage lang starken Südwind, sodass die Wellen uns frontal entgegenschlugen. Für Torbjörn war es das erste Mal, dass er auf den Atlantik hinausfuhr, und er war etwas nervös. Jenseits der schützenden Mole war die See äußerst unruhig, und es dauerte nicht lange, bis Torbjörn seekrank wurde. Er fiel allerdings nicht vollständig aus, sondern konnte seine Wachgänge wahrnehmen. Bisweilen werde auch ich selbst seekrank, doch während des gesamten Segeltörns blieb ich davon verschont. Auf den ersten Etappen wurde meine Besatzung immer vor mir seekrank, sodass ich unbedingt gesund bleiben musste. Das Schwanken der Planken machte mir immer wenig aus.

Nach ein paar Tagen des Auf und Ab liefen wir in einen relativ großen Hafen in Las Palmas ein. Nachdem wir die *Artemisia* erst einmal klariert hatten und wieder zurück zum Boot gingen, sahen wir am unteren Ende der langen Brücke ein großes Schild, auf dem all das stand, was verboten war.

Fischen verboten.

Baden verboten.

Waschen verboten.

Reparaturarbeiten verboten.

Wir schauten die Brücke entlang, und das Erste, was wir sahen, war eine kleine Gruppe angelnder Jungen. Etwas weiter außen badeten ein paar Jugendliche. Auf einem Boot fand gerade Großputz statt und ein Mann war mit Schweißen beschäftigt. Niemand schien die Regeln ernst zu nehmen, das Ganze wirkte auf uns sehr skurril.

Wir blieben nur vier Tage. Niemals zuvor hatten wir so viel Nahrungsmittel auf einmal eingekauft! Die Faustregel besagt, dass man 50 Prozent mehr Lebensmittel mit an Bord haben sollte, als man für die geplante Fahrt tatsächlich benötigt. Wir hatten riesige Mengen Nudeln, Reis, Couscous und Kartoffeln eingekauft. Mindestens eine Zwiebel pro Tag, Wurzelgemüse, Pilze, H-Milch, Eier, jede Menge Obst, Nüsse, Gebäck, Suppen und Mehl, um Brot backen zu können. Außerdem Mais-, Erbsen-, Fisch- und Obstkonserven.

Woher aber soll man wissen, wie viel Lebensmittel man tatsächlich benötigt? Daheim in Stockholm, lange vor meiner Abreise, hatten wir unsere Essgewohnheiten eine Zeit lang beobachtet. Wenn wir eine Flasche Speiseöl öffneten, schrieben wir das Datum darauf, um herauszufinden, wie lange es dauerte, bis sie leer war. Wir taten das Gleiche mit vielen verschiedenen Waren, um vor allen Dingen die Atlantiküberfahrt planen zu können. Auf dieser Grundlage entwickelten wir eine Essensliste mit Grundnahrungsmitteln, die für zwei Wochen ausreichen sollten.

Wir berechneten, dass die Überfahrt sechs bis acht Wochen dauern würde, also sollten wir Essen für zwölf Wochen dabeihaben.

Mindestens. Es ist fantastisch, wie viel man auf einem kleinen Boot verstauen kann! Nur für einen Weißkohlkopf fanden wir bis zuletzt nicht den idealen Aufbewahrungsort.

Man vergisst immer etwas bei der Abreise. Man sollte sich allerdings vergewissern, dass es nichts Wichtiges ist. Torbjörn hatte seine Handtücher vergessen, aber die waren leicht zu ersetzen. Wir machten uns auf die Suche nach einem Warenhaus und landeten im luxuriösen *Corte Ingles*. Das Warenangebot erschien uns absurd. Allein die Abteilung für Sonnenbrillen füllte sechs, sieben Theken auf einer 25 Quadratmeter großen Verkaufsfläche. Nicht zu reden von den Schmink- und Pflegeprodukten, die mehrere hundert Quadratmeter in Anspruch nahmen. Und das Erstaunlichste ist, dass alles auch noch verkauft wird.

Ist das Wohlstand?

Wir kauften ein Handtuch und räumten das Feld.

Las Palmas ist ein tragischer Ort. Alles ist auf den Tourimus ausgerichtet. Wo ist die ursprüngliche Insel geblieben? Ich bin keine Gegnerin des Tourismus an sich, aber wenn man dort großen Schildern begegnet, auf denen in Neonfarben »Schwedisches Smörgåsbord« steht, ist das schon ziemlich absurd. Die meisten Speisekarten gab es auch in schwedischer Übersetzung. Man konnte problemlos schwedische Gerichte bestellen und sich einbilden, immer noch daheim zu sein, einmal abgesehen vom Klima. Besteht der Sinn einer Reise nicht darin, andere Kulturen kennen zu lernen?

Kapitel 7

Das weite Meer

Am 29. Oktober verließen wir Las Palmas ohne Abschiedsschmerz und traten unsere Reise jenseits des Horizonts an. Es dauerte zwei Tage, bis die Lichter der Insel nicht mehr am Himmel widerschienen. Ein eigenartiges Gefühl machte sich breit – es würde Wochen dauern, bis wir wieder Land sehen würden. Wie würden wir reagieren? Ich hatte bisher erst einmal drei Monate auf offener See erlebt, allerdings auf einem großen *Greenpeace*-Schiff mit einer 27-köpfigen Besatzung. Der Unterschied zur Zweisamkeit ist gewaltig. Für Torbjörn war die längste Zeit, die er kein Land gesehen hatte, zwei Tage und Nächte gewesen. Na ja, es würde sich zeigen.

In Las Palmas hatten wir einige Zeit damit zugebracht, ein gutes Wachsystem auszutüfteln. Wir hatten ganz bestimmte Bedingungen zur Voraussetzung gemacht: Wir sollten nicht tagein, tagaus die gleichen Wachgänge haben, die Schichten konnten durchaus unterschiedlich lang sein, wir brauchten jeweils eine lange Schlafphase innerhalb von 24 Stunden und wollten zumindest gemeinsam zu Abend essen. Nach einigen Diskussionen erstellten wir ein Wachschema auf 48-Stunden-Basis, das alle Bedingungen erfüllte, die wir aufgestellt hatten. Nach einer Woche hatten wir unseren Rhythmus gefunden, und weil wir jeweils innerhalb von 24 Stunden einmal länger schlafen konnten, mussten wir nicht auch noch jede freie Minute ausruhen. So konnten wir sogar einige Zeit gemeinsam wach verbringen. Einer von uns war immer wach und ging Wache. Das Wichtigste war, Ausschau nach anderen Schiffen zu halten, aber auch – und das war wohl das Schwierigste – nach schwimmenden Containern, die irgendwelche Frachtschiffe verloren hatten. Wenn diese Container auf der Wasseroberfläche treiben, sind sie nur sehr schwer zu erkennen, besonders bei Nacht.

Am Anfang hatten wir nicht sonderlich viel Wind, was uns allerdings nicht beunruhigte. Es war warm und gemütlich. Torbjörn trug ständig eine Kappe, um sich nicht seine beginnende Glatze zu verbrennen. Weil er ohne Brille aufgeschmissen war, trug er sie an einer Kette. Doch sicherheitshalber hatte er auch noch eine Ersatzbrille dabei.

Wir waren alles andere als einsam dort draußen auf dem Meer. In der ersten Zeit bekamen wir viel Besuch von Zugvögeln, die auf ihrem Weg gen Süden waren. Manchmal umschwärmten sie uns ziemlich lange und unternahmen mehrere Landungsversuche, weil der »Boden«, auf dem sie sich niederlassen wollten, die ganze Zeit schwankte. Ein Vogel landete einmal direkt auf Torbjörns Kopf und Torbjörn hielt still, so gut er konnte, obwohl der Vogel sich in seine Kopfhaut krallte. Ausgerechnet in diesem Moment schlief ich und verpasste das Ereignis!

Vögel scheinen einen natürlichen Kompass zu besitzen, jedenfalls wussten sie, dass wir in die gleiche Richtung wie sie unterwegs waren. Zu Hause ist es fast unmöglich, einem kleinen Vogel näher zu kommen, doch auf dem Meer draußen waren sie bei weitem nicht so scheu. Wir konnten uns ihnen nähern und uns ganz normal an Deck bewegen, ohne dass sie aufflogen. Einige blieben nur ein paar Stunden, andere tagelang, bevor sie weiterflogen. Ein kleiner Vogel wollte mitten in der Nacht auf dem Boot landen und flog gegen ein Stag. Er stürzte in das Cockpit, wo er benommen liegen blieb und hilflos mit den Flügeln schlug. Mit klopfendem Herzen legte ich behutsam die Hände um den Vogel, um ihn an Deck zu bringen, von wo aus er einfacher wieder wegfliegen konnte. Ich fühlte das Herz in dem winzigen Körper schlagen. Als der Vogel eine Weile an Deck herumspaziert und wieder sicherer auf den Beinen war, flog er davon.

Und all die Delfine! Es gibt unzählige Mythen und Sagen über diese Tiere, was verständlich ist, wenn man bedenkt, wie sehr sie ein Gefühl der Verbundenheit in den meisten Menschen auslösen. Delfine tauchten aus dem Nichts auf. Das Erste, was wir wahrnahmen, war das Geräusch, das sie beim Atmen machten und das wir manchmal für das Schleifen des Wassers am Boot hielten. Dann sahen wir ihre silberbleichen Rücken aus dem Wasser ragen, um sogleich wieder zu verschwinden. Sie schwammen schnell und mit einer fantastischen Präzision vor dem Bug. Manchmal dachten wir, *jetzt* überfahren wir sie, aber es geschah doch nie. Sie sprangen und machten wahre Salti im Wasser. Es war, als tanzten sie auf dem Meer, und je häufiger ich es sah, desto überzeugter war ich, dass sie es aus purer Freude taten. Manchmal konnten sie mir einen richtigen Schrecken einjagen, wenn sie plötzlich in Bootsnähe aus dem pechschwarzen Wasser auftauchten. In manchen Nächten gab es auch ein fantastisches Meeresleuchten. Es konnte so stark sein, dass das halbe Großsegel davon angestrahlt wurde, ja, das ganze Meer leuchtete auf von unendlich viel phosphoreszierendem Plankton. Dann konnte man die Lichtspuren der Delfine sehen; es war ein unbeschreibliches Schauspiel, das wir andächtig genossen. Wir wurden dieser Besuche nie überdrüssig. Sie vermittelten uns eine Empfindung von Lebensfreude, Weisheit und Wissen, an dem wir gerne teilhaben wollten. Vielleicht konnten wir das auch – wer weiß?

Wir hätten auch nie geglaubt, so viele farbenfrohe Fische zu Gesicht zu bekommen. Manchmal schwammen sie genau hinter der *Artemisia* her. Vielleicht glaubten sie, unser Boot sei ein großer Fisch, der ihnen eventuell ein paar Krümel übrig lassen würde? Wir, genauer gesagt, Torbjörn sorgte dafür, dass wir manchmal frischen

Fisch zum Abendessen bekamen, und zwar mithilfe der Angelschnur, die ich von Magnus geschenkt bekommen hatte. Ich esse gerne Fisch, habe aber meine Schwierigkeiten, einen Fisch zu töten, was ein bisschen paradox ist, denn ich habe ihn ja, wie gesagt, gerne auf dem Teller. Torbjörn aber hat in seinem Leben viel gefischt und übernahm das Töten. Der erste Fisch, den wir fingen, war eine riesige Goldmakrele. Nach dem Ausnehmen des Fisches war das Deck voller Blut, doch wir fanden eine Technik, einen wild umherschlagenden Fisch aus dem Wasser zu ziehen und an Deck zu töten, ohne dass alles blutig war. Die Fische bissen recht gut. Fast immer, wenn wir zu Abend frischen Fisch bestellten, bekamen wir ihn auch. Meistens hatten wir Tunfisch auf dem Teller. Manchmal hat man ja Pech und bekommt einen viel zu großen Fisch an die Angel, sodass es die ganze Woche über das gleiche Gericht gibt. Wir hatten jedoch Glück, und es waren meist die kleineren Fische, die anbissen.

Man kann auch Fische fangen, ohne zu fischen. Fliegende Fische. Diese eigenartigen Tiere haben die Form von »Flügeln«, mit deren Hilfe sie über das Wasser hüpfen. Offensichtlich können sie im Dunkeln nur schlecht sehen, denn über Nacht landeten viele an Deck der *Artemisia*. Manchmal hörten wir ein dumpfes Geräusch, wenn wieder einer irgendwo auf dem Boot aufschlug. Da hatten sie den ganzen Atlantik zum Herumhüpfen und landeten ausgerechnet auf einem Segelboot! Man sagt, dass Fliegende Fische gut schmecken, aber die meisten, die auf unserem Deck landeten, waren so klein, dass der Aufwand, sie auszunehmen und zu putzen, für das bisschen Fleisch zu groß war. Und warum sie fliegen? Wahrscheinlich, um anderen Fischen zu entkommen, die sie fressen wollen.

Viele glauben, dass man von Dosen- und Trockenfutter leben muss, wenn man so einen langen Segeltörn unternimmt, aber das stimmt nicht. Man muss die Nahrungsmittel nur richtig verwahren. Wir hatten frische Kartoffeln und Zwiebeln dabei (die man dunkel und zusammen lagern sollte), ebenso wie frische Eier – bis sie uns nach fünf Wochen ausgingen. Eier halten sich länger, wenn man sie alle drei Tage wendet. Nur in wenigen Ländern der Erde gibt es die Unart, Eier in Kühlregalen zu lagern, was ihre Haltbarkeit verkürzt. Wenn Eier so lange wie möglich frisch bleiben sollen, dürfen sie überhaupt nicht gekühlt werden. Viele Hackfrüchte und Gemüsesorten halten sich auch länger, wenn sie in Netzen hängen, beispielsweise Squash, Weißkohl, Brechbohnen und Karotten. Weil ich kein Fleisch esse und Torbjörn leicht darauf verzichten kann, stellte sich das Problem der Fleischlagerung erst gar nicht. Wir hatten keinen richtigen Ofen, nur einen so genannten Miniofen, den man auf die Herdplatte setzt, doch er funktionierte erstklassig, wenn wir Brot oder süße Hefeteilchen buken oder »Janssons Versuchung« zubereiteten, ein traditionelles schwedisches Kartoffelgericht mit Anchovis.

Die Zubereitung des Abendessens war bisweilen eine Herausforderung. Weil die Welt um uns herum ständig in Bewegung war, mussten wir die Zutaten immer festhalten, damit sie uns nicht davonflogen oder sich über die Planken verteilten. Weil man so meistens beide Hände voll hatte, musste man den gesamten restlichen Körper einsetzen, um die Balance zu halten. Wir parierten die Wellen mit den Beinen, Füßen, dem Rücken oder der Hüfte. Natürlich passierte es trotzdem, dass die Zwiebeln davonkullerten oder dass sich die Suppe über die Fußmatte ergoss.

Für einen so langen Segeltörn genügend Frischwasser an Bord eines derart kleinen Bootes zu haben, ist unmöglich. Viele Segler lösten dieses Problem in der Vergangenheit – und viele tun es noch heute – mit raffinierten Konstruktionen zum Auffangen von Regenwasser. Ich hatte lange über eine gute Lösung nachgedacht und war zu dem Schluss gekommen, dass es sich lohnte, mir einen *Water-*

maker anzuschaffen. Der kann auf Osmose-Basis aus Salzwasser Trinkwasser machen. Er funktioniert elektrisch, man kann aber auch manuell pumpen. Ich besaß das kleinste Modell, das in wärmeren Breitengraden ungefähr vier Liter Wasser pro Stunde aufbereitete; je kälter das Wasser, desto weniger.

Eines Abends, als ich meine Wacht antreten wollte, meinte Torbjörn, einen Hai gesehen zu haben. Er hatte eine Flosse aus dem Wasser ragen sehen, die gleichmäßig und ruhig dahinzog. Die eines Delfins wäre regelmäßig auf- und abgetaucht. Ich brachte mich im Cockpit in Position und beobachtete die Wasseroberfläche, konnte aber nichts erkennen. Die Sonne ging unter und überließ den Himmel den Sternen. Bei einer Sternschnuppe darf man sich etwas wünschen. Doch so viele Wünsche hatte ich gar nicht! Überall schossen Meteore über den Himmel, manche von ihnen zogen einen langen Lichtschweif hinter sich her. Es war ein hinreißendes Schauspiel!

Was stellt man mit der vielen Zeit an, die man auf einmal zur Verfügung hat? Man befindet sich schließlich in einer Situation, die ganz anders ist als alles, was man gewohnt ist. Das Boot, das uns über das Meer beförderte und unser Heim war, musste permanent beobachtet werden. Die Abnutzung ist sehr viel stärker, als wenn man daheim in den Schären herumtuckert, und die nächste Bootswerkstatt ist weit entfernt. Man muss also eventuelle Fehler und Unregelmäßigkeiten frühzeitig erkennen. Auf der Reparaturliste stand fast immer irgendetwas. Weil unsere Umgebung sich ständig bewegte, dauerte alles, was man an Bord erledigte, länger als gewöhnlich. Duschen beispielsweise war ein mehrstündiges Projekt. Zunächst brauchten wir extra Frischwasser. Natürlich war an Bord kein Platz für eine Dusche, aber wir hatten ein Plastikbecken mit einem Wasserverteiler, der ausgezeichnet funktionierte. Wenn man den Behälter mit der schwarzen Seite der Sonne zugewendet aufstellte, erwärmte sich das Wasser auf eine angenehme Temperatur. Wir tauften den Behälter auf den Namen »Schweinchen«, weil er wie ein fettes, kleines Schweinchen aussah, wenn er prall mit Wasser gefüllt war. Dann ging es an das Duschen selbst. Wir knüpften das »Schweinchen« an einer Seitenwand auf, mussten in den ewigen Bewegungen des Bootes Seife, Shampoo und uns selbst im Gleichgewicht halten. Frischwasser benutzten wir nur ganz zuletzt, um das Salz abzuduschen. Torbjörn wollte sich eine gleichmäßige Bräune zulegen und rasierte sich regelmäßig, allerdings nicht ganz so oft wie daheim. Er wartete dafür immer günstige Augenblicke ab, in denen die *Artemisia* nicht allzu sehr hin und her schwankte.

Die Selbststeueranlage hielt die *Artemisia* selbst bei schwachem Wind auf Kurs. Es war ein herrliches Gefühl, sich gelassen in das Cockpit zu setzen. Oft hatte ich eine Tasse Kaffee in der Hand, konnte mich entspannen und die *Artemisia* ohne mein Zutun einfach in die angepeilte Richtung segeln sehen.

Ein funktionierender Autopilot ist eine Notwendigkeit, vor allem wenn man nur zu zweit an Bord ist. Wenn wir ihn nicht gehabt hätten, hätte einer von uns manuell steuern müssen. So aber hatten wir Zeit, während unseres Wachganges andere Dinge zu erledigen: Essen zubereiten, das Boot instand halten, duschen, waschen etc. Das alles hätten wir ohne Selbststeueranlage in unseren Schlafzeiten erledigen müssen. Der daraus resultierende Schlafmangel wäre ein erhebliches Sicherheitsrisiko gewesen.

Vor allen Dingen hatten wir Zeit für etwas, das für die meisten Menschen heutzutage einzigartig ist: Wir konnten uns auf uns selbst besinnen. Ich habe den Eindruck, dass viele denken, sie existieren nicht, wenn sie keine 24 Stunden am Tag erreichbar sind. Sie haben ein Mobiltelefon, Fax und Computer, der ans Internet angeschlossen ist, und denken, sie müssten ständig nachsehen, ob irgendjemand eine Nachricht hinterlassen hat. Von außen betrachtet, sieht unsere Lebensweise ziemlich absurd aus. Wonach jagen wir eigentlich permanent? Ich schwöre, man kann durchaus existieren, auch wenn man wochenlang nicht erreichbar ist.

Man kann sogar mit seiner Umwelt kommunizieren, selbst wenn man sich mitten auf dem Atlantik befindet. Man kann zum Beispiel entweder einen Kurzwellensender oder ein Satellitentelefon benutzen. Viele Segler verfügen über einen Kurzwellensender und auch auf meiner Planungsliste hatte einer gestanden. Mit einem solchen Sender kann man mit Menschen überall auf der Welt Kontakt aufnehmen – natürlich nur, sofern auch sie einen Kurzwellensender besitzen. Vor allem für die Zeit in der Antarktis wollte ich einen Kurzwellensender haben. Doch dann reichte das Geld nicht, und ich musste mich damit abfinden, ohne einen solchen Sender klarzukommen. Und ein Satellitentelefon hätte mich meine halbe Reisekasse gekostet ... Doch selbst wenn ich das Geld gehabt hätte, hätte ich mir wohl kein Satellitentelefon zugelegt. Ich glaube nämlich, dass dies eine ganz wichtige Erfahrung ist: nicht erreichbar zu sein.

Uns wurde diese Zeit geschenkt. Zeit, einfach unser Dasein zu genießen und uns am Schauspiel der Natur zu begeistern. All diese unglaublichen Sonnenauf- und -untergänge. Oft färbte sich der halbe Himmel ganz fantastisch, manchmal stand er geradezu in Flammen, und die ganze Zeit spielten sich neue, unvergleichliche Szenen vor unseren Augen ab. Alles Leben hängt zusammen, ist eine Einheit. Mein Trinkwasser hat vor mir vielleicht irgendwann einmal ein Dinosaurier getrunken. Der Kreislauf des Lebens wurde Torbjörn und mir deutlich und offenbar. Wenn ich über die Ignoranz mancher Menschen nachdenke, bekomme ich richtig eine Gänsehaut. Dass wir aber auch das Selbstverständlichste der Welt nicht verstehen wollen! Der Mensch lebt auf diesem Planeten, weil dieser sein Leben ermöglicht. Wasser, Luft und Erde. Wie sind auf dem besten Wege, dies alles zu zerstören, und warum? Wir gehen permanent Kompromisse ein, aber Kompromisse können auch gefährlich sein ... Bist du bereit, Risiken einzugehen?

Torbjörn und ich hatten genügend Zeit, nachzudenken und zu reflektieren. Wie leben wir unser Leben? Was ist wirklich wichtig? Was nehmen wir wohl oder übel in Kauf, ohne dass wir es eigentlich wollen? Unter normalen Umständen können wir uns über diese Dinge keine Gedanken machen, weil keine Zeit dafür ist. Und wenn wir später krank werden und sterben, ist es dafür zu spät.

Aber Zeit verliert auch ihre Bedeutung. Wirklich wichtig waren nur der Zeitpunkt des Wachwechsels und die Eintragung unserer Position in der Seekarte. Alles andere wurde bedeutungslos. Datum, Wochentag, Monat. Wir hatten das Gefühl dafür verloren und es spielte auch keine Rolle mehr. Wenn wir das Datum wissen wollten, konnten wir es einfach im Logbuch nachschlagen, aber die Notwendigkeit dafür bestand nicht.

Während der Wochen auf See dachte Torbjörn viel über sein Leben nach. Unter anderem kam er zu dem Schluss, dass er seine Arbeitszeit verringern und sich mehr Zeit für andere Dinge nehmen wollte. Wie etwa für *Det stora knytkalaset* – »Die große Party«, eine Kulturvereinigung in Stockholm, die sich für die Integration von Ausländern und gegen Rassismus einsetzt. Als Schwede kann man dort beispielsweise Salsa tanzen lernen, während Afrikaner Walzerkurse belegten. Die Vereinigung bietet Seminare an, engagiert sich für ein Dorf in Guinea Conakry und arbeitet mit Schulen und anderen Vereinigungen zusammen, und an all diesen Projekten kann man sich beteiligen.

Weder Torbjörn noch ich haben uns von teuren Krediten oder hohen Fixkosten abhängig gemacht, wir haben das stets zu vermeiden versucht. Es gibt ja so viel anderes, was wichtig ist im Leben, selbst wenn man einen Job hat, der einem Spaß macht. Allerdings wäre es tatsächlich besser für den Arbeitsmarkt, wenn mehr Leute kürzer arbeiteten und keine Überstunden mehr machten, um so anderen, die keinen Job haben, eine Möglichkeit auf einen Arbeitsplatz zu eröffnen.

Ich dachte oft über das Segeln in den südlicheren Breitengraden nach. Ob alles gut gehen würde? Hatte ich an alles gedacht? Vermutlich nicht, doch hoffentlich würden meine Vorbereitungen dennoch ausreichen.

Manchmal saß ich einfach nur da, ließ meinen Blick gedankenverloren über das Meer schweifen. Ich konnte eine Welle verfolgen, bis sie nicht mehr zu sehen war, oder die Bewegungen eines Vogels über der Wasseroberfläche. Diese Stunden bescherten mir Freude und Harmonie. Doch nicht immer. Plötzlich fing mein Blick etwas im Wasser auf, was dort nicht sein sollte: Abfall. Plastiktüten, Bierdosen, Kanister, Papier, Mülltüten ... Wie oft trieb so etwas an uns vorbei? Torbjörn und ich beschlossen, eine Statistik zu erheben. Jedes Mal, wenn Müll im Wasser schwamm, schrieben wir es auf.

Nach knapp zwei Wochen waren wir so niedergeschlagen von dem Resultat, dass wir es aufgaben. Täglich kamen sieben bis zwölf Striche auf der Liste hinzu, und das ausschließlich in den Tageslichtstunden; im Durchschnitt also ein Strich pro Stunde, und das nur innerhalb der winzig kleinen Fläche, die von der *Artemisia* aus sichtbar war.

Wenn man den Reiseführern Glauben schenkt, muss man erst eine Flaute fürchten, wenn man sich dem Äquator nähert. Doch bei uns war es anders. Die Winde waren bereits in den ersten Wochen unseres Törns ausnahmslos sehr schwach gewesen. Wir gerieten häufig in Flauten. Oft vergingen Tage ohne Wind. Und plötzlich konnten wir ein leichtes Kräuseln auf der Wasseroberfläche sehen. Wind! Wir warteten ungeduldig, fühlten die schwache Brise im Gesicht und hissten fröhlich alle Segel, nur um sie eine Stunde später wieder einzuholen, wenn die leichte Brise wieder abgeflaut war. Dann konnte ein weiterer Tag lang Flaute sein. Manchmal starteten wir natürlich den Motor, aber unsere Dieselreserven waren auf 120 Liter begrenzt. Unser alter Volvo-Motor verbrauchte bei niedriger Umdrehungszahl weniger als einen Liter in der Stunde, doch das würde trotz allem nicht für die ganze Fahrt reichen.

Die *Artemisia* bewegte sich unstet in der Strömung, wenn wir, in der Erwartung eines leichten Windes, herumtrieben. Dieses Warten war ziemlich frustrierend und anstrengend.

Je weiter südlich wir kamen, desto wärmer wurde es. Manchmal lagen wir nur erschöpft im Schatten und hatten Mühe, uns aufzurappeln, um mitten am Tag irgendetwas zu erledigen. Das Meerwasser kühlte sich kaum mehr ab. Hier durfte man sich keine Reparaturprobleme einhandeln. Aber genau das taten wir. Eines Tages wollte unser Kocher einfach nicht mehr funktionieren. Anfangs war das nicht sonderlich bedenklich. Wir hatten mit der Instandhaltung ein wenig geschlampt, sicherlich brauchten wir ihn nur gründlich zu reinigen. Der Kocher funktionierte mit Diesel, was auf Freizeitbooten zwar unüblich ist, aber eine Reihe von Vorteilen hat. Zum einen ist es praktisch, nur einen Brennstoff an Bord zu haben, mit dem sowohl der Motor, die Heizung und der Kocher betrieben wird. Zum anderen kann man überall auf der Welt Diesel bekommen; mit Benzin oder Petroleum ist das schwieriger, wenn man die gängigen Routen verlässt. Außerdem ist Diesel billiger. Diesel kann sich nicht selbst entzünden, womit die größte Brandgefahrenquelle an Bord vermieden ist. Nach dem Austausch des Kochers im schwedischen Schonen hatte er perfekt funktioniert. Ihn auseinander zu nehmen ist nicht ganz einfach, doch wir mussten feststellen, dass dies zum Reinigen notwendig geworden war. Im Handbuch stand, dass man bisweilen den Docht auswechseln müsse, also suchten wir in unserem Ersatzteillager nach einem neuen, feinen Docht. Doch wo sollte er sitzen? Die Abbildungen in unserem Handbuch stimmten nicht mit der Wirklichkeit überein, aber das waren wir von all den anderen Gebrauchsanweisungen, die wir in den letzten Jahren vor uns gehabt hatten, schon gewohnt. Wir waren immer wieder verwundert, wie schlecht und fehlerhaft die meisten Anleitungen tatsächlich waren.

Nach vielem Hin und Her einigten wir uns auf eine Stelle, an der wir den Docht vermuteten, und montierten alles wieder zusammen. Leider ohne Erfolg. Irgendwann war unser Hunger so groß, dass wir den Spirituskocher hervorholten, um ein Abendessen zuzubereiten. Einen erneuten Reparaturversuch verschoben wir auf den nächsten Tag.

Ich habe verdrängt, wie häufig wir diesen Kocher auseinander nahmen. Wir versuchten, den Docht an allen möglichen und unmöglichen Stellen zu platzieren – ohne Ergebnis. Manchmal sprang der Kocher tatsächlich an, was uns für einen immer viel zu kurzen Moment hoffen ließ. Sowohl Torbjörn als auch ich hatten irgendwann den leisen Verdacht, dass vielleicht überhaupt kein Docht nötig war! Aber es stand ja klar und deutlich, schwarz auf weiß im Handbuch: »Tauschen Sie den Docht aus.« Unmissverständlicher ging es nun wirklich nicht. Trotzdem. Den Spirituskocher in allen Ehren, aber mit nur einer Flamme waren wir beim Kochen sehr eingeschränkt, und wir sehnten uns nach variationsreicheren Abendessen. Schließlich mussten wir aufgeben. Wir hatten verschiedene Varianten ausprobiert, ohne den Kocher für länger als nur eine Minute in Gang zu setzen. Wir mussten also warten, bis wir in Argentinien ankamen und den Hersteller anrufen konnten. Bis dahin hieß es: Abendessen vom Spirituskocher.

Der große Waschtag stand bevor. Wegen der Wärme hatten wir manchmal nur Unterwäsche und ein T-Shirt an. Wir stellten einen

Eimer für die Wäsche und einen für das anschließende Ausspülen in das Cockpit. Dann spannten wir Wäscheleinen über das Deck und hofften, dass keine vorwitzige Welle ihre salzige Gischt auf unsere gewaschene Kleidung spritzen würde, was natürlich immer wieder passierte. Da mussten wir die bespritzten Kleider noch einmal auswaschen.

Nördlich des Äquators liegt ein Tiefdruckgebiet, das man *Doldrums* oder Kalmengürtel nennt. Es ist ca. 200 Seemeilen breit und teilt die Wettersysteme in ein nördliches und ein südliches. Auf der »anderen Seite« schnurren Hoch- und Tiefdruck in die entgegengesetzte Richtung. In den *Doldrums* selbst sind die Winde wenig vorhersagbar; oft gibt es gar keinen Wind oder aber Gewitterstürme. Das Gebiet verschiebt sich ständig ein bisschen, und die Empfehlungen für die geeignetste Stelle, an der man es durchqueren sollte, sind sehr uneinheitlich. Viele Segler sind hier schon in eine Flaute geraten und haben wochenlang keinen Wind gehabt. Früher muss es für die Schiffe noch viel schlimmer gewesen sein, weil sie sich ohne Wind überhaupt nicht fortbewegen konnten, und es gibt unzählige Erzählungen über dieses frustrierende Warten. Warten, während die Butter sauer wurde, die Trinkwasserreserven zur Neige gingen, Fleisch verdarb und die Besatzung ungeduldig oder sogar krank wurde.

Als wir uns den *Doldrums* näherten, wurde der Wind unsteter, schwächer, und es gab immer häufiger Gewitter. Manchmal konnten wir am Horizont gleich mehrere Gewitter beobachten und bisweilen waren sie uns ungemütlich nahe. Eines Abends, als ich an Deck ging, um meine Wache anzutreten, war der ganze Horizont von Gewittern erleuchtet. Es war vollkommen windstill, also startete ich den Motor. Torbjörn sah mich unschlüssig an, kratzte sich im Nacken und fragte, welche Richtung wir einschlagen sollten, um nicht direkt in ein Gewitter zu geraten. Ich sah mich um und hatte nicht die leiseste Ahnung.

»War irgendeines der Gewitter bereits über uns?«

»Ja, das dort«, sagte Torbjörn und zeigte in eine Richtung.

»Steuere darauf zu!«

»Was?«

Ich musste lachen und sagte, dass dies das einzig Sinnvolle war, was ich mir vorstellen konnte. Also machten wir es so, und ich weiß nicht wie, aber wir kamen in jener Nacht um jedes Unwetter herum.

Langsam näherten wir uns dem Äquator, bei dessen Überquerung die Seeleute von Neptun, dem Gott des Meeres, getauft werden. Der Anlass für die Äquatortaufe ist je nach Geschichtsbuch ein anderer. Ich habe folgende Version gelesen: Man wird nur getauft, wenn man von Norden kommt, denn laut Tradition muss man sich vom »Schmutz der nördlichen Atmosphäre« befreien, bevor man seine Reise gen Süden fortsetzen darf. Wenn man sich gereinigt hat, wird man von Neptun auf einen passenden Fischnamen getauft und damit ein vollwertiger Seemann und darf die südlichen Ozeane besegeln.

Die Tradition fordert von einem Täufling diverse Dinge, oft reine Schikanen. Zum Beispiel wird man gezwungen, ein eigens für diesen Tag gemischtes Gebräu zu schlucken, oder man wird mit etwas eingerieben, von dem man lieber nicht wissen will, was es ist. Die Taufe ist für viele Seeleute oft mit scheußlichen Erinnerungen verbunden (auch wenn viele heucheln, es sei trotzdem lustig gewesen). Was soll man dazu sagen, wenn – wie es einem Freund von mir passiert ist, als er in der amerikanischen Marine diente – jemand gezwungen wird, altes Maschinenöl zu schlucken?

Ich wurde 1991 auf der *M/S Greenpeace* getauft, als wir auf dem Weg zur Antarktis waren, und bekam den Namen »Sprat«, Sprotte. Ich erinnere mich wirklich gerne daran – wir haben großen Spaß gehabt. Ich musste in einer Tonne baden, die mit diversen Obstschalen und anderen Dingen, die leicht abzuwaschen waren, gefüllt war. Torbjörn war allerdings noch nicht getauft. Auf einem kleinen Boot in aller Heimlichkeit etwas vorzubereiten, ist beinahe unmöglich, sodass die Taufe zwar improvisiert war, aber trotzdem nach allen Regeln der Kunst stattfand und von Neptun anerkannt wurde. Torbjörn erhielt den Namen »Gös«, Zander. Es war der 21. November und wir waren seit 23 Tagen auf See.

Wir waren nun auf der südlichen Erdhalbkugel. Auf dem GPS-Display stand »S« statt »N«, und die Zahlen, die die Breitengrade definierten, wurden höher statt niedriger. Der Mond sah plötzlich nicht mehr aus, wie wir ihn gewohnt waren. Ein Neumond sah anders aus als zu Hause. Als ich klein war, hatte ich mich immer gewundert, dass der Mond in manchen Märchenbüchern auf eine bestimmte Art und Weise gemalt war: ein Neumond mit einer großen Nase und einem lächelnden Mund. So sah er doch in Wirklichkeit gar nicht aus! Jetzt weiß ich, dass der Künstler sich wohl in der südlichen Halbkugel aufgehalten haben muss, denn dort sah der Mond genau so aus!

Wenn wir mit dem *Watermaker* Wasser aufbereiteten, ließen wir das Wasser immer zuerst eine Weile durch einen Schlauch in den Abfluss laufen, bevor wir ihn an den Tank anschlossen. Natürlich sahen wir, dass sich manchmal Luftblasen in dem Schlauch bildeten, aber irgendwann dachten wir nicht mehr darüber nach. Eines Tages aber musste ich zu meinem Entsetzen feststellen, dass das Wasser nach Salz schmeckte! Wie war das möglich? Hatten etwa diese Luftblasen damit zu tun? Wir mussten den Tank zuerst vollkommen entleeren und danach mehr Wasser aufbereiten als zuvor, um den Tank ganz zu füllen. Wir nahmen es mit dem Wasser-Abschmecken sehr genau, um sofort feststellen zu können, wann das Wasser wieder salzig würde.

Den Inhalt des Wassertanks zu ermitteln ist nicht ganz einfach, doch einmal konnte ich sehr exakt feststellen, wie viel Wasser wir hatten. Nur leider stimmte die Menge nicht mit dem überein, was wir aufgeschrieben hatten. Ich erschrak, als ich sah, dass der Tank nahezu leer war! Der *Watermaker* lieferte bei weitem nicht die Menge Wasser, mit der wir gerechnet hatten. Irgendetwas war hier nicht in Ordnung. Natürlich hatten wir ein paar Reservekanister mit Wasser, aber die würden nicht lange reichen; schließlich waren wir mitten auf dem Atlantik!

Der nächste Hafen war Recife, eine kleine Stadt in Brasilien.

Und Recife war 650 Seemeilen entfernt. Wir hatten 30 Liter Wasser in den Kanistern. Bei unverändertem Wind würden wir noch acht Tage bis Recife benötigen. Das wären 3,75 Liter Wasser pro Tag – für uns beide. Nicht viel, in der Hitze des Äquators. Wir einigten uns darauf, weniger als das zu trinken, weil uns ja keiner garantieren konnte, dass wir in acht Tagen tatsächlich ankämen. Torbjörn durfte kein Süßwasser mehr verwenden, um seine Brille vom Salz zu säubern, sondern musste sie mit Haushaltspapier abreiben.

Wenn man plötzlich nicht mehr so viel trinken darf, wie man eigentlich will, wird man unweigerlich sehr durstig! Allein die Tatsache, dass wir unser Wasser rationierten, veränderte unser Empfinden. Wir mussten den Fehler am *Watermaker* schnell finden! Irgendwo zog er Luft ein, und wir begannen, alle Ventile und andere potenziell luftdurchlässige Stellen zu überprüfen, leider ohne Erfolg. Dann bekamen wir den Verdacht, dass er an der Rumpfdurchführung Luft einzog, wenn das Boot sich neigte. Wir änderten den Kurs, damit sich die *Artemisia* in die andere Richtung neigte, doch auch das half nichts. Wir überprüften wirklich alles zweimal, doch wir konnten keine weitere mögliche Fehlerquelle erkennen. Die Fehlersuche nahm mehrere Tage in Anspruch. Sie raubte uns den letzten Nerv, sodass wir uns irgendwann um überhaupt nichts mehr kümmern wollten. Was mich am meisten erschreckte, war unsere Disziplinlosigkeit. Wir hatten aufgehört, uns um die Lösung dieses Problems zu bemühen. Ich erwähnte das gegenüber Torbjörn, was seine Lebensgeister wieder zu wecken schien. Wir lagen in unseren Kojen und schwitzten, redeten nicht viel, doch beide dachten wir über den *Watermaker* nach. Ein wenig müde sagte Torbjörn irgendwann: »Und wenn es doch die Rumpfdurchführung ist?«

»Wahrscheinlich liegt der Fehler wirklich dort, aber wie können wir das herausfinden?«

»Keine Ahnung – vielleicht indem wir irgendwie eine Umleitung bauen?«

Dann schwiegen wir wieder.

»Du, wenn wir diesen Zehnliterkanister nehmen und den an …«

Mehr musste ich gar nicht sagen, Torbjörn verstand sofort, was ich meinte, und dachte meine Idee laut zu Ende. Gleichzeitig sprangen wir auf und kramten den Kanister, eine Pumpe und Werkzeug hervor. Wir schufen eine wirklich originelle Konstruktion. Wir koppelten den Meerwassereinzug ab, setzten einen längeren Schlauch daran und führten ihn in den Kanister. Draußen im Cockpit nahmen wir zwei Eimer zur Hand, füllten einen mit Meerwasser, und mithilfe der Pumpe und einem weiteren Schlauch pumpten wir das Wasser aus dem Eimer in den Kanister. Nun konnte nirgends mehr Luft eindringen, wir würden also gleich wissen, ob der Fehler tatsächlich in der Rumpfdurchführung lag. Mit Spannung schalteten wir den *Watermaker* an, und einer von uns setzte sich in das Cockpit, um Wasser nachzufüllen und hineinzupumpen. Als die Maschine bald wieder Wasser aufzubereiten begann, waren wir siegesgewiss! Wir hatten den Fehler tatsächlich gefunden! Und ich schwöre, das Wasser schmeckte fantastisch.

Später fanden wir heraus, dass der Fehler nicht etwa darin lag, dass die Rumpfdurchführung zu hoch angebracht war, sondern dass Wirbel in der Anlage entstanden, wenn das Boot schneller fuhr. Und wenn dann Luft in das System geriet, funktionierte die Entsalzung nicht. Bei ruhiger Fahrt war dies kein Problem.

Nun hatten wir während unserer Wachgänge eine weitere Arbeit auszuführen, nämlich Wasser in den *Watermaker* zu pumpen. Wir fanden heraus, dass wir aus etwa zehn Litern Salzwasser einen Liter Trinkwasser herstellen konnten, und wir brauchten etwa fünf Liter pro Tag zum Überleben. Wir machten allerdings immer mehr Wasser, um etwas in Reserve zu haben und unsere Kleidung waschen zu können.

Als ich eines Tages eine dringend benötigte Dusche nahm, entdeckte ich einen Knoten in der Leistengegend. Zuerst war ich eigentlich nur verwirrt und fand das Ganze ziemlich seltsam. Ich ertastete den Knoten und stellte fest, dass er mir keine Schmerzen bereitete. Ich schob den Gedanken daran beiseite, doch es dauerte nur wenige Stunden, bis ich anfing, ernsthaft darüber nachzudenken. Was war das? Ein Knoten. Meine Gedanken formten sich unweigerlich um das Wort »Krebs«. Ich versuchte, logisch zu denken und mich daran zu erinnern, was ich über Anatomie und Krankheiten wusste. Doch so sehr ich es auch versuchte, konnte ich in meiner wachsenden Angst keine andere Erklärung finden, als dass irgendetwas in meinem Körper wuchs, was dort nicht hingehörte. Ich weiß natürlich, dass heutzutage viele Krebsarten heilbar sind, doch dass der Knoten in der Leiste saß, war ein schlechtes Zeichen, denn von dort konnte sich ein Krebsgeschwür schnell ausbreiten. Etwas, das plötzlich auch ganz neue Dimensionen annahm, war die Tatsache, dass ich seit vier Monaten meine Menstruation nicht mehr gehabt hatte und dass ich neuerdings häufig einen plötzlichen Harndrang verspürte. All dies, jedes für sich, war nicht sonderlich beunruhigend, aber zusammengenommen ...

Es konnte einfach kein Krebs sein; es musste etwas anderes sein – nur was? Dass ich mehrere Wochen vom Festland entfernt war, machte die Sache nicht besser. Ich zeigte Torbjörn den frisch entdeckten Knoten, und auch er meinte, dass es sich um etwas anderes als Krebs handeln musste. Ja, klar. Und was, bitte schön? Wir waren uns einig, dass wir im Moment nichts tun konnten und warten mussten, bis wir wieder an Land waren.

Ich beobachtete den Knoten genau. Manchmal glaubte ich, er sei größer geworden, mal kleiner, und manchmal war er überhaupt nicht mehr da. Mir schwirrte der Kopf. Was, wenn ich nun tatsächlich krank war? Was, wenn ich wirklich an Krebs sterben musste? Jetzt?! Es ist doch seltsam – das Einzige, was wir mit Sicherheit wissen, ist, dass wir irgendwann sterben müssen. Trotzdem hat der Gedanke an den eigenen Tod etwas Unwirkliches. Ich bin in meinem Leben des Öfteren mit dem Tod in Berührung gekommen. Zum Beispiel, als meine Mutter drei Jahre lang gegen einen unheilbaren Krebs ankämpfte. Ein paar Jahre nach ihrem Tod starb auch mein Stiefvater an Krebs. Ich hatte Freunde, die daran gestorben sind, viel zu jung und viel zu viele. Und ich selbst hatte Phasen im Leben, in denen ich alle Lebenslust verloren hatte. Ich kannte die Gefühle und Gedanken, die sich um den Sinn des Lebens und den eigenen Tod drehen. Doch dort draußen auf dem Meer fiel es mir schwer, meine Todesangst niederzuringen. Ich weinte und traf im Geiste Absprachen mit dem Knoten: Wenn du mich nicht umbringst, schwöre ich, dass ich ab sofort und bis ans Ende meiner Tage still und ruhig weiterlebe. Keine Herausforderungen mehr. *Ich wollte nur nicht sterben!* Ich dachte daran, wie es für Torbjörn sein würde. Und für Christian, meinen kleinen Bruder, der bereits seine beiden Eltern zu Grabe hatte tragen müssen. Und die *Artemisia* – was würde aus ihr werden? Würde ich das Boot nach Hause bringen können? Ich dachte viel an meine Mutter. Was hatte sie gefühlt und gedacht? Sie war nur wenig älter gewesen, als ich nun war, als sie erfuhr, dass sie an einer unheilbaren Krebserkrankung litt. Mit welchen Dämonen hatte sie zu kämpfen gehabt? Hatte sie ihren Frieden gefunden, bevor sie starb? Ich glaube, ja. Ich hoffe, ja.

Ich konnte nicht weiter als bis Argentinien denken, dort schien mir irgendwie alles zu Ende zu gehen. Wenn ich auf mein Leben zurückblickte, konnte ich sehen, dass ich wahnsinnig viel erlebt hatte, dass ich immer versucht hatte zu tun, was ich wirklich wollte und wovon ich träumte. Ein Leben, angefüllt mit viel Freude und viel Leid. Ein richtiges Leben. Aber das konnte doch trotzdem nicht alles gewesen sein? Ausgerechnet jetzt, wo ich so viel gelernt und erlebt hatte und endlich all dieses Wissen und meine Erfahrungen anwenden konnte! Das war nicht gerecht! Obwohl Torbjörn sich nichts anmerken ließ, spürte ich, dass auch er äußerst beunruhigt war.

Humor ist eine gute Waffe und Torbjörn und ich witzelten viel über meinen »Krebs«: »Jetzt hast du wenigstens eine gute Erklärung für denn Fall, dass du nicht bis zur Antarktis kommen solltest!«

Ein typischer Torbjörn-Kommentar; wir lachten beide Tränen über die absurde Situation.

Die Hitze war mitten am Tag kaum auszuhalten. Während des Vormittags hatten wir uns wider besseres Wissen erneut am Herd zu schaffen gemacht, doch trotz unserer Anstrengungen wollte er nicht wieder funktionieren. Es war fast vollkommen windstill. Die Tage zogen sich träge dahin. Selbst wenn irgendwann endlich eine Brise aufkam, war sie meistens sehr schwach und legte sich gleich wieder. Es ging zu langsam vorwärts; was, wenn ich es nun wirklich nicht bis zur Antarktis schaffen sollte? Die Besorgnis nagte an mir und raubte mir die Geduld. Ich wollte unter Deck gehen, um mich eine Weile auszuruhen – und erstarrte. Ich stand plötzlich im Wasser ...

»Torbjörn, irgendwo kommt Wasser rein!«

Ich hob die Matte und einen der Kanister vom Kielschwein. Ein Geruch stieg mir in die Nase, und ich wusste sofort, woher das Wasser kam.

»Die Toilette leckt, aber wo?«

Ich pumpte die Toilette leer und Torbjörn verschloss alle Ventile. Das Kielschwein war komplett mit Wasser bedeckt. Über dem Kiel hatten wir jede Menge Werkzeug, Reserveteile und Konserven verwahrt, alles gut verpackt in dichten Plastiktüten. Es hatte nichts geholfen, alles war triefend nass.

Plötzlich zerbarst etwas in mir. Der Knoten in der Leiste, der Kocher, der Wind, der nicht aufkommen wollte, und jetzt das hier. Ich weinte und fluchte, während die nassen Sachen hinaus ins Cockpit trieben. »Ich scheiß auf alles! Ich will nicht mehr! Das hier ist mir so was von egal – es hat alles keinen Sinn mehr!«

Aus reiner Verzweiflung versuchte ich weiter, das Kielschwein trocken zu legen, während mir pausenlos Tränen die Wangen hinunterliefen. Torbjörn wollte mir gut zureden, kam aber nicht mehr an mich heran. Als das Boot endlich wieder trocken war, legte ich mich völlig ausgelaugt in meine Koje und schlief ein.

Diese Wochen waren anstrengend und ungeheuer belastend. Wir kamen zu langsam voran. Schon kurz hinter den Kanarischen Inseln und bis zum Äquator hatten wir nicht viel Wind gehabt. Zu allem Überfluss bekamen wir nun auch noch Gegenwind. Den Atlantik überqueren! Das hieß wirklich, eine längere Zeit unterwegs zu sein … Trotz allem stritten Torbjörn und ich uns nie. Wir hatten uns, seit wir uns kannten, überhaupt nie gestritten. Natürlich waren wir bisweilen unterschiedlicher Ansicht, doch versuchten wir immer, einander zuzuhören und die Probleme gemeinsam zu lösen.

Ich wusste, dass mein Zeitplan knapp war, und jetzt sah es ganz danach aus, als verlören wir zu viel Zeit. Ich bettelte um Wind, verfluchte ihn, aber offensichtlich tat er, was er wollte, und nicht, worum ich ihn bat. Irgendwann erreichten wir schließlich doch die frischeren Winde des Südatlantiks und legten wieder gute Tagesstrecken zurück. Der *Watermaker* funktionierte, der Wind brachte uns vorwärts und ich lebte immer noch.

Es gab also Hoffnung!

Wir bekamen Besuch von Albatrossen. Albatrosse sind die größten Vögel der Welt, sie können auf bis zu dreieinhalb Meter Spannweite heranwachsen. Ganz so groß waren diejenigen, die zu uns kamen, nicht – aber mindestens halb so groß. Langsam schwebten sie um uns herum und beobachteten uns neugierig. Oft waren die Albatrosse in Begleitung verschiedener Sturmvögel.

Das Essen wurde irgendwann sehr eintönig. Es gab meistens Nudeln oder Reis mit Zwiebeln, Mais, Tomatensoße, Tunfisch, Erbsen, Kichererbsen und weiße Bohnen in verschiedenen Kombinationen. Dass wir nur den Spirituskocher zur Verfügung hatten, erschwerte die Zubereitung einiger Gerichte. Als unser Frischobst zur Neige ging, wurden die Konserven mit Pfirsichen und Ananas zu einer herrlichen Zugabe. Zu Hause essen wir nie Obst aus der Dose, doch hier lernten wir es sehr zu schätzen. Wir naschten auch beide gerne Schokolade und andere Süßigkeiten, doch auf dem Atlantik verschwand dieses Bedürfnis irgendwie. Der Vorrat an Süßigkeiten war noch lange nicht aufgebraucht, als wir endlich unser Zwischenziel erreichten.

Es war der 6. Dezember und vielerorts war schon für Weihnachten dekoriert worden. Ein wenig übereilt, wie wir fanden, doch schon bald würden Menschen überall herumrennen und einkaufen, einkaufen, einkaufen. Als kleiner Vogel, der all dies von oben beobachtete, würde man sich wohl sehr wundern. Das Weihnachtsfest hat sich von seinem religiösen Ursprung weit entfernt, heutzutage ist es das Fest des Mammons. Doch dort draußen auf dem Atlantik ging das Leben weiter in seinem ewigen Kreislauf, ohne dass die Adventszeit eine Rolle spielte.

Wir hatten gerade eine Unterwasserbergkette mit dem Namen »Vitoria Trindade seamount chain« passiert. Diese »Bergkette« erstreckt sich über 130 Meilen vom brasilianischen Festland bis hinaus aufs Meer zu der kleinen Insel Ilha do Trindade. Die Bergspitzen liegen etwa 50 bis 100 Meter unter der Wasseroberfläche, und diese Berge sind hoch – die Tiefe des Wassers um sie herum beträgt knapp 4000 Meter.

Es wurde kühler und wir gerieten endlich in die erste steife Brise auf dem Atlantik. Die Wellen wuchsen rasch an, sie waren viel länger als die der Ostsee und brachen auch nicht auf die gleiche Weise. Der Grund der Ostsee ist vielerorts sehr seicht. So wird die See bei schlechtem Wetter oft heftig bewegt und unberechenbar. Für Nichteingeweihte klingt es vermutlich abwegig, wenn jemand behauptet, dass es schlimmer sei, sich bei steifer Brise auf der Ostsee als auf dem Atlantik zu befinden, aber es stimmt. Meist ist es nicht der Wind, der gefährlich ist, sondern die Wellen.

Wir setzten direkt Kurs auf Mar del Plata. Nachdem wir wochenlang kein anderes Schiff gesichtet hatten, sahen wir plötzlich wieder Laternen in der Nacht, und uns wurde klar, dass wir nicht länger allein auf dem Meer waren. Das Meer veränderte seine Farbe, von Tiefblau in Moosgrün. Wir hatten nun auch nicht mehr drei, vier Kilometer unter uns, sondern nur noch ein paar hundert Meter. Insekten kamen zu Besuch, Libellen setzten sich auf das Segel. Und dort drüben, am Horizont, konnten wir Land erkennen! Tag für Tag wurde es deutlicher und schließlich konnten wir sogar einzelne Häuser ausmachen.

Mar del Plata ist eine Großstadt. Mit gemischten Gefühlen sahen wir die Hochhäuser emporwachsen und hörten den Lärm der Autos.

Am 25. Dezember 1997 um acht Uhr morgens legten wir im Hafen an und betraten auf wackligen Beinen das Festland, nachdem wir fast acht Wochen und 4790 Seemeilen in einer Welt gelebt hatten, die ständig schwankte.

Kapitel 8

Endlich in Richtung Antarktis

Wir hatten kaum angelegt, da kam von einem brasilianischen Segelboot eine Frau mit einem großen Kuchen herüber und wünschte uns ein schönes Weihnachtsfest. Was für ein herrliches Willkommen! Dann mussten wir erst einmal mit den Behörden Kontakt aufnehmen und uns klarieren. Das war am ersten Weihnachtsfeiertag nicht gerade einfach, doch wir bekamen fast alle Papiere bestätigt. Danach mussten wir einen Arzt aufsuchen, der uns attestieren sollte, dass wir ganz gesund waren. Als ich sein Sprechzimmer betrat und den langen Fragebogen sah, befürchtete ich, dass dies hier länger dauern würde. Das Englisch des Arztes war nicht sonderlich gut, und mein Spanisch reichte nicht, um einen kompletten Gesundheitstest durchzuführen. Doch der Arzt sah mich nur an und fragte: »Bist du gesund?«

Ich nickte, beschloss, den Knoten in der Leiste nicht zu erwähnen, worauf er selbst die Antworten auf dem gesamten Formular ausfüllte!

Wie die Erde unter unseren Füßen schaukelte! Oder war es genau andersherum? Drei Tage lang torkelten wir herum, bis unser Gleichgewichtssinn begriff, dass der Boden nicht mehr schwankte.

Nach unseren Behördengängen wollten wir zu Hause anrufen, doch wir hatten kein Glück. Torbjörns Eltern waren nicht zu erreichen, und als ich bei Jonas Ekblad, meinem »Unglücksraben«, anrief, bekam ich nur seinen Anrufbeantworter zu hören. Na ja, wir konnten auch später noch mit ihnen allen reden. Dafür erreichte ich

Richardo, der sich sehr darüber freute, dass wir endlich angekommen waren. Richardo ist in Argentinien aufgewachsen und hat Verwandte in Mar del Plata, die er besuchte, während er auf uns wartete.

Richardo sollte mit mir zur Antarktis segeln. Ich hatte ihn während meiner zweiten *Greenpeace*-Reise kennen gelernt. Er hatte schon einmal auf dem Stützpunkt, den *Greenpeace* ein paar Jahre lang in der Antarktis unterhielt, überwintert, und er war ein erfahrener Segler. Er war zwar Argentinier, lebte aber inzwischen in Neuseeland und arbeitete dort nach wie vor für *Greenpeace*.

Als ich meinen Segeltörn plante, wollte ich, dass derjenige, der mich zur Antarktis begleiten würde, schon einmal dort gewesen war. Die dortigen größeren und kleineren Eisberge, die schlechte Sicht, der Wind und die schnellen Wetterumschwünge bergen ganz spezielle Gefahren. Ich wollte nicht die Einzige an Bord sein, die das Ganze schon einmal erlebt hatte; es war sehr viel sicherer, wenn beide Passagiere eine gewisse Erfahrung mitbrachten. Ich hatte also nicht allzu viele Kandidaten zur Auswahl, und Richardo hatte zugesagt, er wollte es versuchen.

Am Tag nach unserer Ankunft stieß er zu uns. Er hatte die *Artemisia* zuvor nie gesehen, aber er mochte sie auf Anhieb. Torbjörn, Richardo und ich setzten uns ins Cockpit und tranken Kaffee. Dass ich schon so weit gekommen war!

Für die Weiterfahrt gen Süden brachten wir drei die *Artemisia* langsam auf Vordermann. Torbjörn rief den Hersteller des Dieselkochers an, um Informationen einzuholen. Er kam zurück, die Kappe schief auf dem Kopf und mit einem eigenartigen Gesichtsausdruck.

»Wir hatten Recht, da fehlt nirgends ein Docht.«

»Aber es steht doch im Handbuch, dass man ihn austauschen soll!«

»Ja, stimmt«, sagte Torbjörn. »Aber als sie dir in Schonen einen neuen Kocher geschickt haben, hast du ein neueres Modell bekommen, das leicht verändert ist. An dem neuen Kocher braucht man den Docht nicht mehr auszutauschen. Die Firma hat allerdings vergessen, den Text zu ändern.«

Hätten wir das doch nur dort draußen auf See gewusst!

Es war nun notwendig, unser Gepäck umzuschichten. Bis jetzt waren wir in warmen Breitengraden gesegelt, und obwohl es immer noch sommerlich warm war, würde es, je weiter wir gen Süden kamen, rasch kühler werden. Lange Unterhosen, dicke Pullover, Handschuhe, Mützen und unsere Überlebensausrüstung kamen zuoberst, die Shorts wurden nach unten gepackt. Wir waren uns nicht sicher, ob wir alles würden verstauen können, sodass es trotzdem leicht zugänglich war, aber es funktionierte.

Und irgendwann fasste ich den unausweichlichen Beschluss, einen weiteren Arzt aufzusuchen, um herauszufinden, was es mit dem Knoten in meiner Leiste auf sich hatte. Während ich im Wartezimmer saß, kam schleichend die Angst zurück, aber ich musste endlich Bescheid wissen. Der Arzt diagnostizierte eine Infektion, die sich in den Lymphknoten der Leiste manifestierte. Krebs schloss er aus. Das war eine enorme Erleichterung, obwohl ich gegenüber der Diagnose ein wenig skeptisch war. Eine Infektion hätte ich eigentlich selbst spüren müssen, und das hatte ich nicht. Ich begann trotzdem mit der Einnahme von Penizillin.

Ich lernte die Familie auf der *Aysso* kennen, dem brasilianischen Segelboot. Sie hatte das Segeln zu einem Familienunternehmen gemacht. Vor zehn Jahren hatten die Eltern mit ihren drei Kindern Segel gesetzt und schrieben seither Artikel und drehten Dokumentarfilme über ihre Reise. Sie waren gerade wieder unterwegs. Die Eltern waren über sechzig. Die Kinder waren inzwischen erwachsen geworden und segelten auf verschiedenen Teilstrecken mit. Sie beteiligten sich auf unterschiedliche Weise an dem Projekt; ein junger Mann war Fotograf, ein anderer Produzent. Ein Mal pro Monat sendeten sie via Satellit direkt im brasilianischen Fernsehen. Die *Aysso* war ein Zweimaster von etwa 15 Metern Länge. Mit an Bord waren außerdem ein Kind, eine Adoptivtochter von fünf Jahren, und zwei Besatzungsmitglieder. Eines der Besatzungsmitglieder, Luciano, hatte uns angesprochen. Wir stellten fest, dass wir uns bereits früher einmal begegnet waren! Am Silvestertag 1994 hatten sich Richardo und ich an Bord der *M/S Greenpeace* aufgehalten und waren in der Admirality Bay auf den South-Shetland-Inseln in der Antarktis vor Anker gegangen. Dort liegt auch eine brasilianische Forschungsstation, auf der Luciano damals gearbeitet hat. Manchmal ist die Welt wirklich klein!

Eines Tages kam Heloisa, die Frau, die uns den Weihnachtskuchen gebracht hatte, zu mir herüber. Sie hielt einen kleinen Goldanhänger in Form eines Steuerruders in der Hand. Sie überreichte ihn mir mit den Worten, er solle mich auf der Überfahrt zur Antarktis beschützen. Ich trage ihn noch heute stets bei mir.

Nach einer Woche musste Torbjörn wieder heim nach Schweden fliegen. Der Abschied wurde ein wenig hektisch, weil der Flughafenbus, der Torbjörn am Hafen hätte abholen sollen, nicht auftauchte. Nach ein paar Telefonaten war schließlich klar, dass der Bus an der falschen Stelle stand! Als er schließlich kam, war der Abschied kurz und schmerzlos: »Pass auf dich auf!« Dann war Torbjörn verschwunden. Ich blieb zurück und schaute dem Bus hinterher. Dann ging ich langsam zur *Artemisia* zurück, die mir schrecklich leer erschien. Es sollte nun bis zum Herbst dauern, bis wir uns wieder sehen würden. In ungefähr 24 Stunden würde Torbjörn zu Hause in unserer Wohnung in Stockholm sein, während ich hier war, am anderen Ende der Welt. Um auf andere Gedanken zu kommen, ging ich hinüber zur *Aysso*, wo ich eine Tasse Kaffee bekam.

Ich hatte mit jemandem von der Werft am Hafen gesprochen und am nächsten Tag wurde die *Artemisia* für ein paar Stunden an Land gestellt. Ich wollte den Kiel säubern und außerdem sicher gehen, dass alles in Ordnung war. Als das Boot gehoben wurde, traute ich zunächst meinen Augen nicht. Ich hatte zwar geahnt, dass die *Artemisia* einige unwillkommene Gäste beherbergte, doch der Kiel war schier übersät mit unterschiedlichsten Arten von Meereicheln. Es sah aus, als wäre der ganze Kiel in Bewegung! Es waberte von allem möglichen Getier, ich hatte noch nie etwas Vergleichbares gesehen. Begleitet von viel Gelächter und großem Erstaunen reinigten wir den Kiel, den ich anschließend mit etwas Grundfarbe ausbesserte. Alles andere sah gut aus.

Richardo und ich feierten Silvester mit seinen Verwandten und ich konnte mein eingerostetes Spanisch wieder aufpolieren. Wir fühlten uns beide bereit, zur Antarktis zu segeln. Wir gingen unsere Checkliste ein letztes Mal durch, und stellten fest, dass wir sie vollkommen abgearbeitet hatten. Wir konnten den Anker lichten ...

Als wir Mar del Plata verließen, schien die Sonne. Wir hissten die Segel und setzten Kurs in Richtung Antarktis. Es war ein seltsames Gefühl. Jetzt war ich wirklich auf dem Weg dorthin. Die letzte Teilstrecke. Dort vorn, tief im Süden, lag das Eis. Dort spielten Pinguine und Robben, dort schwammen Wale. Wenn alles gut ging, würde ich schon bald den Kontinent zu Gesicht bekommen, der mit seiner überwältigenden Schönheit und Stärke mein Herz gewonnen hatte. Es war ein herrliches Gefühl, »zur Antarktis« ins Logbuch zu schreiben. Unglaublich, dass ich wirklich so weit gekommen war! Jetzt war nur noch eine kurze Strecke zu bewältigen – na ja, »kurz« war untertrieben. Bald waren wir auf Höhe des vierzigsten Breitengrades. Nicht ohne Grund nennt man diese Breiten »the roaring forties« (»die brüllenden Vierziger«) und diejenigen weiter südlich, um den fünfzigsten Breitengrad herum, »the screaming fifties« (»die schreienden Fünfziger«). In diesem südlichen Teil des Atlantiks gehören heftige Windstärken zum Alltag. Wenn man gen Süden segelt, hat man zu allem Unglück oft auch noch Gegenwind. Doch an diesem ersten Tag hatten wir einen guten Wind von achtern und die Sonne verbreitete eine angenehme Wärme. Wir waren erholt, voller Erwartungen und gut vorbereitet für die anstrengende Zeit, die uns bevorstand. Es sollte anstrengender werden, als wir es uns vorgestellt hatten ...

Ich übernahm die erste Nachtwache. Die Nacht war sternenklar, ich saß im Cockpit und schaute hinauf in den Himmel. Wieder begeisterte mich der sagenhaft schöne Sternenhimmel, den man nur auf hoher See, mit weiten Horizonten, sehen kann. Der Wind frischte auf, das Wasser brauste um die *Artemisia* herum, das Leben fühlte sich ganz und gar perfekt an. Das hier war Glück.

Mitten in der Nacht änderte die *Artemisia* plötzlich den Kurs. Ich überprüfte die Selbststeueranlage, manövrierte das Boot zurück auf seinen Kurs und ließ es weitersegeln. Doch schon bald wich die *Artemisia* wieder vom eingestellten Kurs ab. Mit der Selbststeueranlage stimmte irgendetwas nicht! Als ich die Windfahne, den oberen Teil der Anlage, inspizierte, konnte ich allerdings keinen Fehler erkennen. Ich holte eine Taschenlampe hervor und leuchtete das Ruder im Wasser an, um zu prüfen, ob es eventuell aus seiner Position gesprungen war. Das passierte manchmal, damit es nicht zerbrach, wenn darauf ein großer Druck ausgeübt wurde – eine reine Sicherheitsvorkehrung. Ich starrte in das schwarze Wasser, aber so sehr ich mich auch anstrengte, ich konnte das Ruder nicht ausfindig machen. Es war verschwunden!

Mir klopfendem Herzen weckte ich Richardo und erzählte ihm, was passiert war. Wir überlegten, ob wir umkehren sollten, entschieden uns aber schließlich dafür, nach Puerto Quequen zu segeln, ein Dorf, das südwestlich von Mar del Plata liegt. Es war unmöglich, unterdessen herauszufinden, was passiert war. Wir mussten warten, bis wir wieder an Land waren. Wir erreichten Puerto Quequen am späten Abend und legten an der Brücke eines kleinen Bootsklubs an. Die ganze Zeit über waren mir die Gedanken im Kopf herumgeschwirrt. In Mar del Plata hatte ich die Selbststeueranlage noch überholt. Hatte ich etwa das Ruder nicht fest genug montiert? Ich versuchte, genau zu rekonstruieren, was ich getan hatte, konnte mich aber nicht erinnern, irgendwo einen Bolzen vergessen zu haben. Wie hatte sich das Ruder so einfach lösen können?

Am nächsten Morgen wurden unsere Fragen beantwortet. Zu unserer großen Verwunderung entdeckten wir eine zerborstene Schweißnaht. Unglaublich, aber wahr. Ich rief den schwedischen Händler an, aber es waren noch immer Weihnachtsferien, der Händler war nicht erreichbar, und eine Lieferung hierher würde ohnehin zu lange dauern. Zum Glück hatte ich ein Reserveruder dabei. Über ein paar Mitglieder des Bootsklubs konnten wir einen Schweißer finden, der seinen Job hervorragend erledigte. Langsam kehrte die Hoffnung zurück – ohne Selbststeueranlage hätten wir ja nicht weitersegeln können.

Im Bootsklub war mächtig was los, als wir dort auftauchten, denn die *Artemisia* war das erste schwedische Boot, das jemals dort angelegt hatte. Die Mitglieder des Klubs kamen uns entgegen, stellten Fragen und erzählten von ihren eigenen Segelabenteuern. Sie hatten eine Segelschule gegründet, und zu meiner Freude sah ich, dass eine nicht unbeträchtliche Menge Frauen unter den Schülern war. Es war beinahe die gleiche Verteilung wie in Schweden. Der Klub war nur fünf Jahre alt und nach dem berühmten argentinischen Segler Vito Dumas benannt. In dem weiß getünchten Klubhaus hingen jede Menge historische und zeitgenössische Fotografien. Es mutete wie ein kleines Museum an. Ein sehr offener und hilfsbereiter Geist durchwehte seine Mauern. Hier hat man einfache Boote ohne moderne Finessen, hier teilt man seine Erfahrungen mit allen anderen und hilft einander, wo man nur kann. Um in diesen Fahrwassern segeln zu können, musste man ein geschickter Navigator und tüchtiger Seemann sein. Viele hatten hier bereits ihr Leben gelassen. Als man mir die Fotos im Klubhaus zeigte, stießen wir auch irgendwann auf drei Porträts. Sie waren sorgfältig eingerahmt, und ich spürte, dass es mit diesen Menschen eine besondere Bewandtnis hatte.

»Wer sind sie?«, fragte ich.

Ein Mann nannte ihre Namen und erzählte, dass die drei Männer auf den Fotos im vergangenen Jahr Schiffbruch erlitten hatten.

»Die meisten Bootsklubs hier in der Gegend haben Mitglieder an das Meer verloren. In diesen Gewässern ist es ja auch nicht besonders verwunderlich – aber das ist dir wahrscheinlich klar, wenn du hier herumsegelst?«

Ich sah mir die Gesichter der Männer lange an und fragte mich, was mit ihnen passiert war. Und natürlich wusste ich, wo ich gerade war, aber wissen und etwas tatsächlich mit all seinen Konsequenzen begreifen, sind zwei unterschiedliche Dinge. Die Angst fuhr mir wie ein Blitz durch den Körper, und ich hoffte, niemals in die Situation zu geraten, die diese Männer das Leben gekostet hatte.

In der Zeit, in der wir uns hier aufhielten, kümmerte man sich rührend um uns. Puerto Quequen und Necochea sind zwei Städte, die quasi zu einer Stadt zusammengewachsen und nur noch durch einen Fluss in zwei Hälften geteilt sind. Die Brücke des Bootsklubs lag am Rande der Stadt, inmitten weiter Wiesen und zahlreicher Bäume. Es war herrlich, an der spontanen Hilfsbereitschaft und Freude der Menschen teilzuhaben. Als wir Puerto Quequen verließen, folgten uns drei Segler in ihren Booten bis aufs Meer hinaus und winkten uns hinterher. Wir hatten das Gefühl, wieder bereit zu sein, schlugen Kurs gen Süden ein, in Richtung Antarktis – mit einer neu zusammengeschweißten Steueranlage.

Wir befanden uns in den »roaring forties«. Zu Beginn hatten wir nur mäßigen Wind, der jedoch nach einigen Tagen immer mehr auffrischte und nur durch kürzere Flauteperioden unterbrochen wurde. Während einer meiner unzähligen Kontrollen der Selbststeueranlage entdeckte ich einen Riss im Ruder. Das war nicht unbedingt eine Katastrophe; wir hatten das nötige Reparaturzeug an Bord. Doch das geflickte Ruder musste trocknen und aushärten, sodass wir gezwungen waren, über 24 Stunden lang manuell zu steuern. Ununterbrochen spritzte das kalte Wasser zu demjenigen von uns herauf, der gerade am Steuer saß. Als das Ruder installiert war, wurden die Wachgänge wieder weniger anstrengend, allerdings hatte ich jegliches Vertrauen in die Selbststeueranlage verloren. Die Unruhe nagte beständig an mir, was nicht sonderlich angenehm war. Inzwischen hatten wir Gegenwind und mussten die meiste Zeit kreuzen, aber trotzdem kamen wir gut voran und wir waren zuversichtlich.

Bis zu einer Nacht, in der alles zu Bruch ging. Die Verbindung zwischen dem Ruder und der Wetterfahne zerbrach in drei Teile, und eines davon verschwand in den Tiefen des Meeres. Ich musste Richardo wecken, und wir versuchten, so viele Teile wie möglich von dem zu retten, was von der Selbststeueranlage übrig geblieben war. Als ich mit den Bruchstücken auf dem Schoß im Cockpit saß, musste ich mir eingestehen, dass eine Reparatur nicht mehr möglich war. Mir brannten die Tränen in den Augen, und ich hätte alles mir Mögliche gegeben, um nicht mit dieser kaputten Selbststeueranlage auf den Knien dasitzen zu müssen. Ich schaute schweigend hinüber zu Richardo. Er wusste genau, was ich dachte. Wir saßen eine Weile stumm da, während ich versuchte, gegen das Gefühl der Machtlosigkeit anzukämpfen, das jedoch immer größer wurde.

»Wir können nicht weitersegeln und den Rest der Strecke bis zur Antarktis per Hand steuern«, sagte ich schließlich.

»Soll ich nachsehen, wo der nächste Hafen liegt?«

»Ja ... tu das.«

Der nächste Hafen war Puerto Deseado. Weil wir Kurs auf die Antarktis genommen hatten, waren wir weit draußen auf dem Meer, und bis zum Festland waren es viele Seemeilen. Wir mussten fünf Tage lang manuell steuern und gegen harten Wind ansegeln, Vier-Stunden-Schichten tagsüber und Drei-Stunden-Schichten bei Nacht. Oft wurden wir vom Meerwasser vollkommen durchnässt, wenn wir am Ruder saßen. Das Salz spannte auf unseren Gesichtern und brannte in unseren geröteten Augen. Richardos dichter Bart triefte von Salzwasser. Meine Segelkleidung trocknete unglaublich schnell, ganz im Gegensatz zu Richardos. Die *Artemisia* schwankte zu sehr, als dass wir die Heizung hätten anschalten können, aber wenigstens hatten wir eine Petroleumlampe, die ein wenig Wärme ausstrahlte. Außerdem war es schwierig, richtig Essen zu kochen. Das Segeln erschöpfte uns, sodass wir in unseren freien Stunden nur noch schlafen wollten, so lange es uns gestattet war. Unsere gute Laune zu bewahren war nahezu unmöglich. Der Traum von der Antarktis war zerplatzt, das wussten wir beide. Es ging jetzt nur noch darum, die nasse, windige und kalte Strecke bis zum Festland zurückzulegen, um dort das endgültige Urteil zu vernehmen.

Wir näherten uns langsam dem Festland und eines späten Abends waren wir am Ziel. Ich wollte lieber nicht im Dunkeln in den unbekannten Hafen einlaufen. Also lieferten wir uns einen Wettlauf mit der Sonne, den wir verloren, weil wir in dem großen Industriehafen den kleinen Anleger nicht fanden, von dem wir im VHF-Funk gehört hatten. Es wurde rasch dunkel, und beinahe hätten wir wieder gewendet und bis Tagesanbruch gewartet, als ich plötzlich das Licht einer Ankerlaterne von einem Mast herunterscheinen sah.

Bootsdaten Bianca 27 – S/y Artemisia

Gesamtlänge	8,25 m
Länge Wasserlinie	6,20 m
Breite	2,44 m
Tiefgang	1,4 m
Freibord	0,7 m
Stehhöhe	1,82 m
Verdrängung	3 250 kg
Ballast	1 450 kg
Großsegel	16,4 m^2
Fock	15,5 m^2
Genua	25,7 m^2
Rollgenua	26,9 m^2
Sturmfock	6,4 m^2

Einrichtung:

①	Stauraum
②	Doppelkoje
③	Toilette m. Waschb./Schrank
④	Sofas/Kojen
⑤	Pantryküche
⑥	Treppe zum Motorraum

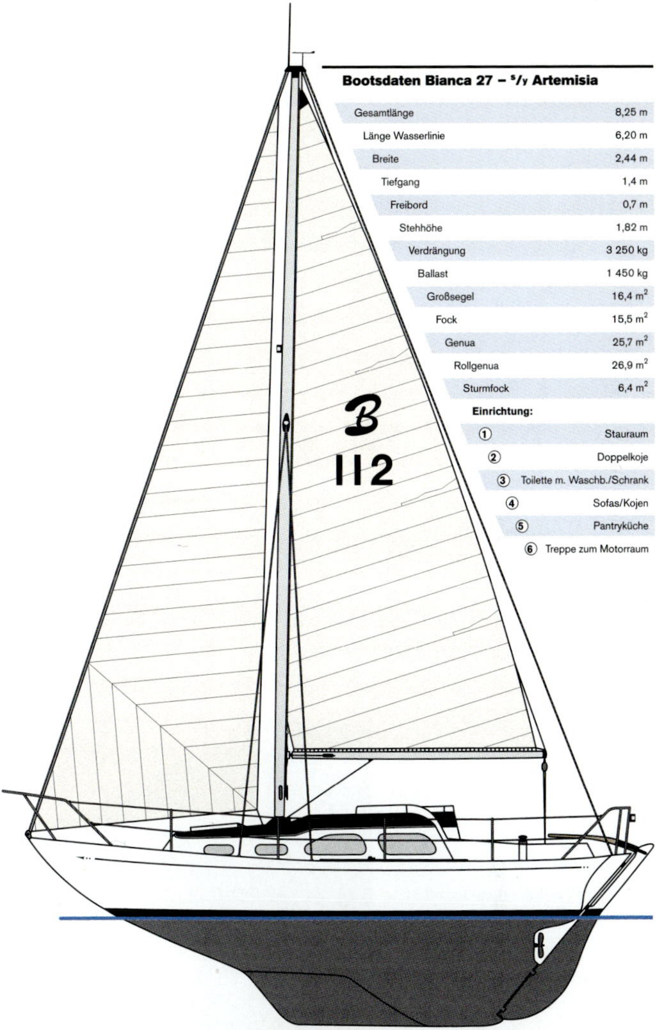

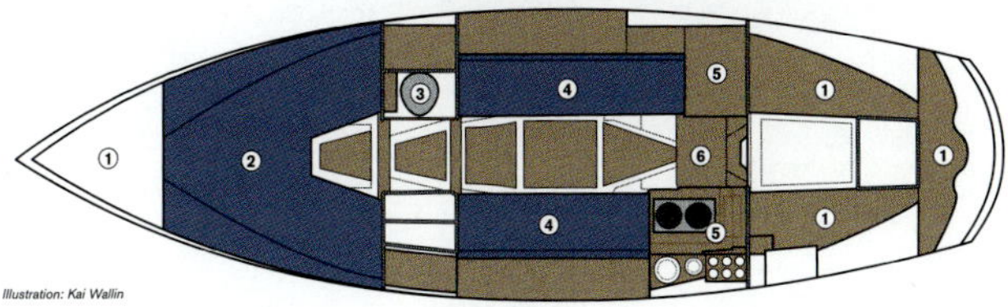

Illustration: Kai Wallin

Ein paar Tage vor der Abreise. Die Persenning auf dem Vordeck überdeckte das Loch, wo die Vorpiek-Luke, die gerade ihre letzte Lackierung erfuhr, sitzen würde. Es mussten nur noch die Segel gesetzt werden ... Foto: Jonas Ekblad

Gerade erst aus der Seekoje geklettert, navigiert uns Inger durch den Ärmelkanal.

Vor jeder längeren Etappe wurde der Mast genau inspiziert. Es ist einfacher, dies zu tun, wenn man in einem Hafen am Landungssteg liegt als auf hoher See ...

Foto: Inger Näslund

Im Hafen von Funchal drehte der Wind und trieb alles, was die Menschen ins Meer geworfen hatten, zurück an die Küste.

Frede und ich auf einer Bergwanderung auf Madeira, entlang einer *levada*.

Der Vulkan Porto Santo. Hier verläuft das Leben in einem sehr ruhigen Tempo. Der ideale Platz, um mich mental auf die kommenden Etappen vorzubereiten.

Ein Grindwal neben der *Artemisia!*

Eine Grasmücke ruhte sich Tage lang auf der *Artemisia* aus. Torbjörn und ich waren ihr vollkommen egal.

So vertäut man sein Boot in den Gezeiten von Puerto Río Gallegos. Die *Hydra*, das Boot des Lotsen Daniel, lag innen und die *Artemisia* außen, was einen Mastbruch an der Kaimauer verhinderte, wenn die Flut einsetzte.

Nachdem ich lange in warmen Breiten gesegelt war, holte ich in Mar del Plata andere Kleidung hervor, denn auf der Weiterfahrt gen Süden würde es kühler werden. Alles musste neu verstaut werden. Würde wirklich für alles Platz sein?

Foto: Torbjörn Vennström

Einer der vielen Nachthäfen in Patagonien.

Eisschollen regen meine Fantasie an. Jede stellt irgendetwas dar .

Von schönem Wetter zu schlechter Sicht und starkem Wind innerhalb von einer Viertelstunde. Typisches Patagonien-Wetter!

Panamakanal. Will dieses Ungetüm dort wirklich auch in die Schleuse? Foto: Maria Palm

Maria wäscht verschiedene Sachen aus, die auf der Fahrt nach Kuba vom Salzwasser durchtränkt worden sind.

Alleine auf dem Atlantik. Die Wellen rollten von achtern heran, und ich brauchte eine lange Zeit, um mich daran zu gewöhnen, dass sie immer wieder gegen das Heck krachten.

Ich kontrolliere den Kurs der *Artemisia*. Foto: Torbjörn Vennström

Wieder zu Hause.
Foto: Magnus Lindén

»Dort muss ein Segelboot liegen«, sagte ich. »Wir fahren dorthin und fragen, wo wir anlegen können!«

Langsam näherten wir uns dem Boot, auf dessen Deck sich etwas bewegte. Auf einmal hörten wir eine Stimme aus der Finsternis: »Hi, Milo!«

Ich war so erstaunt, dass ich zunächst überhaupt nicht reagierte. Wer sollte mich hier schon kennen?

»It's Luciano!«, rief die Stimme weiter.

Es war die *Aysso*, die wir in Mar del Plata getroffen hatten! Gelächter breitete sich aus, und wir vertäuten die *Artemisia* längs der *Aysso*, die vor Anker lag. Sie waren froh, Richardo und mich zu sehen, schließlich war die Familie im selben Sauwetter unterwegs gewesen wie wir und hatte Puerto Deseado aufgesucht, um ein wenig auszuruhen.

»Ihr seht müde aus«, stellte Luciano fest. »Es muss wirklich stressig gewesen sein. Was ist denn mit der Selbststeueranlage passiert?«

»Die ist kaputtgegangen«, antwortete Richardo. »Wir können sie nicht mehr reparieren, aber Milo will trotzdem versuchen, neue Teile zu besorgen. Wir liegen allerdings so weit hinter unserem Zeitplan, dass es bald zu spät sein dürfte, zur Antarktis zu segeln.«

»Oh nein!« Luciano sah mit einem Ausdruck des Bedauerns zu uns herüber, und ich fühlte, wie mir die Tränen kamen. Ich hätte schreien können vor Enttäuschung.

»Kommt rüber zu uns zum Duschen! Ich koche in der Zwischenzeit etwas zu essen«, sagte Luciano tröstend.

Später waren wir zum ersten Mal seit langer Zeit wieder sauber, trocken und satt. Vollkommen übermüdet fielen wir kurz darauf in unsere Kojen und schliefen sofort ein.

Am nächsten Morgen wachte ich auf, als die *Artemisia* sich bewegte. Ich sprang aus der Koje und hinauf an Deck. An Bord der *Aysso* stand Heloisa und lächelte mir entgegen.

»Wir haben eine neue Anlegestelle bekommen und wollten euch nicht wecken und dachten, wir nehmen euch einfach mit dort hinüber.«

Im Vergleich zum Zweimaster *Aysso* war die *Artemisia* wirklich klein, sodass es für jene kein Problem war, uns mitzuziehen. Man hatte uns zu einem großen Betonkai beordert. Mit diesem Platz waren wir nicht sonderlich glücklich, vor allem weil er keinen Schutz vor den starken Winden bot. Außerdem war der Kai für die *Artemisia* doch arg hoch. Wir machten fest, so gut es ging. Danach machte ich mich auf die Suche nach einem Telefon. Ich rief den Verkäufer der Selbststeueranlage an, und zu meiner großen Freude versprach er, die neuen Teile innerhalb von zwei Tagen nach Argentinien zu schicken. Zwei Tage! Ich hüpfte fast den ganzen Weg zurück zu Richardo, dem ich die gute Nachricht gleich erzählen musste. Wir fingen an zu rechnen und kamen zu dem Ergebnis, dass wir es immer noch zur Antarktis schaffen konnten! Falls die Ersatzteile so schnell kamen, wie man es uns versprochen hatte.

Zur Antarktis kann man nur während der Sommermonate segeln, also ungefähr zwischen dem 15. Dezember und dem 15. Februar, vor allem, wenn man in einem kleinen Boot unterwegs ist. Zuerst muss man den Drachensund überqueren, der den Atlantik vom Pazifik trennt. Weil hier zwei große Meere in einem verhältnismäßig kleinen Sund aufeinandertreffen, können Wind und Wellen sehr heftig sein. Statistisch gesehen gibt es in den Sommermonaten weniger Stürme, auch wenn das Wetter dann noch immer alles andere als sommerlich ist. Aber auch in der Antarktis selbst sind Brisen und Stürme in diesen zwei Monaten am seltensten.

Wir konnten kaum glauben, dass es wahr sein sollte, als wir nach zwei Tagen tatsächlich die Nachricht bekamen, dass die Teile der Selbststeueranlage am Flughafen von Buenos Aires bereit liegen würden. Sie mussten nur noch hierher transportiert werden ... Das nun folgende Hin und Her mit den Behörden und dem Zoll zu schildern wäre Irrsinn. Ich investierte jedenfalls eine nennenswerte Summe in Faxe und Telefonate, um an mein Paket zu kommen, und die Tage vergingen, während gleichzeitig die Frustration wuchs.

Den Weg vom Kai zum nächsten Faxgerät und Telefon konnte ich bald im Schlaf zurücklegen. Zuerst eine lange, gerade Strecke, die an einer stillgelegten Werft und einer Fabrik vorbeiführte. Dann durch die von Hunden bevölkerten Gassen der Stadt. Wenn ich das Geschäft betrat, wurde ich stets mit einem Lächeln und einem freundlichen »Du schon wieder!« begrüßt. Aufgrund der Zeitverschiebung war ich häufig in den Abendstunden dort. In der Umgebung lagen einige Spielplätze, die sogar abends um neun, zehn Uhr voll spielender Kinder waren. Die Stadt lebte auch spät am Abend.

Ich machte mir Sorgen um die *Artemisia*. Unsere Anlegestelle war nicht besonders gut, und mein Boot war auch schon von einem großen, rostigen Nagel, der aus dem Kai herausragte, beschädigt worden. Der Wind kam häufig von vorne oder von der Seite, und um das heftige Anschlagen an die Brücke zu mildern, warfen wir mittschiffs den Anker aus. Der Unterschied war erheblich. Doch eines Morgens wachten wir von einem lauten Knall im Boot auf. Als ich auf Deck lief, sah ich mit ungläubigen Augen, dass man auf uns aufgefahren war! Obwohl ich gemeldet hatte, dass wir den Anker und dazu einen Fender ausgelegt hatten, war ein Arbeitsboot direkt über die Ankerleine gefahren und hatte sich verhakt. Der Führer hatte die Kontrolle über sein Boot verloren und war mit relativ hoher Geschwindigkeit frontal in die *Artemisia* gefahren. Die Laterne steuerbords war kaputt und die Reling verbogen. Später stellte ich fest, dass auch das Deck verzogen war. Mir wurde versprochen, die Laterne zu reparieren und auch die anderen Schäden zu beheben, aber ich winkte ab. Es würde viel zu lange dauern, auch das Deck wieder herzustellen, und wenn wir eines nicht hatten, dann war es Zeit.

Ein paar Tage später, am Abend, stellte derselbe Mann, der das Arbeitsboot gefahren hatte, unter Beweis, dass er nicht nur unachtsam, sondern auch unbelehrbar war. Ich hörte seinen Motor und ahnte, dass er wieder zu nahe an die *Artemisia* heranfuhr. Und ich hatte Recht: Er fuhr erneut über die Ankerleine, diesmal aber mit noch höherer Geschwindigkeit, sodass er die Leine kappte. Ich beschimpfte ihn, hatte dabei einen Kloß im Hals, und forderte ihn auf, am nächsten Tag mit einem Taucher wiederzukommen, um meinen Anker zu heben. Meinen Anker bekam ich wieder, hatte aber zwei Ankerleinen verloren. Ich habe keine Ahnung, warum er all das getan hat.

Trotz aller Beharrlichkeit von Richardo und mir dauerte es ganze zwei Wochen, ehe wir die Teile der Selbststeueranlage endlich in Händen hielten. Wochen, die wir uns eigentlich nicht leisten konnten. Das Problem mit der Selbststeueranlage hatte uns insgesamt einen knappen Monat gekostet! Ich begann, diese Selbststeueranlage zu hassen. War sie generell zu schwach oder aus einer Montagsproduktion? Ich vermutete Ersteres. An jedem Tag, der verstrich, sank die Hoffnung, jemals zur Antarktis zu gelangen. Die Enttäuschung wuchs in uns beiden. Irgendwann konnten wir einander kaum noch ertragen und schlichen wortlos umeinander herum. Ich fühlte mich ausgestoßen, nichts konnte mich dazu bringen, irgendwo etwas Positives zu sehen. Ich war so nahe am Ziel und wusste nach einer Woche des Wartens doch, dass es zu spät war. Ich würde nicht zur Antarktis kommen. Ich wollte nur noch nach Hause. Das Boot verlassen und irgendwo anders hinfliegen. Ich weinte und ging oft und lange spazieren, um mir die Zeit zu vertreiben. Ein Buch half mir dabei, nicht den Boden unter den Füßen zu verlieren. Marianne Greenwoods *Mein indianischer Sommer* handelt von einer Schwedin, die in Zentral- und Südamerika mit den Ureinwohnern zusammengelebt hatte. Die Gemütsverfassung, die sie schildert, stand meiner diametral entgegen. Eine größere Liebe zum Leben und Neugier auf das Unbekannte habe ich niemals anderweitig erlebt. Trotz der bedrückenden Umstände genoss ich jede einzelne Seite dieses Buches.

Schließlich kam das Paket an und wir konnten die neuen Teile einbauen. Wenn wir sofort ablegten, konnten wir es, rein theoretisch, bis zur Antarktis schaffen, müssten dann aber gleich wieder kehrtmachen. Aber das war ja nicht der Sinn des Ganzen, nach Hause zu kommen und sagen zu können: »Ich war da.« Die Antarktis sollte keine Etappe sein, die ich hinter mich bringen wollte, um mir etwas zu beweisen. Es war zu spät im Jahr, die Risiken waren zu groß. Natürlich bin ich bereit, Risiken einzugehen, aber nur, wenn die Wahrscheinlichkeit des Gelingens größer ist als die des Scheiterns. Richardo und ich waren uns über den Zweck der Reise einig. Ich wusste, dass ich den richtigen Beschluss gefasst hatte, war aber trotzdem sehr traurig. Ich bereute die Entscheidung viele Male, hielt aber dennoch an ihr fest.

Kapitel 9

In windigen und fremden Fahrwassern

Richardo wollte mit mir nach Punta Arenas segeln, das ein Stück weit in der Magellanstraße in Chile liegt. Dieser weite Sund ist berüchtigt für seine starken Westwinde (was Gegenwind bedeutet, wenn man von Argentinien kommt), für seinen Nebel und die starke Gezeitenströmung. Man muss zur richtigen Zeit bestimmte Stellen im Sund passieren, wenn man nicht große Probleme mit den Strömungen riskieren will. Ich hatte nicht geplant, dorthin zu segeln, sodass ich nicht ausreichend Bescheid wusste. Ich fürchtete den Sund, teils weil ich so viel Beunruhigendes über ihn gehört hatte, teils aber auch, weil ich unvorbereitet und kaum noch in der Lage war, mich überhaupt noch Herausforderungen auszusetzen. Ich erinnerte mich besonders an einen Artikel, den ich mir in Porto Santo von Gerry geliehen hatte, der davor gewarnt hatte, Kurs dorthin einzuschlagen. Doch die Familie von der *Aysso* stand mir mit Gezeitenplänen, Funkkanälen und jeder Menge guter Ratschläge zur Seite. Sie versicherte mir, dass alles gut gehen würde, doch das schien mir ein schwacher Trost.

Am 2. Februar, nach knapp zwei Wochen in Puerto Deseado, verließen wir die Stadt. Die beiden Frauen, die in dem Fax- und Telefonladen arbeiteten, waren die Einzigen, von denen mir der Abschied schwer fiel. Sie hatten mitfühlend alle meine Telefonate verfolgt und waren Freundinnen geworden.

Ein paar Tage später überquerten wir den fünfzigsten Breitengrad, die »screaming fifties«. Wir mussten zumeist kreuzen, gerieten aber in keine wirklich gefährlichen starken Winde. Die Albatrosse folgten uns auf unserer Fahrt. Man sagt, dass Albatrosse die Seelen toter Seeleute sind und dass man sie deshalb niemals verletzen, geschweige denn töten darf. Sie sind äußerst geschickte Flieger. Der Wanderalbatros hat, wie schon erwähnt, eine Flügelspannweite von bis zu dreieinhalb Metern! Immer wieder umkreisten sie uns für eine längere Zeit und verschwanden dann für eine Weile. Manchmal sahen wir einige vor uns auf dem Wasser schwimmen, sodass sie auffliegen mussten, als wir näher kamen. Dann kreisten sie wieder eine Zeit lang um uns herum, bevor sie verschwanden. Dies geschah so häufig, dass wir irgendwann feststellen konnten, dass es sich immer um dieselben Vögel handelte, die uns folgten. Wir erkannten sie wieder, wenn sie sich näherten. Woher sie unseren Kurs kannten und im Wasser auf uns warten konnten, verstehe ich bis heute nicht. Aber genau das taten sie; es waren tatsächlich immer dieselben Albatrosse, die uns über mehrere Tage hinweg begleiteten.

Eines Tages fiel das Barometer. Es fiel und fiel und blieb erst bei 20 Millibar stehen. Es würde also stürmisch werden; es war nur die Frage, wann. Ziemlich bald, wie sich schnell zeigte. Der Wind nahm langsam, aber stetig zu, und innerhalb weniger Stunden hatten wir Windstärken zwischen sieben und neun. In regelmäßigen Abständen kontrollierten wir das Barometer und hofften darauf, dass es wieder steigen würde. Da konnten wir lange warten! In der Zwischenzeit kreuzten wir weiter und segelten mit gerefftem Großsegel und mit der Rollgenua. Obwohl keiner von uns die ganze Zeit draußen sitzen und steuern musste, mussten wir trotz allem hin und wieder an Deck gehen und Ausschau halten, die Ausrüstung überprüfen, die Segel umsetzen und den Kurs korrigieren. Die Wellen brachen beinahe die ganze Zeit über der *Artemisia* und manchmal stürzte sie geradezu mit gewaltigem Lärm von einer Welle herunter. Das Meer war nun ein finsteres, brüllendes Inferno. Luft und Wasser waren kalt, wir wurden in null Komma nichts durchnässt, und nach einer Weile war auch innerhalb des Bootes vieles feucht. Die Nässe fern zu halten, war schlicht und ergreifend unmöglich.

Auch Essen zu kochen war schwierig. Richardo unternahm einen tapferen Versuch, ein bisschen Pulverbrei zuzubereiten. Als er das Pulver gerade ins Wasser streuen wollte, kam eine Welle, und das meiste klatschte auf den Boden. Ein kleines bisschen Brei blieb uns beiden, doch hauptsächlich ernährten wir uns von Brot, Suppen, Rosinen und Nüssen. Auch anständig zu schlafen war fast unmöglich, und so waren wir ständig müde. Trotz allem fühlte ich mich sicher auf der *Artemisia*, ich war zuversichtlich, dass sie das Unwetter überstehen würde, und Richardo war der gleichen Meinung.

Das Barometer stand achtzehn Stunden lang still. Als es schließlich wieder anstieg, tat es dies schnell, was bedeutete, dass der Wind mit größter Sicherheit nur noch heftiger werden würde. Und so war es auch. Gegen den kräftigen Wind hatten wir immer noch stur gekreuzt, doch als er zu einem Sturm anwuchs, ging das nicht mehr. Der Wind heulte, die Wellen zerstoben und das Meer war eine einzige weiße Gischt. Wir konnten nichts mehr sehen. Die Wellen, die unablässig über die *Artemisia* hinwegfegten, warfen sie hin und her. Wir beschlossen beizudrehen.

Welch einen Unterschied das machte! Die Bewegungen wurden sehr viel ruhiger, und wir konnten essen und trinken, ohne dass wir das meiste verschütteten. Nur die *Artemisia* zitterte und vibrierte im heftigen Wind. Ich lag im Boot und lauschte gespannt den Geräuschen, die mir sagen würden, dass irgendetwas kaputtgegangen war. Doch irgendwann schlief ich vor Erschöpfung ein und wachte erst wieder auf, als der Wind sich zumindest so weit gelegt hatte, dass wir wieder zu segeln beginnen konnten.

Es sollte sich allerdings zeigen, dass dies erst der Anfang gewesen war. Wir waren in ein Wettersystem hineingeraten, in dem sich Tiefdruckgebiet an Tiefdruckgebiet reihte. Insgesamt sieben Tage lang hatten wir ununterbrochen starken bis stürmischen Wind. Wir kreuzten die ganze Zeit. Wir konnten kaum Essen zu uns zu nehmen. Es nahm einfach kein Ende. Würde es denn nie aufhören zu stürmen? Wir waren ganz allein dort draußen auf dem Meer, in einem kleinen Boot, das die Wellen spielerisch hin und her werfen konnten.

Richardo kam herauf ins Cockpit, um seinen Wachgang zu übernehmen. Ich schaute ihn an – seine dunklen Augen sahen müde aus. Er sah aus, wie ich mich selbst fühlte. Wir saßen eine Weile still da. Dann strich er sich über den Bart und sagte erschöpft: »Ich will wieder an Land.«

Nichts motivierte uns mehr, gegen diesen Wind anzukämpfen, als die Aussicht, Land zu erreichen, also setzten wir Kurs auf Rio Gallegos. Wir waren nicht allzu weit von Rio Gallegos entfernt, aber dorthin zu kommen zehrte unsere letzten Kräfte auf. Der Wind blieb unverändert stark, und je näher wir dem Festland kamen, desto unruhiger wurde die See. Fast einen Tag und eine Nacht lang lagen wir vor einer Flussmündung fest, ohne auch nur eine einzige Seemeile voranzukommen. Obwohl wir das Land deutlich sehen konnten, schien es uns weiter entfernt als der Mond. Wie sollten wir jemals in die Mündung gelangen, wenn der Wind sich nicht drehte?

In meinem Lotsenhandbuch stand, dass der Rio Gallegos, der durch die gleichnamige Stadt floss, starken Gezeitenströmungen unterworfen ist. Über den VHF-Sender nahmen wir zur Küstenwache Kontakt auf, um den genauen Zeitpunkt von Ebbe und Flut zu erfahren, und fragten auch gleich, ob es irgendwo in der Nähe einen Bootssteg gäbe, an dem wir anlegen durften. Die Küstenwache nannte uns zwei Anleger; das klang schon mal beruhigend.

Ganz plötzlich, als hätte jemand einen Stecker gezogen, legte sich der Wind. Doch wir mussten weitere sechs Stunden auf die Flut warten, die uns in die Flussmündung mitnehmen sollte. Noch immer war das Wasser aufgewühlt, und wir starteten den Motor, um den Wellen entgegenfahren zu können. Wir hatten nur eine Übersichtskarte dieser Region bei uns, und als wir endlich die Mündung erreichten, bekam ich sofort das Gefühl, dass man sich hier nicht ohne eine bessere Seekarte bewegen sollte. Keinerlei Seezeichen oder Leuchttürme, so weit das Auge reichte, dafür ein äußerst starker Strom. Plötzlich rasselte es im VHF, jemand nahm Kontakt zu uns auf. Es war ein Lotse, der tags zuvor zufällig unser Gespräch mit der Küstenwache mit angehört hatte. Er befand sich etwa eine halbe Stunde hinter uns, und bot an, uns in die Mündung zu geleiten, da wir offensichtlich keine geeignete Seekarte mit uns führten. Wir nahmen sein Angebot dankbar an. Er bat uns, den Kurs zu halten, bis er uns eingeholt hatte.

Es war wunderbar, das Lotsenboot kommen zu sehen, bis es schließlich neben der *Artemisia* lag. Der Lotse hieß Daniel. Er sah uns nur kurz an, ehe er entschied, uns ins Schlepptau zu nehmen und in die Mündung zu ziehen ... Wir sahen wohl ziemlich ausgebrannt aus. Als wir die Leinen befestigt hatten, warf uns Daniel eine Tüte zu. Sie enthielt frische Brötchen (!) und eine Karte des Flusses.

»Schau da mal rein, dann siehst du, wohin du kommst!«, rief er mir lächelnd zu. »Und, du, hast du das hier schon mal gehört: ›Lotsanrop, lotsanrop‹?«

Die beiden letzten Worte sagte er auf schwedisch! Ich traute meinen Ohren kaum. Später erzählte Daniel, dass er eine Zeit lang als Lotse auf der Ostsee gearbeitet hatte. Als ich mir die Seekarte genauer betrachtete, wusste ich, dass er unser Retter in der Not gewesen war. Der halbe Fluss trocknete bei Ebbe aus, außerdem waren überall Sandbänke.

»Wie in aller Welt navigierst du hier nur?«, fragte ich.

»Anhand von Orientierungspunkten am Ufer«, erklärte er. »Häuser oder so, und außerdem mit einem exakten Kompasskurs.«

Die Erleichterung darüber, bald an Land zu kommen, breitete sich aus, doch die Entspannung hielt nicht lange an. Als wir uns Puerto Rio Gallegos näherten, standen wir vor dem nächsten Problem. Wo sollte die *Artemisia* anlegen? Richardo fand auf der Seekarte die beiden Namen, die die Küstenwache uns genannt hatte, aber durch das Fernglas sah keiner der Plätze so aus, als könnten wir dort anlegen. Beides schienen Piere für größere Schiffe zu sein. Daniel drosselte die Fahrt, damit wir uns besser unterhalten konnten. Er lachte laut auf, als wir ihm die empfohlenen Anlegestellen nannten, und sagte: »Die kennen wohl nicht den Unterschied zwischen einem kleinen Segelboot und einem Öltanker!«

Dann fügte er hinzu: »Aber wir haben noch ein ganz anderes Problem. Du weißt wahrscheinlich nicht, dass genau an dieser Stelle der Höhenunterschied zwischen den Gezeiten weltweit am extremsten ist. Zwölf Meter! Die Strömung hier hat bis zu sechs Knoten. Aus diesem Grund und wegen der permanenten Stürme fahren die Leute in dieser Gegend kaum einmal freiwillig hinaus. Es gibt hier also fast keine Segelboote und somit auch keine Anlegestellen für kleinere Boote. Ich weiß nicht so richtig, was wir jetzt tun sollen, aber mir fällt schon noch etwas ein. Zuallererst solltet ihr mal an Land kommen. Wir vertäuen die *Artemisia* fürs Erste mal mit meinem Boot.«

Nach all diesen neuen Informationen konnte ich nur zustimmend nicken. Daniel legte an einem langen Pier von etwa 13 bis 15 Meter Höhe an, der aus groben Stämmen gezimmert war. Es war klar, dass die *Artemisia* dort nicht alleine liegen konnte. Eine Welle oder ein bisschen Wind würde sie hin und her werfen und der Mast konnte an den Holzpfählen zerschmettern. Neben der *Hydra* war die Gefahr gemildert, doch würden wir dort auch nicht längere Zeit liegen können. Das Lotsenboot musste ja früher oder später wieder ausfahren. Mit müden Schritten schleppten wir uns an Land. Daniel machte sogleich einige Vorschläge, wie wir weiter vorgehen sollten.

»Das Sicherste wäre, sie zu heben und auf den Pier zu stellen«, war sein erster Vorschlag.

Sie an Land stellen?! Ich fühlte mich zu einer solchen Unternehmung nicht in der Lage – ein 15 Meter hoher Pier in einem windigen Hafen! Ich war zutiefst beunruhigt und machte mir Sorgen um die *Artemisia*, war aber zu müde, um klar zu denken.

»Na ja, die nächsten 24 Stunden sind erst einmal kein Problem«, sagte Daniel. »Wir werden die *Hydra* bei Ebbe trocken legen, um ein paar Arbeiten durchzuführen. Dein Boot kann diese Zeit über an der *Hydra* vertäut bleiben, ich sage meiner Besatzung Bescheid, dass sie sich um sie kümmern soll. Kommt jetzt! Ihr seht aus, als hättet ihr eine Dusche und ein bisschen was zu essen bitter nötig!«

Inmitten unseres Elends war dies ein ausgezeichneter Vorschlag. Wir begleiteten Daniel nach Hause, machten uns frisch und gingen später in ein Chinarestaurant essen. Zu diesem Zeitpunkt hatte ich die Penizillin-Kur gegen meine so genannte Infektion schon lange abgeschlossen, doch der Knoten war natürlich noch da. Immerhin war er nicht größer geworden. Aber eine Infektion kam sicher nicht in Frage. Ich rief Torbjörn an und erzählte ihm, warum ich mich hier befand. Dann verständigte ich Lasse, meinen nächsten Reisebegleiter, um ihn zu bitten, nach Puerto Rio Gallegos zu kommen anstatt nach Punta Arenas, wo wir uns ursprünglich treffen wollten. Über Land waren es hierher nur ein paar Stunden Busfahrt. Dann wollten Richardo und ich nur noch schlafen, doch irgendwie hatte ich das Gefühl, vorher noch mal nach der *Artemisia* sehen zu müssen. Wir setzten Richardo bei Daniel ab und fuhren durch kleine Gässchen hinunter zum Hafen – in einem Jeep ohne Bremsen!

»Der fällt bald auseinander«, meinte Daniel entschuldigend, »aber so lange er noch fährt ...«

Ich fragte mich, natürlich ohne es auszusprechen, ob ich die Stürme auf hoher See überlebt hatte, nur um hier in einem Jeep ohne Bremsen umzukommen. Doch nach mehreren Fahrten gewöhnte ich mich daran, dass es eben so war, wie es war.

Inzwischen war Ebbe und die *Artemisia* und die *Hydra* lagen Seite an Seite, auf dem Trockenen. Ein unglaublicher Anblick! Die Besatzung winkte uns zu und versprach hoch und heilig, dass sie sich gut um mein Boot kümmern würde. Daniel wollte sich erkundigen, ob es möglich war, das Boot auf den Pier zu stellen. Ich sollte auf ihn warten, und als er fortging, wäre ich beinahe im Stehen eingeschlafen. Ich setzte mich auf eine Steinmole und ließ meinen Blick über den Fluss schweifen. Als wir in den Hafen gekommen waren, hatte das Wasser bis zum Ende des Piers gereicht. Inzwischen konnte man auf dem steinigen Grund herumlaufen, ohne nasse Füße zu bekommen. Ich stand wieder auf und schleppte mich zur *Artemisia*, um ihren Kiel zu untersuchen. Es war nicht mehr viel Neues darauf gewachsen, er sah gut aus.

Daniel kam zurück. Der Hafenmeister war nicht gerade begeistert von der Idee gewesen, das Boot auf den Pier zu stellen, und Daniel machte sich weiter darüber Gedanken, während wir losfuhren, um irgendwelche seiner Bekannten zu treffen ... Ich erinnere mich kaum mehr daran, wer das war und worüber wir uns unterhielten. Danach fuhren wir zurück zum Hafenmeister, der nun definitiv Nein sagte. Wahrscheinlich besser so, dachte ich mir. Daniel, der nicht dafür geschaffen ist, auch nur für eine kurze Weile stillzusitzen, meinte, es sei wieder an der Zeit, etwas zu essen, während ich nur noch ins Bett wollte ... Irgendwann begriff Daniel, dass ich mich kaum noch wach halten konnte, und fuhr mich heim. So schnell bin ich selten eingeschlafen.

Ein neuer Tag brach an. In der morgendlichen Flut waren beide Boote bis zum Ende des Piers bewegt worden, wo sie die ganze Zeit über Wasser unter dem Kiel haben würden. Zeit, die *Artemisia* zu schrubben und zu trocknen. Es herrschte ein ziemliches Durcheinander, zudem war alles feucht. Plötzlich kamen Journalisten von verschiedenen Zeitungen und vom Fernsehen auf uns zu. Sie waren äußerst überrascht zu erfahren, dass ein so kleines Boot den ganzen Weg von Schweden hierher gesegelt war. Soweit sie sich erinnerten, war die *Artemisia* das zweite Segelboot überhaupt, das jemals nach Puerto Rio Gallegos gekommen war. Das erste war ein Katamaran gewesen, deutlich größer als unser Boot. Wie konnte man auf dieser kleinen Nussschale dem Meer trotzen? Ich war stolz auf die *Artemisia*. Dass der Kapitän eine Frau war, verwunderte die Journalisten umso mehr. Es kamen immer mehr Leute, die uns sehen wollten, und wir fühlten uns ein bisschen wie Affen im Zoo. Allerdings waren unsere »Besucher« alle sehr freundlich und aufmunternd. Der Rummel konnte aber leider auch nicht unser Problem lösen: Wo sollte die *Artemisia* nun liegen? Nie hatte ich mir solche Sorgen um ihre Sicherheit gemacht wie in Puerto Rio Gallegos.

Draußen im Fluss schwamm die Boje der *Hydra*. Diese Boje wurde zwar nicht gebraucht, aber wir konnten trotzdem nicht daran anlegen. Um an Land zu kommen, würden wir eine Jolle mit einem starken Motor benötigen, der der heftigen Strömung gewachsen war. Ich hatte zwar eine Jolle, aber keinen Motor. Es gab aber einen kleinen Bootsklub, der ein paar Schlauchboote zur Verfügung hatte, die man leicht an Land ziehen konnte. Man hätte uns dort auch gerne einen Motor geliehen (!), aber es gab nur einen, der funktionierte, und den benötigten sie selbst. Es war hoffnungslos. Doch Daniel war als geborener Optimist zuversichtlich, dass es eine Lösung für dieses Problem geben würde. »Das einzig Sinnvolle ist, dass du weiterhin längs der *Hydra* liegen bleibst«, meinte er.

»Aber was ist, wenn du raus musst, um zu arbeiten?«, fragte ich.

»Wir werden Tag für Tag entscheiden, ob das Wetter dafür geeignet ist«, antwortete Daniel. »Und wenn es das ist, kannst du immer noch am Pier anlegen. Dann halten wir über VHF Kontakt. Wenn du irgendein Problem kriegst, kommen wir.«

Das klang beruhigend. Aber er konnte ja wohl kaum einen Öltanker alleine lassen, nur weil die *Artemisia* Gefahr lief, den Mast zu verlieren, dachte ich mir. Andererseits gab es keine Alternative als zu hoffen, dass das Wetter ruhig blieb, während die *Hydra* fort war.

Die Menschen in Puerto Rio Gallegos werde ich nie vergessen. Sowohl Richardo als auch ich wurden unvergleichlich liebevoll umsorgt. Man kam zu uns und fragte, ob wir irgendetwas benötigten. Bei Juan und Elena, zwei Freunden von Daniel, durften wir unsere Kleidung waschen. Sie chauffierten uns, wohin wir wollten, besorgten alles, was wir brauchten, ohne irgendeine Gegenleistung von uns zu akzeptieren. Die Leute kümmerten sich wirklich fürsorglich um uns. Wie oft tun wir für Fremde auch nur einen Bruchteil dessen, was sie für uns taten? Ich fand dort jedenfalls Freunde fürs Leben.

Irgendwann war es für Richardo an der Zeit, heim nach Neuseeland zu fliegen. Obwohl wir eine so anstrengende Zeit miteinander verlebt hatten und enttäuscht darüber waren, es nicht bis zur Antarktis geschafft zu haben, verabschiedeten wir uns mit einer herzlichen Umarmung.

Die Wettergötter waren auf meiner Seite, wann immer die *Hydra* ausfahren musste. Doch es näherte sich der Tag, an dem Daniel für eine Woche wegfahren würde und wir eine andere Lösung für unser altes Problem finden mussten. Wir würden mit der *Artemisia* dort anlegen müssen, wo die *Hydra* in den ersten Tagen während der Reparaturarbeiten gelegen hatte. Das bedeutete, dass sie zwei Mal am Tag, wenn die Flut kam, schwimmen und ansonsten auf dem Trockenen stehen würde. Wie gut, dass ich ein Boot mit einem langen Kiel hatte! Doch problematisch waren tatsächlich die Flutphasen. Da kam das Wasser mit einer Geschwindigkeit von sechs Knoten und der Wind in der Regel aus einer anderen Richtung. Das Wasser war dann fast immer unangenehm unruhig, besonders am Kai.

»Mach dir keine Sorgen«, sagte Daniel. Langsam begann ich sogar, ihm zu glauben.

Es war der 12. Februar, und ich saß zusammengekauert in der Kajüte und heulte. Es war mein Geburtstag; ich war 40 geworden. Heute würde die *Hydra* zur Arbeit auslaufen und ich fortan ohne ihren Schutz alleine an der Brücke liegen. Einsamkeit und Unruhe nagten an mir, und ich wollte nur noch weg von hier, irgendwo anders hin. Was tat ich hier überhaupt? Mein Traum von der Antarktis war in tausend Stücke zersprungen, und ich wusste tief in mir, dass ich niemals mehr dorthin gelangen würde. Warum hatte ich mich nur auf alles eingelassen? Um mich herum war schwarze Finsternis.

Plötzlich fiel mir ein, dass ich noch ein ungeöffnetes Paket an Bord hatte. Arne und Gunilla hatten es mir geschickt, und zwar mit der strengen Anweisung, es nicht zu öffnen, bevor ich die Antarktis erreichte. Ich konnte es genauso gut jetzt öffnen. In dem Paket lagen Pfefferkuchen, eine rote Wachskerze und eine Flasche Glühwein! Unter Tränen musste ich doch lachen. Wie wunderbar sie waren! Doch obwohl sie mich so gut kannten, hatten sie nicht gewusst, dass ich keinen Alkohol trinke. Was sollte ich also mit dieser Flasche Glühwein anstellen?

Ich zündete die Kerze an, aß von den Pfefferkuchen und dachte an all die Menschen zu Hause, die mir eine so große Stütze gewesen waren. Irgendwie musste ich auch diese Situation meistern.

Die *Hydra* würde gegen sieben Uhr abends auslaufen. Die Flut sollte um Mitternacht einsetzen. Wir hatten ausführlich darüber gesprochen, wie ich die *Artemisia* an den Pier heranmanövrieren sollte, dabei im Dunkeln die offen verlaufenden Elektrokabel vermied, und wie ich das Boot vertäuen sollte. Trotzdem war ich unruhig, weil der Wind auffrischte und ich mir nicht sicher war, ob ich es alleine schaffen würde, die *Artemisia* unbeschadet an den Pier zu legen. Doch ich hatte keine Wahl. Daniel musste sich draußen um einen Öltanker kümmern, hatte aber versprochen, vor meiner Abreise nochmal vorbeizukommen, um sich zu verabschieden. Er kam früher zurück, als ich erwartet hatte, und ich fragte ihn, was denn aus dem Tanker geworden sei.

»Ich habe ihn nirgendwohin bewegt – es ist zu windig«, erklärte er.

Ich sah hinaus. Klar war es windig, aber der Wind hatte nicht einmal die Stärke einer steifen Brise ... Als ich ihn ungläubig ansah, brach er in Gelächter aus.

»Ich habe dem Kapitän nur gesagt, es sei zu windig! Ich muss doch heute Nacht um zwölf ein anderes Boot bewegen!«

Ich wollte meinen Ohren nicht trauen. Er ließ einen Öltanker warten, um mir zu helfen! Ich wusste nicht, was ich sagen sollte. Wie sollte ich ihm jemals dafür danken? Da fiel mir etwas ein. Nicht, dass dies eine angemessene Vergeltung gewesen wäre, aber immerhin ...

»Daniel, als du damals in Schweden warst, hast du da mal *glögg* probiert, schwedischen Glühwein?«

»Das Getränk, das ihr an Weihnachten trinkt? Ja, ja, klar, ich weiß, was das ist!«

»Und, hat es dir geschmeckt?«

Als er lächelnd nickte, zauberte ich die Flasche hervor und überreichte sie ihm.

»Nein, die kann ich nicht annehmen! Die ist doch für dich!«

»Ich will aber, dass du sie bekommst.«

Er strahlte übers ganze Gesicht, und ich wusste, dass sie bei ihm besser aufgehoben war als bei mir. Danke, Arne und Gunilla!

Um Punkt zwölf Uhr waren wir fertig. Es war stockfinster und der Wind war frisch. Ganz behutsam manövrierten wir die *Artemisia* an den Stromkabeln vorbei zum Pier. Der Wind und die Flut machten es uns nicht gerade leicht zu steuern, und wir schufteten ganz schön, bevor wir das Boot an seinem vorgesehenen Platz vertäut hatten. Doch schließlich lag die *Artemisia* stabil, und Daniel verabschiedete sich von mir, um zurück zum Öltanker zu fahren. Ich selbst legte mich in meiner Koje schlafen in der Gewissheit, dass diese lebensfrohen, hilfsbereiten und schlichtweg unvergleichlichen Menschen in meiner Erinnerung einen festen Platz haben würden.

Zwölf Stunden später war wieder Flut, und eine halbe Stunde bevor sie einsetzte, kamen zwei Jungen von ungefähr 13 Jahren auf mich zu und stellten sich mir als Carlos und Victor vor. Sie erzählten, dass Daniel sie gebeten habe, mir zur Hand zu gehen, wenn die *Artemisia* zu schwimmen begann. Ich konnte nicht aufhören, über diesen Mann zu staunen. Es wurde trotz der Hilfe beschwerlich und die *Artemisia* schlug mehr als nur ein paar Mal am Pier an. Die Boje wäre in jedem Fall eine bessere Alternative gewesen, doch ich wollte warten, bis Lasse zu mir stieß, sonst würde er Probleme haben, überhaupt an Bord zu kommen.

Unterdessen erkundigte sich Juan, ob der Bootsklub uns nicht als »Taxi« dienen könnte, wenn wir an der Boje anlegten. Man erklärte sich gerne dazu bereit. Und alle zwölf Stunden tauchten Carlos und Victor auf, um mir mit der *Artemisia* zu helfen.

Lasse und ich hatten uns über meine ehemalige Arbeitskollegin Ann kennen gelernt. Wir waren privat befreundet. Ann und Lasse waren miteinander verheiratet. Er war viele Jahre lang gesegelt und hatte schon lange den Wunsch gehegt, einmal einen längeren Segeltörn zu unternehmen. Er war Mitte sechzig und somit der einzige meiner Begleiter, der nicht in meinem Alter war.

Bei seiner Ankunft war er überschwänglich gut gelaunt und trug ein Bündel Briefe von zu Hause unter dem Arm. Er umarmte mich herzlich, und mir kamen die Tränen vor lauter Freude darüber, ihn zu sehen. Er war genau der Mensch, den ich jetzt brauchte! Wir fuhren zur Boje hinaus, vereinbarten aber vorher mit den Leuten vom Bootsklub Zeiten, zu denen wir an Land geholt werden wollten. Es war eine große Erleichterung, nicht mehr alle paar Stunden die Vertäuung erneuern und höllisch aufpassen zu müssen, dass die *Artemisia* nicht am Pier beschädigt wurde.

Einer der Briefe, ein sehr langer, kam von der fünften Klasse der Backlura-Schule in Vällingby, außerhalb von Stockholm, der ich einmal von unterwegs geschrieben hatte. Die Schüler stellten mir unzählige Fragen. Es war herrlich, die Briefe zu lesen: »Hallo, Milo! Ich heiße Sofia und bin elf Jahre alt und mag Pferde. Hast du ein Haustier?«

Oder: »Hallo, Milo! Wie viel zu essen hattest du dabei, als du von zu Hause abgereist bist? Wie hoch sind denn die Wellen auf dem Atlantik? Wie war es, Weihnachten in einem fremden Land zu feiern? Hast du irgendwelche schönen Tiere, Krokodile oder so, gesehen?«

Oder: »Hast du manchmal Angst vor Haien oder anderen Tieren?«

»Schaukelt das Boot nachts eigentlich? Ist das dann nicht ganz schön schwer, in einem Boot zu schlafen?«

»Wo bewahrst du dein Essen auf? Hörst du das Wasser plätschern, wenn du schläfst?«

Diese Briefe wollte ich so schnell wie möglich beantworten.

An einer Boje anzulegen, noch dazu bei starken Gezeitenströmungen, ist nicht ganz ungefährlich. Normalerweise dreht sich das

Boot ständig – immer mit dem Bug in Windrichtung. Eines Nachts, als die Flut stieg, waren die Strömung und der Wind ungefähr gleich stark, allerdings kamen sie aus unterschiedlichen Richtungen. Die Strömung gewann und die *Artemisia* lag im Wasser, als segelte sie völlig vor dem Wind! Wir mussten die Seekojen wieder in Betrieb nehmen, um schlafen zu können.

Ein paar Tage später waren wir bereit, durch die Magellanstraße zu segeln, und verabschiedeten uns von Carlos, Victor, Juan und Elena. Erst widerstrebte es mir, von der Boje abzulegen und wieder Fahrt aufzunehmen, aber als wir erst mal unterwegs waren, hatte ich das gute Gefühl, dass wir auf dem richtigen Weg waren.

Kapitel 10

Am südlichsten Punkt

Vor einer Woche hatten Richardo und ich vor der Flussmündung zum Rio Gallegos gegen das widrige Wetter angekämpft. Nun erwartete uns eine Art Antiklimax, als Lasse und ich bei einer schwachen Brise auf dasselbe Gewässer hinausfuhren. Bis zur Einfahrt in die Magellanstraße waren es nur etwa 100 Kilometer, und genau dort wurden wir sowohl von den argentinischen als auch von den chilenischen Behörden über VHF angefunkt, denn der Sund trennt diese beiden Länder. Der schwache Wind erstarb, und ich hatte keine Lust umzukehren. Vor uns lag die Magellanstraße spiegelblank im Sonnenschein! Dieses berüchtigte Gewässer zeigte nicht einmal ein Kräuseln an seiner Oberfläche. Wir warfen also den Motor an und bekamen Besuch von Pinguinen und Delfinen. In einem breiten Gürtel lagen jede Menge Ölplattformen nebeneinander.

Mitten in der Nacht erreichten wir die erste engere Passage, Primera Angostura. Wir waren gerade rechtzeitig angekommen, wie es schien: Wir fuhren mit einer Strömung von acht Knoten! Den Motor brauchten wir fast gar nicht, während wir durch die Nacht getrieben wurden.

Tags drauf erreichten wir die chilenische Stadt Punta Arenas. Und was sahen wir, als wir in den Hafen einliefen? Das brasilianische Boot *Aysso*! Es wurde ein fröhliches Wiedersehen. Die Besatzung war mit ihren Vorbereitungen zur Weiterfahrt nach Patagonien beschäftigt, und bei einer Tasse Kaffee tauschten wir Informationen über die Gegend aus.

Um durch Patagonien zu segeln, braucht man eine Erlaubnis. Lasse und ich begannen, all die Papiere auszufüllen, die dazu erforderlich waren. Die Behörden verlangen einen gewissen Sicherheits- und Ausrüstungsstandard an Bord, und wir informierten uns über die dort geltenden Regeln und Gesetze. Beispielsweise ist es verboten, nachts zu segeln, außerdem muss man zwei Mal täglich seine Position melden. Letzteres würde schwierig werden, weil wir keinen Kurzwellensender hatten. An und für sich gibt es bemannte Leuchttürme, aber die stehen zu weit voneinander entfernt. Man schlug uns vor, vorbeifahrende Schiffe zu kontaktieren, die unsere Position dann weitergeben konnten.

Wir wanderten in Punta Arenas umher und sahen uns die Statue von Fernão de Magalhães – Magellan – an, dem portugiesisch-spanischen Seefahrer, der 1520 den 550 Kilometer langen Sund zwischen dem Atlantik und dem Pazifik entdeckt hatte. Lasse und ich wollten beide so schnell wie möglich weiterkommen, sodass wir uns nach nur drei Tagen von der *Aysso* verabschiedeten und erneut Segel setzten.

Wir segelten weiter gen Süden, und bereits am ersten Tag nach unserer Abfahrt konnten wir in der Ferne schneebedeckte Bergkuppen ausmachen. Die Aussicht war wunderschön, und wir waren gespannt darauf, wie es sein würde, durch diese unglaubliche Landschaft zu segeln.

Das chilenische Patagonien hat ungefähr die gleiche Ausdehnung wie ganz Schweden, ist jedoch schmaler. Die Gegend ist ein einziger großer Archipel mit hohen Bergen, Gletschern und unzählbaren Buchten und Sunden, die die einzelnen Inseln voneinander trennen. Es gibt nicht einmal eine Hand voll Städte und gerade mal doppelt so viele Dörfer in der gesamten Region. Es vergeht kaum einmal eine Woche, in der es nicht regnet. Dafür gibt es um so öfter schlechte Sicht und Nebel. Die Windstärken ändern sich häufig und schnell und fallen dabei von einem Extrem ins andere. Im Sommer hält sich die Temperatur um 13 °C, im Winter ist es gerade einmal fünf Grad kälter. Es friert fast nie. Daher ist die Gegend auch so unglaublich fruchtbar und beherbergt nicht weniger als 190 Vogelarten. Es gibt fast keine Untiefen oder Felsen unter der Wasseroberfläche wie beispielsweise in den schwedischen Schären. Stattdessen gibt es viel Kelp, eine Art Seetang, das mehrere Meter lang werden kann und äußerst stark und zäh ist. Wenn man nicht Acht gibt, kann sich der Kelp im Propeller verfangen und großen Schaden verursachen.

Als die Europäer am Ende des 16. Jahrhunderts Patagonien erstmals kolonisieren wollten, scheiterten sie kläglich, weil, wie sie behaupteten, die Natur zu unwirtlich war. Im 17. Jahrhundert dagegen wurde die Magellanstraße immer mehr für den kommerziellen Verkehr zwischen den beiden Ozeanen genutzt, dem Atlantik und dem Pazifik. Der in Piteå geborene Schwede Daniel Solander war unter Kapitän James Cook mit an Bord der englischen *Endeavour*, die 1769 nach Feuerland segelte. Solander erstellte die ersten wissenschaftlichen Studien über die Umgebung und wurde mit dieser Reise der erste Schwede, der um die Welt gesegelt war, wenn auch »nur« als Botaniker.

Mitte des 19. Jahrhunderts kam Charles Darwin nach Patagonien und skizzierte ein fürchterlich rassistisches und zu allem Übel auch noch falsches Bild der Ureinwohner. Er meinte, es sei zweifelhaft, ob man sie überhaupt Menschen nennen könne.

Sie waren ca. 8000 v. Chr. aus dem Norden gekommen. Sie teilten sich in fünf Indianerstämme, die sich in der Region ansiedelten. Sie ernährten sich von Fisch und machten Jagd auf Strauße, Pumas und Guanakos, die mit Lamas verwandt sind. Sie tauchten außerdem nach Seeigeln und Muscheln, was bei den meisten Stämmen den Frauen vorbehalten war, weil nur die Frauen schwimmen konnten. Eine der vielen Tatsachen, die die Europäer »verstörte«, war die Nacktheit der Indianer. Eine unglaubliche Tatsache, wenn man das Klima bedenkt! Wie konnten sie in dieser Umgebung nur ohne Kleidung überleben? Und bei diesen Wassertemperaturen tauchen? *Meine* Bewunderung ist ihnen jedenfalls sicher. Es gibt Berichte darüber, dass die Ureinwohner Kannibalen gewesen sein sollen, was vollkommener Quatsch ist.

Das Aufeinandertreffen mit den Europäern wurde für die Indianer folgenschwer. Sie wurden teils durch eine regelrechte Menschenjagd – es waren Kopfgelder ausgesetzt –, teils durch die Krankheiten, die die Weißen einschleppten, ausgerottet. Auch Massenmorde standen auf der Tagesordnung, beispielsweise präparierte man tote Schafe mit Strychnin, von denen man wusste, dass die Indianer sie verspeisen würden. Mitte des 19. Jahrhunderts schätzte Darwin die indianische Bevölkerung auf 10000 Menschen, am Ende desselben Jahrhunderts war sie im Großen und Ganzen vernichtet. Die einzigen Indianer, die heute noch leben, gehören zum Stamm der Alacaluf. Sie leben in dem Dorf Puerto Eden. Alle anderen sind ausgerottet.

Als wir uns den schneebedeckten Bergen näherten, schlugen wir einen westlichen Kurs ein. Unsere südlichste Breite war 54° 02'40'' S. Ungefähr 100 Seemeilen weiter südlich lag Kap Hoorn und weitere 500 Seemeilen dahinter die Antarktis. Einfach über diese Berge hinüber und ein bisschen weiter ... So nah und doch unerreichbar! Ich saß im Cockpit, blickte südwärts und dachte mir, okay, vielleicht nicht dieses Mal, aber wenn ich auch nur noch eine einzige Chance in meinem Leben bekommen sollte, würde ich sie nutzen.

Wir segelten also gen Westen. Die Landschaft war atemberaubend schön und erhaben. Die Berge türmten sich hoch auf, in der

Ferne konnten wir sogar einen Gletscher erkennen. Nach einer Weile entdeckten wir auf einem Berg nördlich von uns ein großes Kreuz: Kap Froward, der südlichste Punkt des Festlandes. Am Ufer grünte und blühte es, dass es eine wahre Augenweide war.

Wir hatten einen guten Patagonien-Reiseführer bei uns, der Buchten (alle haben einen eigenen Namen) empfahl, die sich als Nachthäfen eigneten, der verriet, wo es Frischwasser gab und worauf man aufpassen sollte. Ein unschätzbares Buch!

Nachts anzulegen dauerte hier viel länger als zu Hause, wo man meist nur einen Anker achtern auswarf und das Vorschiff vertäute. In dieser Gegend kommt man nur schlecht mit dem Vorschiff in die Nähe des Ufers, weil die Ufer so üppig bewachsen sind; Bäume und Büsche reichen über das Wasser hinaus. Meist fuhren wir in eine Bucht hinein, schwoiten eine Weile, dann pumpten wir die Jolle auf, und Lasse ruderte mit einer 40-Meter-Leine davon, um uns am Land zu vertäuen. Patagonien ist berühmt für seine schnellen Wetterumschwünge und Fallwinde, die von den Bergen hinunterwehen und in kürzester Zeit leicht Sturmstärke erreichen können. Dieser Winde wegen musste man vertäut sein. Wenn Lasse wieder zur *Artemisia* gerudert kam, hatten wir meist vier Leinen in unterschiedlichen Richtungen sowie einen Anker ausgelegt. Es brauchte also seine Zeit, abends zur Ruhe zu kommen! Auch im Sommer ist es in Patagonien nicht sonderlich warm: um die 10, höchstens 15 °C. Da war es herrlich, abends für eine Weile die Heizung anzuwerfen.

Vieles schien mir vollkommen fremd. Die Landschaft, die Unberechenbarkeit der Strömungen, die schnellen Wetterumschwünge ... Am dritten Tag nach unserer Abreise von Punta Arenas waren wir unterwegs zu einer Bucht, die in meinem Reiseführer empfohlen wurde. In der näheren Umgebung gab es nicht allzu viele gute Nachthäfen zur Auswahl. Am Nachmittag mussten wir feststellen, dass wir die Bucht wohl kaum vor Einbruch der Dunkelheit erreichen würden. Wir hatten Gegenwind und fuhren gegen den Strom an, sodass wir den Motor anwarfen, um noch rechtzeitig anzukommen. Der Reiseführer warnte vor Kelp in dieser Gegend.

Die Dämmerung setzte ein. Würden wir den Hafen überhaupt erreichen? Wir fuhren näher ans Ufer heran, um die Bucht irgendwann sehen zu können.

»Hier gibt es Kelp, glaube ich«, sagte Lasse.

Ich schaute ins Wasser hinunter und natürlich gab es hier Kelp. Mein Herz begann zu rasen; wenn der Kelp sich jetzt im Propeller verfing! Da blieb der Motor stehen!

»Was ist los?«, fragte ich.

Lasse beugte sich über die Reling, um irgendetwas erkennen zu können. Er ist viel größer als ich und konnte daher mehr ausmachen. »Ich glaube, wir haben den Kelp von halb Patagonien im Propeller ...«

Es war inzwischen dunkel geworden, und wir hatten keine Chance, in die Bucht zu fahren, die wir ohnehin nicht sehen konnten. Es blieb uns nur, die Segel zu setzen und das zu tun, was wir eigentlich nicht tun durften: bei Nacht segeln. Wir achteten darauf, möglichst großen Abstand vom Land beizubehalten, und warteten auf die Morgendämmerung. Wie durch ein Wunder hatte sich fast der gesamte Kelp während der Nachtfahrt vom Propeller gelöst. Den Rest entfernten wir mit dem Bootshaken und einem Messer, dann konnten wir erneut den Motor anwerfen und in Bahia Wood anlegen – und vor allem mussten wir nicht baden gehen!

Wir hatten das klassische Wetter: Regen. Als wir am nächsten Tag unsere Reise gen Westen fortsetzten, versuchte ich vergeblich, mit *Magellan Radio* Kontakt aufzunehmen, um unsere Position durchzugeben. Stattdessen wurden wir von einem anderen Segelboot angefunkt! Wir konnten es nirgends entdecken, die Sicht war zu schlecht, aber es war nett, mit der dortigen Besatzung zu sprechen.

Auf halbem Wege durch den Paso-Largo-Sund wollten wir in der Caleta-Notch-Bucht anlegen. Die Passage in die Bucht hinein war ziemlich schmal, aber schön, umgrenzt von grünenden Inseln und hohen Bergen. In dieser Landschaft spazieren zu gehen ist nicht unbedingt einfach. Die Pflanzendecke ist dicht und hoch gewachsen, und nach dem Regen würde nun alles nass sein. Das Einzige, was an den Füßen taugte, waren Gummistiefel. Außerdem war das Terrain sehr hügelig.

Caleta Notch war ein gut geschützter Nachthafen, und wir waren nicht die Ersten, die dort anlegten.

Bereits 1896 war ein Einhandsegler hierher gekommen und hatte in der Bucht von Caleta Notch geankert. Er hieß Joshua Slocum und war der erste Mensch überhaupt, der in seinem Boot *Spray* alleine die Welt umsegelte. Er wurde hier von kräftigen *williwaws* heimgesucht, von denen wir bei unserem Aufenthalt in der Bucht verschont blieben. Joshua Slocum hatte den kürzesten Weg zum Pazifik westwärts durch die Magellanstraße eingeschlagen. Im östlichsten Teil, der nach Punta Arenas führt, dort, wo Lasse und ich Flaute und Sonnenschein erlebt hatten, geriet er in einen 30 Stunden andauernden Sturm. Als er später zwei Drittel der Strecke hinter sich gelassen hatte, geriet er in einen weiteren fürchterlichen Sturm, der ihn zwang, aufs offene Meer hinaus zu segeln. Die Winde aber trieben ihn zurück nach Osten, sodass er große Teile der Magellanstraße noch einmal durchqueren musste. Einmal war er gerade in einer Bucht vor Anker gegangen, um sich ein wenig auszuruhen, als der Wind erneut auffrischte. Da der Anker keinen Halt fand, musste er ihn wieder einholen. Soweit ich mich erinnere, hatte er nur eine einfache Winde zur Hilfe: »Statt mich auszuruhen, musste ich also ans Spill und den Anker mit 50 Faden Trosse (Das sind ungefähr 90 Meter! Anm. der Autorin) aufhieven, die im tiefen Wasser hingen.

[...] Den Rest der Nacht arbeitete ich an der Ankerwinsch und dachte daran, wieviel leichter es für mich war, als ich noch sagen konnte: ›Tu dies oder das!‹ Jetzt mußte ich alles selber tun. Aber ich hievte weiter und sang dabei die alten Shanties, die ich gesungen hatte, als ich noch Matrose war.« Joshua Slocums Bericht zu lesen ist wirklich faszinierend. Er hatte keine so detaillierten Seekarten zur Verfügung wie wir, er war alleine und hatte keinen Motor!

Nachdem ich nun selbst in dieser Gegend unterwegs war, habe ich größten Respekt vor seiner Leistung; sie erforderte viel Erfahrung, gute Segelkenntnisse und Mut.

Es regnete ohne Unterlass, ein Regenbogen löste den nächsten ab. Manchmal sahen wir zwei, die sich überschnitten. Nach einem Tag anstrengenden Segelns mit Gegenwind und Platzregen legten wir in der Bucht Caleta Mostyn an. Das Geräusch des Regens an Deck begleitete uns, als wir unter unsere Decken krochen, und zu demselben Geräusch wachten wir am nächsten Morgen auch wieder auf. Wir starteten eine unserer kürzesten Tagesetappen: Wir verließen die Bucht, um gleich wieder zurückzukehren. Der Wind war einfach zu stark. Zwei Tage lang lagen wir in dieser Bucht fest. Ich hatte nie zuvor eine so lange Zeit heftigen Regens erlebt; das Wasser schoss geradezu die Berghänge herab. Während wir vor Anker lagen, konnten wir sehen, wie sich immer neue Wasserfälle bildeten. An Deck oder gar von Bord zu gehen war unmöglich. Wir lasen die meiste Zeit und planten unsere Weiterfahrt.

Am dritten Tag flaute der Wind ab, und obwohl es nach wie vor stark regnete, machten wir uns auf den Weg. Wir bekamen Gesellschaft von einer Gruppe verspielter und neugieriger Robben, die sich der *Artemisia* auf Armeslänge näherten, um zu sehen, was wir denn wohl für Geschöpfe waren.

Die Route führte uns zunächst gen Westen, später schlugen wir einen nördlichen Kurs ein, um in den Archipel zu kommen. Folgt man der Magellanstraße in westlicher Richtung, gelangt man direkt auf den Pazifik. Wir wussten im Vorhinein, dass wir wahrscheinlich würden kreuzen müssen, um aus dem Sund herauszukommen, doch später dürften wir, rein statistisch gesehen, keinen Gegenwind mehr haben. Weil der Wind häufig und schnell seine Stärke änderte, von schwacher zu steifer Brise, waren wir bald wahre Meister im Reffen der Segel. Wir brauchten nur fünf Minuten, um das Vollzeug zu reffen. Und es regnete ... Von dem Tag an, an dem wir in Caleta Mostyn angelegt hatten, regnete es sieben Tage und Nächte lang ununterbrochen. Aufgrund der hohen Luftfeuchtigkeit bildete sich im Boot unheimlich viel Kondenswasser. Die Heizung schaffte es einfach nicht, all die Nässe zu trocknen. Alles war klamm, kalt und feucht. Ich fragte mich bisweilen, warum sich jemand freiwillig an dieses Ende der Welt begibt. Die schlechte Witterung begann, an unseren Kräften zu zehren, physisch und psychisch. Dieser ewige, nicht enden wollende Regen ... Würde er denn nie aufhören?

Als der Regen das erste Mal für ein paar Stunden aussetzte, konnten wir es kaum glauben. Und prompt setzte er auch wieder ein ... Allerdings wurden die Regenstunden nun Tag für Tag weniger.

Wir näherten uns dem Ende der Bucht Paso del Mar, umsegelten die Insel Isla Tamar, der Kompass zeigte in nördliche Richtung und wir bekamen Wind von achtern! Die Sonne schien auf uns herab. Herrlich – endlich konnten wir die Luke öffnen. Ausgerechnet da wurden wir vom Wärter des Fairway-Leuchtturms angefunkt, der uns zum Kaffee einlud! Er sagte, er hätte noch nie ein so kleines Boot in Patagonien gesehen und er wollte uns gerne kennen lernen. Weil das Wetter ruhig war, nahmen wir die Einladung gerne an. Wir brauchten eine halbe Stunde zum Leuchtturm, doch in dieser kurzen Zeit nahm der Wind beinahe wieder Sturmstärke an. Es war unmöglich, an dem Steinpier anzulegen, der noch dazu nicht zur

Leeseite lag. Wir mussten uns damit zufrieden geben, einander zuzuwinken, worauf Lasse und ich uns erneut aufs Meer hinaus kämpften.

Das Glück, einen günstigen Wind zu haben, war nur von kurzer Dauer. Schon am nächsten Tag kam er wieder von vorne, doch wir hofften darauf, dass auch dies nur kurz andauern würde. In die Bucht Bahia Isthmus hinein begleiteten uns Delfine. In der Bucht schwammen unzählige Dampfschiffenten – Vögel, die nicht fliegen können. Sie benutzen ihre Flügel fast wie Ruder und peitschen damit über das Wasser, wenn sie sich, schneller als ein Ruderboot, fortbewegen. Sie sehen wahnsinnig komisch aus, wenn sie so über das Wasser herangespritzt kommen.

Zwei Tage später hatten wir den ersten regenfreien Tag. Allerdings war der Wind recht stark, sodass wir in der Bucht blieben und einen großen Boot-Trockentag einlegten. Alles, was nass geworden war, hängten wir zum Trocknen auf, was in dem frischen Wind recht schnell ging. Diese Bucht hatte, im Gegensatz zu den meisten anderen, einen flachen Strand. Wir ruderten an Land und spazierten zum anderen Ende der Landzunge, wo es viel heftiger wehte als in unserem geschützten Hafen. Man musste fast schon ein Steinbock sein, um sich zwischen all den hohen Büschen und großen Felsen fortzubewegen.

Ich hatte festgestellt, dass Lasse und ich nicht so gut miteinander harmonierten, wie ich gedacht hatte. Was die Kriterien bei der Auswahl meiner Besatzung angeht, waren für mich die Fähigkeit zur Zusammenarbeit und Kommunikation stets wichtiger als die Segelerfahrung. Lasse hatte zwar die meiste Erfahrung von allen, die ich mit an Bord genommen hatte, und was ich bislang von ihm wusste, hatte mich glauben lassen, dass wir gut miteinander klarkommen würden. Aber das war offenbar Wunschdenken gewesen. Ich hatte Lasse auf genau dieser Teilstrecke mit dabeihaben wollen, weil sie besonders anstrengend und hart sein würde und weil er der erfahrenste Segler unter meinen Reisebegleitern war. Aber irgendetwas stimmte nicht. Er schien ständig unzufrieden, und als ich ihn einmal nach seinem Befinden fragte, antwortete er, dass ich ständig eine Verteidigungsstellung einnähme und alle seine Vorschläge kritisierte. Darauf konnte ich zunächst nichts entgegnen, kam aber schließlich zu der Erkenntnis, dass ich es beinahe genauso empfand – nur umgekehrt! Wir konnten uns auf nichts einigen, und wenn ich seinen Vorschlägen nicht folgte, schien mir tatsächlich alles besser zu funktionieren. Ein Zustand, der auch mir nicht gefiel. Ich hatte überdies den Eindruck, dass ich auf mich allein gestellt war, wenn es wirklich anstrengend wurde. Doch die Woche Dauerplatzregen hatte unsere Kräfte aufgezehrt – vielleicht war es auch nur das? Ich wollte abwarten und erst einmal offen für seine Vorschläge sein.

Kapitel 11

Zwischen Eisschollen und Behörden

Langsam kamen wir weiter nach Norden. Der Regen nahm kontinuierlich ab, die Sonne zeigte sich an einem blauen Himmel. An manchen Tagen hatten wir überhaupt keinen Wind und mussten relativ oft den Motor anwerfen. Die Szenerie um uns herum war unglaublich schön. Die Bergkuppen waren schneebedeckt, Vögel flogen im Wind, all das Grün, kleine und große Inseln mit sanften Buchten, eine atemberaubend mächtige und unberührte Natur, die ständig ihr Aussehen veränderte.

Von einem vorbeifahrenden Schiff erfuhren wir, dass ein Gletscher in der Nähe gekalbt hatte und eine Warnung vor dem Eis im Wasser herausgegeben worden war. Ich war überglücklich! Ich war zwar nicht bis zur Antarktis gekommen, doch nun konnte ich endlich im Eis segeln! Lasse war am Anfang nicht gerade enthusiastisch, als er den Streifen weißen Eises wie eine Barriere vor uns sah. Aus der Entfernung sah es aus, als könne man dort unter keinen Umständen hindurchkommen. Aber die Wettergötter waren auf unserer Seite – wir hatten kaum Wind, dafür umso bessere Sicht. Wir stellten den Motor an, und als wir uns dem Eis näherten, konnten wir das freie Wasser zwischen den weit verteilten Eisschollen sehen. Sie sahen aus wie Skulpturen, die unsere Fantasie beflügelten. Eine wirkte wie ein Riesenschädel, doch aus einer kürzeren Entfernung, aus einem anderen Blickwinkel, sah sie aus wie ein Hund. Nach einer Weile war Lasse genauso begeistert wie ich. Es war ein magischer Moment, als wir langsam vorüberfuhren und die Aussicht in vollen Zügen genossen. Plötzlich rief Lasse laut: »Schau, da, war das nicht ein Wal?«

Ich sah in die Richtung, in die er zeigte, und ganz richtig, wir konnten die Wasserdampf-Fontänen zweier Wale sehen! Wir warteten und starrten aufs Wasser hinaus, um sie noch einmal zu Gesicht zu bekommen, hoffentlich aus kürzerer Distanz, aber sie zeigten sich nicht mehr.

Nach einem halben Tag zwischen Eisschollen kamen wir hinaus aufs freie Wasser, und ich dankte den Wettergöttern für die gute Sicht und dafür, dass wir keinen Wind gehabt hatten. Es wäre gefährlich gewesen, bei rauem Wetter durch das Eis zu fahren.

Seit unserer Abreise aus Punta Arenas hatten wir keine menschliche Siedlung mehr gesehen. Als wir den 50. Breitengrad überquerten, wurde die Luft ein wenig wärmer. Wir setzten unsere Fahrt in einem etwa 90 Kilometer langen Sund fort, der in Relation zu seiner Länge recht schmal war. Hin und wieder türmten sich Berge auf beiden Seiten der Bucht auf. Es schien unwirklich, durch diese Landschaft zu segeln. Im nördlichen Teil des Sunds liegt das Dorf Puerto Eden, das 1969 zum Reservat für die überlebenden Alacaluf-Indianer erklärt worden war. Wir wollten dorthin, um aufzutanken. Außerdem dachten wir, dass es mal wieder an der Zeit wäre, sich zu Hause zu melden. Weil der Gegenwind stärker gewesen war, als wir befürchtet hatten, hatte die Reise auch sehr viel länger gedauert als zuvor berechnet.

»Vielleicht gibt es dort ein Telefon«, meinte ich voller Hoffnung.

»Ja, und vielleicht sogar Internet, dann kann ich Ann eine E-Mail schicken«, sagte Lasse.

Wir waren zwar am Ende der Welt, aber man weiß ja nie ... Wir gingen außerhalb eines kleinen Zollhäuschens vor Anker und wurden von einem sympathischen Zöllner empfangen, der uns Diesel und eine Dusche anbot. Dankbar nahmen wir beides an. Nachdem wir die *Artemisia* zu einem besseren Liegeplatz bewegt hatten, ruderten wir in der Jolle an Land, um uns nach einem Telefon und anderen Kommunikationsmöglichkeiten zu erkundigen. Es führen keine Landwege nach Puerto Eden; die einzige Möglichkeit, hierhin zu kommen, ist übers Wasser. Es gab also auch keine Autos, Motorräder oder Fahrräder; entweder man ging zu Fuß oder nahm ein Boot. Wir trafen auf einen Mann, den Lasse fragte, wie man hier mit der Außenwelt kommunizieren könnte.

»Kein Problem«, sagte er stolz, »wir sind mit allem ausgerüstet.«

»Mit allem?«, fragte Lasse erstaunt.

»Ja, klar, geht in das gelbe Haus da drüben. Die Frau dort hilft euch weiter.«

Unglaublich, dachte ich beeindruckt. Ich suchte mit den Augen nach Telefonleitungen, sah aber keine. Wir gingen hinüber in das Haus, auf das der Mann gezeigt hatte, und traten ein. In einem kleinen Raum saß, wie erwartet, eine Frau. Vor ihr stand ein kleiner Radiosender. Mit Hilfe dieses Senders konnte sie mit Puerto Natales reden, einer Stadt südöstlich von Puerto Eden. Das war alles.

Ich kam mir wirklich dumm vor, mit meinen Vorstellungen, was »mit allem« bedeuten konnte. Für den Mann, den wir getroffen hatten, war dieser Sender alles, was nötig war. Für uns hatte er keine Bedeutung. Es ist so offensichtlich, dass das, was wir als überlebenswichtig und beglückend ansehen, davon abhängt, wo auf der Erde wir zufällig geboren werden. Dass wir ein »reicheres« Leben als dieser Mann führen, ist dabei gar nicht so sicher. Ich meine nicht, dass er es besser hätte als wir, aber dass wir eine höhere Lebensqualität haben als der Mann in Puerto Eden, sei dahingestellt.

Unsere Lieben in Schweden mussten sich also noch etwas gedulden, bis sie ein Lebenszeichen von uns erhielten.

Stattdessen bestellten wir in einem Haus frisches Brot und kauften in einem anderen ein paar Zwiebeln und Butter. Irgendjemand sagte, es gäbe ein Restaurant im Dorf. Essen zu gehen, was für eine Vorstellung! Wir folgten der Wegbeschreibung und kamen zu einem Haus mit einem ziemlich verschlissenen Schild, auf dem *Restaurante* stand, und klopften. Doch die Einzigen, die sich für uns interessierten, waren drei junge Kätzchen. Wir gingen zurück zum Strand, wo ein paar Männer an einem Boot arbeiteten. Zufällig war der Restaurantbesitzer auch der Besitzer des Bootes, das dort repariert wurde, und man sagte uns, dass das Restaurant so lange geschlossen bliebe, bis die Arbeit an dem Boot erledigt sei. Wir setzten uns auf den Steg und unterhielten uns eine Weile, bevor wir zurück zur *Artemisia* gingen, um uns selbst etwas zu kochen. Wir machten Fischsuppe, zwar aus Pulver, aber trotzdem außergewöhnlich gut!

Ich verliebte mich in Puerto Eden, »Edens Hafen«, doch wir mussten irgendwann weitersegeln. Nördlich des Dorfes liegt Angostura Ingles, ein sehr schmaler Sund, in dem die Strömungsgeschwindigkeit zwischen vier und sechs Knoten beträgt und bisweilen sogar bis zu neun Knoten anwächst. Wir hatten uns in Puerto Eden Strömungstabellen besorgt und darauf geachtet, dass wir nicht gegen den Strom fahren mussten. Auf einer kleinen Insel drängte sich eine riesige Vogelschar.

Ob das Pinguine waren?

»Wir fahren näher ran und sehen nach!«, rief Lasse.

Wie ein kleines Kind bin ich vernarrt in diese Kreaturen, die so wunderbar anzusehen sind. An Land sind ihre Bewegungen ein wenig ungeschickt, doch sie sind unglaublich geschickte Schwimmer. Je näher wir kamen, desto mehr schwand die Hoffnung: Es handelte sich »nur« um Scharben.

Ein paar Mal tauchten Delfine um die *Artemisia* herum auf, ungefähr eine halbe Stunde bevor wir für die Nacht vor Anker gehen wollten. Sie folgten uns, bis wir den Anker auswarfen, dann verschwanden sie. Manchmal hatte ich das Gefühl, dass sie uns in die Buchten geleiten wollten. Wenn alle Leinen befestigt waren, bekamen wir auch hin und wieder Besuch von Robben, die sich, ganz und gar nicht ängstlich, sondern sehr neugierig der *Artemisia* näherten, um zu erkunden, was für Besuch sie da gerade bekommen hatten. Wir amüsierten uns wohl genauso über sie wie sie sich über uns. Einmal bekamen wir sogar Besuch von einem Fischotter!

Die ganze Zeit über, die wir uns in Patagonien aufhielten, sahen wir nicht ein einziges anderes Segelboot! Manchmal waren Kreuzer und Frachtschiffe, ab und zu ein Fischerboot unterwegs. Zwei Mal kamen wir in eine Bucht, in der bereits ein paar Fischerboote lagen. Da wussten wir, dass wir einen guten Platz ausgewählt hatten, um vor Anker zu gehen, denn diese Fischer kannten das ganz spezielle Wetter Patagoniens wie ihre Westentasche. Wir sahen auch eine ganze Reihe Wracks größerer Schiffe. Ein gespenstischer Beleg dafür, wie gefährlich das Segeln und Navigieren in diesem Gewässer ist.

Es war wärmer geworden, es regnete nicht mehr so oft, und wenn, dann nur noch für kurze Zeit. Ein paar Tage später, als wir abends vor Anker gehen wollten, meldete sich plötzlich der Ölalarm des Motors. Ich überprüfte den Ölstand und das Öl selbst, aber alles war in bester Ordnung. Als wir aber das nächste Mal den Motor anwarfen, sank der Öldruck rapide, und wir stellten den Motor schnell wieder ab, um das Öl zu wechseln. Genau in diesem Moment kam Wind auf. Zuerst dachten wir, das wäre prima, doch der Wind wurde immer stärker, und ich durfte mich in dem Kunststück versuchen, bei heftigem Seitenwind einen Ölwechsel vorzunehmen. Mit Fug und Recht kann ich behaupten, dass das nicht ganz einfach ist. Doch auch der Ölwechsel ließ den Ölalarm nicht verstummen. Da wir keinen Motorschaden riskieren wollten, segelten wir in unsere Nachtbucht, Caleta Chica. Nicht weit entfernt lag der Leuchtturm San Pedro, und als ich die dortige Mannschaft kontaktierte, um unsere Position durchzugeben, fragte ich, ob sich irgendjemand gut mit Motoren auskannte. Das hätte ich nicht tun sollen. Man bat uns, am nächsten Tag zum Leuchtturm zu segeln, damit ein Mechaniker sich den Motor ansehen konnte. An und für sich klang das gut. Wir schwoiten eine Weile vor San Pedro, bevor drei Militärs an Bord kamen. Der Mechaniker unter ihnen war zunächst voller Hoffnung, dass nur der Alarm defekt war. Doch dann schluckte er und sagte: »Die Ölpumpe ist beschädigt.«

Ich versuchte, mich an alles zu erinnern, was ich über meinen Motor gelernt hatte. Hatte ich jemals irgendetwas über die Ölpumpe gehört? Ja, richtig, die Ölpumpe – die geht in der Regel nie kaputt!

Um die Pumpe auszutauschen, musste man den gesamten Motor ausbauen, doch natürlich hatte der Leuchtturm San Pedro keine Ersatzpumpe auf Lager. Ohne Öldruck zu fahren würde nicht funktionieren. Wir würden also weiter segeln müssen. Und genau das war das Problem. Der Leuchtturm San Pedro liegt im südlichsten Teil des Golf de Peñas, einer über 80 Kilometer breiten Bucht, die in den Pazifik mündet, bevor man zwischen den Inseln hindurch wieder zurück in den Sund gelangt.

»Es darf aber niemand ohne Motor aus der Bucht herausfahren, weil das Wetter dort so unberechenbar ist«, sagte einer der Männer. »Wir entziehen euch die Genehmigung, nordwärts zu fahren. Ihr müsst zurück nach Puerto Eden und euren Motor reparieren.«

Das konnte doch nicht wahr sein! 180 Kilometer zurück nach Puerto Eden, streckenweise durch schmale Sunde mit starken Strömungen!

»Es ist doch wohl gefährlicher, dorthin zurückzusegeln als aufs freie Meer hinaus!«, entrüstete ich mich.

Es war zwecklos. Lasse und ich konferierten auf schwedisch miteinander. Wir *mussten* uns etwas einfallen lassen. Wir konnten nicht

180 Kilometer zurückfahren und dann möglicherweise ein paar Wochen auf Ersatzteile warten. Und wer garantierte uns, dass überhaupt irgendjemand in Puerto Eden mit meinem alten Motor umgehen konnte?

Wir versuchten es mit Logik. »Wenn man keinen Motor hat, ist es doch sicherer, sich in freiem Gewässer aufzuhalten, und bei schlechtem Wetter würden wir den Motor ohnehin nicht anstellen.« Wir bettelten und baten. Schließlich fügte ich hinzu, dass wir unweigerlich in die zu dieser Jahreszeit einsetzenden Stürme geraten würden, wenn ich jetzt nicht nordwärts weiterfahren dürfte. Sollte mir dann irgendetwas zustoßen, wäre es ihre Schuld. Kein sonderlich gutes Argument, und es schien auch nicht zu wirken. Am Ende sagte der Mann: »Wenn es nur nach mir ginge, dann würde ich euch ja weitersegeln lassen. Aber nicht ich habe hier etwas zu sagen, sondern mein Vorgesetzter in Puerto Montt. Ich werde ihn anrufen, aber ich glaube nicht, dass er euch eine Erlaubnis erteilt, weil noch nie jemand ohne Motor über den Golf de Peñas fahren durfte.«

Er verließ die *Artemisia* und wir saßen uns eine Weile stumm gegenüber.

»Was glaubst du, was passiert, wenn wir trotzdem weitersegeln?«, fragte ich Lasse.

Der Mechaniker war noch immer an Bord, und auf spanisch versuchte Lasse vorsichtig herauszubekommen, was die Konsequenzen wären. Es zeigte sich, dass dies keine gute Idee war. Die Behörden konnten das Boot beschlagnahmen und uns die Ausreise verweigern. Wir konnten sogar inhaftiert werden. Um weiterzusegeln, ohne einen weiteren chilenischen Hafen anzulaufen, hatten wir nicht genügend Proviant. Es sah finster aus.

Weil wir ohnehin erst in ein paar Stunden Bescheid bekommen würden, verließen wir den schlechten Ankerplatz und segelten zurück nach Caleta Chica. Rastlos warteten wir vor dem VHF-Empfänger. Was würde ein Nein für uns bedeuten? Ich war äußerst beunruhigt, denn ein Nein hieße, dass ich nicht vor der Orkansaison über den Atlantik segeln konnte. Mein Zeitplan war knapp, zu knapp, was niemals gut ist. Überdies war es für Lasse und mich noch schwieriger geworden, miteinander zurechtzukommen, auch wenn es zeitweise gut ging. Doch wir brauchten in jedem Fall Abstand voneinander, und ich wollte in Ruhe darüber nachdenken, wie ich die Weiterfahrt gestalten sollte. Wenn wir tatsächlich zurück nach Puerto Eden segeln müssten, würde es lange dauern, bis wir wieder über Puerto Montt hinauskämen. Weil Lasse keine Ewigkeit von zu Hause fortbleiben konnte, würde er in diesem Fall heimfahren, bevor wir die lange Strecke über den Pazifik in Angriff nahmen, und dann blieb mir nichts anderes übrig, als die Strecke alleine zu segeln. Die Vorstellung lockte mich nicht sonderlich.

Endlich funkten die Behörden uns an, und ich hielt den Atem an, während wir auf den Bescheid warteten. Wir bekamen die Erlaubnis weiterzusegeln! Sogar das chilenische Militär kann sich hin und wieder über seine eigenen Bestimmungen hinwegsetzen.

Am folgenden Morgen verließen wir die kleine Bucht Caleta Chica und Lasses Künste im Präzisionssegeln kamen zur Anwendung. Glücklich durchsegelten wir den Golf de Peñas, was wirklich nicht ungefährlich war! Nicht weil schlechtes Wetter gewesen wäre, sondern weil wir Flaute hatten und mit der Strömung ans Land gedrückt wurden. Ein Wanderalbatros ließ sich neben unserem Boot nieder, auch er wartete auf Wind. Ein halber Tag verging, ohne dass sich die Wasseroberfläche auch nur im Geringsten gekräuselt hätte. Dann kam endlich Wind auf. Als wir den Golf de Peñas passiert hatten, segelten wir fast fünf ganze Tage lang auf dem Pazifik, bevor wir durch den Boca del Guafo erneut in den Archipel einfuhren, in einen Sund, der südlich der Insel Chiloe liegt. Man hätte bereits viel früher in das Inselmeer einfahren können, doch weil wir keinen

Motor mehr zur Verfügung hatten, war es wohl besser, sich so lange wie möglich auf dem offenen Meer aufzuhalten. Unsere Regenkleidung brauchten wir nicht mehr. Sie hing inzwischen am Kleiderbügel. Wir teilten Schichten ein und segelten Tag und Nacht. Die hohen Berge wurden seltener und die Inseln flacher. Wir dachten darüber nach, unterwegs einmal anzulegen, doch die Winde spielten nicht mit, und mit unserem ungelösten Motorproblem schien es uns ratsam, so schnell wie möglich nach Puerto Montt zu kommen.

Während wir in Patagonien segelten, verhielt sich das GPS bisweilen absonderlich. Manchmal fiel es eine Viertelstunde lang aus, ungewöhnlich oft blieb der Monitor ganz leer. Zufällig las ich im Handbuch, dass dieses Phänomen in dieser Gegend häufig auftrat – und nicht nur das. Das GPS konnte hier sogar Inseln anzeigen, die nicht existierten ... Auch auf meine eigene Sinneswahrnehmung konnte ich mich hier nicht hundertprozentig verlassen; einige Male hatte ich mir eingebildet, Dinge zu sehen, die es überhaupt nicht gab.

Der Wind ließ uns weiterhin im Stich. Das beunruhigte mich, denn die Strömung konnte die *Artemisia* gefährlich nahe ans Land drücken und wir konnten ohne Motor nichts dagegen tun. Eines Tages – ich war drauf und dran einzuschlafen, war vollkommen übermüdet – hörte ich, wie Lasse mit jemand über VHF sprach. Nach einer Weile verstand ich, dass er jemanden bat, uns das letzte Stück nach Puerto Montt zu ziehen. Ich war nicht gerade begeistert von dieser Idee, aber als ich über das spiegelglatte Wasser blickte und wir bestätigt bekamen, dass uns jemand abholen würde, wusste ich, dass es die beste Lösung war. So nahm uns also das Fischerboot *Caroline* in Schlepp, und am 31. März um 0.30 Uhr legten wir im Hafen Marina del Sur von Puerto Montt an.

Anderthalb Monate waren wir nun schon im patagonischen Archipel unterwegs gewesen. Abgesehen von wenigen Tagen hatten wir die ganze Zeit kreuzen müssen, also auf einer Strecke, deren Länge der von Schweden entspricht! Der ständige Regen und das schlechte Wetter schmälern nicht meine Begeisterung für dieses fantastische Fleckchen Erde, doch um alles zu sehen und zu erleben, was diese Region zu bieten hat, braucht man viel mehr Zeit.

Sobald wir an Land gingen, galt es, unser Problem mit dem Öldruck zu lösen. Wir fanden eine Volvo-Werkstatt und zwei der Mechaniker suchten uns auf. Nachdem einer der Mechaniker sich eine Weile dem Motor gewidmet hatte, sah er uns an und schüttelte den Kopf. »Ein ernstes Problem«, sagte er auf Englisch. »Die Ölpumpe ist kaputt.«

Das hatte ich befürchtet. Ich wusste, dass wir also den Motor würden ausbauen müssen.

»Der Motor muss raus, oder?«, fragte ich.

»Ja, aber wie?«

Er schaute sorgenvoll hinunter in den Motorraum.

»Das ist kein Problem, das habe ich schon mal gemacht«, erwiderte ich.

Ich erklärte ihnen, wie man es anstellen musste, den Motor herauszuheben, und nachdem wir alle Schläuche und Kabel durchgegangen waren, hievten wir ihn mithilfe eines Seilzugs und mit einiger Mühe nach oben... Dann sah ich ihn auf der Tragfläche eines Lasters davonfahren.

In der Werkstatt nahmen sie meinen Motor auseinander und fanden – eine voll funktionstüchtige Pumpe! Allerdings fanden sie auch winzige Metallspäne in der Ölwanne, die für den fehlenden Öldruck verantwortlich waren. Weder die Mechaniker noch ich verstanden, woher diese Späne kamen, doch sie reinigten die Kanäle und kehrten mit einem frisch gestrichenen Motor wieder. Gemeinsam setzten wir alles wieder an seinen angestammten Platz. In einer kurzen Pause drehte sich einer der Mechaniker zu mir um und sagte: »Das ist das erste Mal in meinem Leben, dass ich eine Frau mit Motoren arbeiten sehe!«

Ich antwortete ihm, dass es dann wohl höchste Zeit wäre.

Die zwei Mechaniker stellten sicher, dass auch alles andere auf der *Artemisia* funktionierte, wie es sollte, ohne dass sie dafür bezahlt werden wollten. Endlich saß der Motor an seinem Platz und der Öldruck war besser denn je.

Torbjörn hatte in dieser Zeit hohe Telefonrechnungen. Die letzten Monate hatten mir viel Kraft geraubt und zwischen Lasse und mir war die Stimmung alles andere als gut. Wir hatten kein Vertrauen mehr zueinander, und ich wusste nicht länger, was ich tun sollte. Ich war verzweifelt und konnte nicht klar denken, wie schon während der letzten Zeit in Patagonien, als wir keinen Motor hatten und ununterbrochen gesegelt waren. Eines Nachts weckte mich Lasse und sagte: »Die Selbststeueranlage funktioniert nicht, das GPS auch nicht, es stürmt und ist pechschwarz draußen. Ich höre die Brandung und weiß nicht genau, wo wir sind, und ich hab kein Vertrauen mehr in dich. Ich lege mich jetzt hin«

Er legte sich in seine Koje und schloss die Augen. Ich zog mich an und ging hinaus ins Cockpit. Nach einer Weile konnte ich ausmachen, wo wir uns befanden, alles schien vollkommen in Ordnung. Ich ging zu Lasse. Er sagte, er hätte Angst bekommen, wolle jetzt aber nicht mehr darüber reden. Stattdessen drehte er sich um, um zu schlafen. Ich übernahm den Rest seiner Wache und wusste nicht, was ich zu all dem sagen sollte. Zwischen uns herrschte Funkstille.

Ich heulte am Telefon. Ich heulte, weil ich mich auf dem Boot einsam fühlte. Ich war völlig verunsichert. Mich streifte der Gedanke, die *Artemisia* von einem Frachtboot nach Hause transportieren zu lassen, dachte auch daran, Lasse zu bitten, das Boot zu verlassen, und alleine nach Panama zu segeln, doch dafür besaß ich nicht die

Ausgeglichenheit und Ruhe, die eine solche Fahrt erforderte. Lasse dachte ebenfalls daran, von Bord zu gehen, doch er meinte, er würde es nicht tun, weil er nicht wüsste, ob ich alleine zurechtkäme. Ich war unfähig, einen Weg zu finden, mit Lasse zu reden. Es schien, als lebten wir in zwei unterschiedlichen Welten. Aber er war auch enttäuscht von der Zeit in Patagonien. Wir hatten zu wenig Zeit gehabt – er hätte gerne in den Bergen wandern wollen. Er war so weit gereist, um dann doch nicht das zu tun, was er sich von der Reise erwartet hatte. Ich hatte nie daran gedacht, dass nicht der Segeltörn selbst der Grund für ihn war, nach Chile zu kommen; den hatte er für selbstverständlich erachtet. Zu Hause in Schweden hatten wir nie darüber geredet.

In Puerto Montt lag nur ein weiteres ausländisches Segelboot, die *Anna* aus Deutschland. An Bord befand sich ein seit langer Zeit pensioniertes Paar, Hannelore und Willie, das ich zu bewundern lernte. Vor vielen Jahren hatten sie von zwei jungen Deutschen gelesen, die sich in Patagonien niederlassen wollten, um dort nur von dem zu leben, was die Erde hergab. Zehn Jahre waren seitdem vergangen, und das Paar lebte noch immer in seinem selbst gebauten Haus mitten im Nirgendwo, inzwischen mit zwei Kindern. Hannelore und Willie waren neugierig geworden und hatten sich letztes Jahr auf den Weg gemacht, um die Familie zu besuchen. Niemand wusste genau, wo sie lebte, also wanderten sie drei Tage lang in die ungefähre Richtung und wollten schon aufgeben, als sie sie endlich fanden. Hannelore und Willie blieben eine Woche bei der Familie. Sie zeigten mir Fotos von Haus und Stall und von den Leuten selbst. Ich freute mich, dieses Paar getroffen zu haben, deren Leben so gar nicht den üblichen Erwartungen eines Rentnerdaseins entsprach. Hannelore und Willie wollten bald für ein paar Monate zurück nach Deutschland fahren, um irgendwann wieder nach Patagonien zu kommen und weiterzusegeln.

Kapitel 12

Eine unangenehme Überfahrt

Ich hoffte, dass es mit Lasse irgendwann besser gehen würde. Noch war ich nicht bereit aufzugeben. Am 6. April verließen wie die Marina del Sur und machten uns auf den langen Weg gen Norden nach Panama. Trotz allem freute ich mich auf diese Etappe. Hoffentlich würden uns die Passatwinde zugute kommen, wenn wir ein Stück weiter nördlich gekommen waren. In größerer Wärme würde ich Zeit für Dinge haben, die ich schon lange nicht mehr gemacht hatte. Briefe schreiben, beispielsweise. Es würde alles einfacher und bequemer werden.

Doch zuallererst mussten wir hinaus auf den Pazifik und zunächst einen schmalen Sund passieren, den Chacao-Kanal. Die Strömung dort beträgt bis zu acht Knoten. Man muss also zum richtigen Zeitpunkt dort sein. Damit uns das gelang, verließen wir Puerto Montt still und heimlich um drei Uhr nachts. Als wir den Sund erreichten, hatten wir so gut wie überhaupt keinen Wind. Um uns herum war es vollkommen still, aber mithilfe der Strömung erreichten wir bald eine Geschwindigkeit von zehn Knoten! Es war ein fast gespenstisches Gefühl, ohne Wind das Wasser um die *Artemisia* rauschen zu hören. Als wir nach etwa einer Stunde die offene See erreichten, wurde das Wasser äußerst unruhig, weil der Wind aus der entgegengesetzten Richtung kam. Das Boot sprang heftig auf und nieder, bevor wir uns aus dem Griff der Strömung befreiten.

Wir befanden uns weiterhin auf dem 40. Breitengrad, und zum ersten Mal bekamen wir die heftigen Winde zu spüren. Sie kamen zunächst von allen Seiten und erst nach einer Woche hatten wir konstanten Südwind. Endlich kamen die Passatwinde! Wir segelten mit zwei Vorsegeln; mit ein bisschen Glück würden wir die gesamte Strecke nach Panama mit derselben Takelung hinter uns bringen. Es wurde täglich wärmer und so langsam erlangte ich meine alten Kräfte zurück.

Die Selbststeueranlage hatte während der gesamten Zeit in Patagonien ihre Pflicht getan, doch sicherheitshalber hatte ich das Ruder festgebunden. Wenn die Schweißnaht erneut riss, würde es jedenfalls nicht in den Tiefen des Meeres verschwinden.

Und dann, eines Nachts, als ich Wache hielt, passierte es wieder ... Die *Artemisia* krängte ohne offensichtlichen Grund. Mit klopfendem Herzen rannte ich zur Selbststeueranlage, in der Hoffnung, dass nichts passiert war. Doch es war etwas passiert: Das Ruder hing an der Leine im Wasser! Doch was half das? Die neuen Teile, die ich in Puerto Deseado bekommen hatte, waren kaputtgegangen. Die alten, zusammengeschweißten Teile hatte ich allerdings noch immer an Bord, und mithilfe beider Vorrichtungen bastelte ich eine neue Selbststeueranlage, mit deren Hilfe wir weitersegeln konnten.

Doch die Konstruktion hielt nur wenige Tage. Nun hatten wir keine Ersatzteile mehr, aus denen wir eine neue Anlage hätten zusammensetzen können. Wir hatten also keine Selbststeuerung mehr ...

Panama würden wir in ungefähr drei Wochen erreichen. Würden wir es schaffen, so lange manuell zu steuern? Wir wollten es jedenfalls versuchen. Heute weiß ich, dass ich, sollte ich mich jemals wieder in derselben Situation befinden, nicht mehr dieselbe Wahl treffen werde.

Ich musste feststellen, dass das Anstrengendste nicht das Steuern selbst war. Denn die Zeit, die man *nicht* am Steuer verbringt, braucht man dringend, um sich auszuruhen und zu schlafen. Doch alles, was man bisher während seines Wachgangs erledigt hatte, während die Anlage steuerte, musste man nun in der »freien« Zeit tun. Kochen, beispielsweise, essen und spülen, die Takelung ändern, die Instandhaltung des Bootes und der Ausrüstung, Segel flicken, Wasser in den *Watermaker* pumpen, die Kühlwasserpumpe am Motor austauschen und vieles mehr. Die Liste könnte man endlos fortführen. Wir bekamen nicht sonderlich viel Schlaf in dieser Zeit, einige wenige Stunden am Tag, und das würde sich auch nicht ändern, bis wir in Panama anlegten.

Boote mit einem langen Kiel sind leichter zu steuern als solche mit kurzem, und bei Seitenwind und der richtigen Besegelung kann man sogar bisweilen ganz zu steuern aufhören; dann hält das Boot seinen Kurs von selbst. Wir versuchten, mithilfe von Leinen, die Vorsegel und Ruderpinne verbanden, die *Artemisia* selbst steuern zu lassen, doch bei dem Wind, den wir die meiste Zeit hatten, wollte es uns nicht gelingen.

Wenn ein Mensch über eine längere Zeit hinweg zu wenig Schlaf bekommt, funktioniert er nicht mehr sonderlich gut. Er ist leicht gereizt, unkonzentriert und kann nur noch schwer zuhören. Er verliert seine Urteilsfähigkeit und trifft falsche Entscheidungen, was auf einem kleinen Boot, auf dem man vollkommen aufeinander angewiesen ist, verheerende Folgen haben kann.

Als Lasse klar wurde, dass wir auch die Galapagosinseln nicht erreichen würden, wurde seine Enttäuschung noch größer – und meine auch. Wir steuerten mit der Hand; ich wollte unbedingt versuchen, vor der Orkansaison nach Hause zu kommen, und Lasse wollte seinen Flug nicht verpassen.

Lasse sagte mehrfach, dass er es bitter bereute, jemals zugesagt zu haben, mit mir zu segeln. Jeder Tag mit mir auf der *Artemisia* sei ein verlorener Tag in seinem Leben. Er vertraute mir nicht mehr. Seine große Enttäuschung machte ihn zynisch, und ich bekam

Angst, als ich bemerkte, wie er sich verändert hatte. Ich fühlte mich vollkommen machtlos. Ich war unfähig, einen Weg zu finden, unseren Konflikt zu lösen.

Ich hatte Angst. Angst davor, dass ich es nicht schaffen würde; dass noch mehr unvorhergesehene Dinge passierten. Ich hatte Angst davor, zu schlafen, besonders in letzter Zeit, auch wenn Schlaf bitter nötig war. Es war schwer, an Lasse heranzukommen; meist antwortete er überhaupt nicht. Auch seine Gleichgültigkeit machte mir Angst. Außerdem erhöhte unsere Müdigkeit das Risiko, dass einer von uns einen Fehler machte.

Ich schrieb keine Briefe. Doch ich freute mich darüber, den Großen Bären im Norden hervorkommen zu sehen, Stern für Stern, und ich sah das Kreuz des Südens hinter dem südlichen Horizont verschwinden. Wieder folgten uns Albatrosse auf unserem Weg, des Nachts kamen die Fliegenden Fische zurück an Deck, und Delfine schwammen um das Boot herum. Die langen Unterhosen wurden verstaut und durch Shorts ersetzt. Bis hinauf zum 4. Breitengrad hatten wir einen günstigen Wind, doch damit sollte von nun an Schluss sein. Es kursieren unzählige Geschichten von Schiffen, die mehrere Wochen vor den Galapagosinseln gelegen und auf Wind gewartet haben. Um den zweiten südlichen Breitengrad herum (etwa auf Höhe von Ecuador) verließen uns die Albatrosse und flogen zurück in den Süden. Die Winde waren für sie zu schwach geworden. Angeblich gibt es auf der Nordhalbkugel keine Albatrosse, weil sie es nicht über die Äquatorregion hinaus schaffen. Dort sind die Winde zu instabil, und Albatrosse brauchen einen relativ starken Wind, um fliegen zu können.

Um mich nachts wach zu halten, bemühte ich bisweilen meinen Walkman. Peter Gabriel, Björn Afzelius, Eva Dahlgren und viele andere sangen in meinen Ohren. Außerdem versuchte ich, mir über die Situation klar zu werden, in der ich mich befand. Ich erkannte deutlicher denn je, dass Menschen in Extremsituationen noch mehr als sonst leisten müssen, um gut miteinander zu harmonieren. Man muss demütig sein, anspruchslos, Respekt voreinander haben und zusammenarbeiten können. Auf einem Boot ist dies noch schwieriger als an Land, weil man nur eine kleine Fläche zur Verfügung hat, auf der man sich bewegen kann. Es gibt kein Ausweichen, kein Versteck. Aber man wird auch verletzlicher auf einem Boot. Man ist sowohl dem Leben als auch dem Tod näher, und wenn man sich nicht wirklich gut kennt, kann dies eine äußerst unbehagliche Erfahrung sein.

Die Passatwinde verließen uns, und wir bekamen wechselhafte Winde, Regen und Gewitter. Es war klar: Wir waren am Äquator. Je näher wir Panama kamen, desto schwächer wurde der Wind, und wir mussten ziemlich häufig den Motor anschalten. Doch wir ließen uns auch ein paar Nächte treiben, um ein bisschen mehr Schlaf zu bekommen.

Die Wärme verursachte bei Lasse Hautprobleme. Seine Finger schwollen an, und er bekam einen juckenden Ausschlag am ganzen Körper, der ihm sehr unangenehm war. Wir wandten noch immer Torbjörns und mein System des Handpumpens für den *Watermaker* an, und weil wir zudem inzwischen ständig per Hand steuerten, konnten wir nicht genügend Wasser aufbereiten, mit dem Lasse sich hätte waschen können.

Es lagen inzwischen nur noch 200 Seemeilen vor uns, es war vollkommen windstill, 35 °C warm, und der Diesel im Tank ging zur Neige. Wir spannten ein Laken über das Cockpit, um im Schatten sitzen zu können. Wenn sich das Wetter nicht änderte, würde es noch eine ganze Weile dauern, bis wir Panama erreichten, und ich wusste, dass wir beide, Lasse und ich, einen Landgang unbedingt nötig hatten.

Ich hatte von Seglern gehört, die auf dem Meer von Handelsschiffen Diesel gekauft hatten. Als ich also in nicht allzu ferner Distanz ein Schiff ausmachte, beschloss ich, eben dieses zu versuchen. Ich funkte es an und fragte, ob wir möglicherweise Diesel bekommen könnten. Die Antwort war Nein, das Schiff befände sich in voller Fahrt auf dem Weg nach Ecuador und hätte keine Zeit anzuhalten. Ich sah zu dem Fahrzeug hinüber und dachte mir, na, wenn das volle Fahrt war ... Plötzlich wurden wir angerufen, und als ich den Funkspruch erwiderte, sagte eine Stimme: »This is the captain speaking ...«

Selbstverständlich hätten sie Zeit, anzuhalten und uns Diesel zu geben. Wie viel wir denn benötigten? Ob uns noch etwas anderes fehlte: Brot? Obst? Das Schiff kreiste ungefähr eine halbe Stunde um uns herum, während die Besatzung die Kanister mit Diesel füllte. Dann gab der Kapitän Anweisungen, wie die Dieselübergabe vorzugehen habe. Per Motor manövrierten wir uns längs des Schiffes, dann warf man eine Leine zu uns hinunter, an deren anderem Ende ein Kanister befestigt war. Den Kanister warfen sie ins Wasser und wir zogen ihn an der Leine an Bord. Dass ich in *Greenpeace*-Schlauchbooten hin und wieder an großen Schiffen angedockt hatte, kam mir nun zugute. Zwar war die *Artemisia* kein Schlauchboot, aber die Technik war doch die gleiche, außer dass ich dem Schiff nicht ganz so nahe kam. Wir bekamen viel mehr Diesel, als wir benötigten, und mussten nicht einmal dafür bezahlen. Nachdem wir der Besatzung gedankt und ihr ein letztes Mal zugewinkt hatten, verschwand das Schiff gen Süden. Als ich einen der Kanister öffnete, um den Inhalt in den Tank zu füllen, sah ich eine schwarze Flüssigkeit! Zuerst dachte ich, wir hätten etwas anderes als Diesel bekommen, doch Lasse versicherte mir, dass es sich hierbei um Schiffsdiesel handelte, der im Vergleich zu dem, was wir kannten, oft viel unreiner war. Wenn bloß mein Motor nicht anfing zu protestieren ... Aber das tat er nicht, sondern knatterte ganz brav weiter in Richtung Panama.

Mit zunehmendem Verkehr auf dem Meer häuften sich auch Schmutz und Abfälle. Vor der panamaischen Küste schwammen stellenweise große Stämme im Wasser, die im Dunkel der Nacht eine erhebliche Gefahr darstellten. Wir hatten nach wie vor sehr wenig Wind, sodass der Motor oft in Betrieb war. Der Öldruck blieb einigermaßen konstant. Wir näherten uns dem Land und wollten versuchen, vor Einbruch der Dunkelheit irgendeinen Hafen anzulaufen. Vor der großen Bucht bei Balboa schwoiten jede Menge Handelsfahrzeuge und warteten darauf, in den Panamakanal einfahren zu dürfen. Wie sollten wir bei all der Decksbeleuchtung und den Laternen irgendwo einen Leuchtturm ausmachen können? Es war nicht ganz leicht, aber nach einer Weile entdeckten wir die Leuchttürme, die wir gesucht hatten, um uns beim Anlegen an ihnen zu orientieren.

Wir kamen spät am Abend des 11. Mai im Balboa Yacht Club an, nachdem wir die *Artemisia* 23 Tage und Nächte per Hand gesteuert hatten. Ich war unendlich froh, dass wir das Ganze unbeschadet überstanden hatten. Und dankbar!

Kapitel 13

Wieder eine schwere Entscheidung

Eine meiner ersten Unternehmungen an Land war, meinen Freund Jonas, den Bootsjournalisten, anzurufen. Er testet neben vielem anderem auch die Ausrüstung für Freizeitboote. Inzwischen war das bisschen Vertrauen, das ich in meine Selbststeueranlage hatte, völlig verschwunden. Es lag die Etappe vor mir, die ich alleine bewältigen wollte, und auch wenn ich zunächst Begleitung von Maria haben würde, musste ich eine Selbststeuerung haben, auf die ich mich verlassen konnte. Ich fragte Jonas, welche er mir empfehlen könne, und er versprach, sich in den nächsten Tagen kundig zu machen.

Im Bootshafen des Balboa Yacht Clubs liegt man an einer Boje. Man darf nicht in der eigenen Jolle an Land rudern (es gibt keinen Platz, mit der Jolle anzulegen), sondern es kommt ein Boot, um einen zu holen, wann immer man es wünscht. Doch die Aufmerksamkeit des »Chauffeurs« zu erregen war nicht ganz einfach. Man konnte ihn per VHF anfunken, doch darauf reagierte er selten. Am besten funktionierte mein Signalhorn! Manchmal klang es wie ein Orchester mit ungestimmten Instrumenten, wenn mehrere Leute auf verschiedenen Booten gleichzeitig an Land geholt werden wollten.

Eigentlich wollte ich mit Lasse den Panamakanal durchqueren und Maria sollte erst später zu mir stoßen. Weil ich mich nicht in der Lage fühlte, die Initiative zu ergreifen, bat ich Lasse wider besseres Wissen, mit mir durch den Panamakanal zu fahren. Dass er ablehnte, war wohl gut für uns beide. Maria beschloss unterdessen, nach Balboa zu kommen, worüber ich mich sehr freute.

Ein paar Tage später fuhr Lasse nach Hause. In der letzten Zeit hatten wir nicht mehr viel miteinander geredet. Er schlief an Bord, doch ansonsten sahen wir uns nicht allzu häufig. Ich war sehr traurig und betrübt darüber, dass es zwischen uns so schlecht geklappt hatte. Ich hatte so viel Energie aufgebracht, ihn zu verstehen, mich selbst gefragt, warum sich alles so negativ entwickelt hatte. Eine Hauptursache war sicher, dass wir für einen langen gemeinsamen Segeltörn zu wenig voneinander gewusst hatten. In Notsituationen beispielsweise verhielten wir uns völlig unterschiedlich, und hätte jeder von uns mit jeweils einer anderen Person den gleichen Segeltörn unternommen, wäre es sicher viel angenehmer geworden. Gefühle von Machtlosigkeit und Bitterkeit überwältigten mich. Und wir hatten doch nur einander, keinen Außenstehenden, der uns mit einer objektiven Einschätzung hätte helfen können.

Der Hafen lag genau am Eingang des Panamakanals. Große Handelsschiffe passierten ihn fortwährend in einem gleichmäßigen Strom. Wie in vielen Häfen gab es auch hier ein Restaurant mit Bar, doch wollte man etwas anderes essen, als was es dort gab, musste man den Bus in die Stadt nehmen. Das Wasser lud nicht gerade zu einem Bad ein, und ich nahm lieber die Dusche im Bootsklub in Anspruch. Oft ließ sich eine Schar Pelikane bei den Segelbooten nieder. Mir fiel plötzlich auf, wie groß sie eigentlich waren! Das war mir zuvor nie klar gewesen.

Ich widmete mich dem Papierkram, der zu bearbeiten war, wenn man den Panamakanal passieren wollte. Jede Menge Formalitäten mussten erledigt werden, u. a. musste das Boot vermessen und kontrolliert werden. Doch noch bevor irgendetwas passierte, musste man erst mal eine Gebühr entrichten. Für die *Artemisia* betrug sie 486 Dollar. Dann musste man ein Papier unterschreiben, das die Betreibergesellschaft des Kanals von aller Verantwortung freisprach, falls während der Schleusung etwas schief gehen sollte. Wer nicht unterschreibt, dem wird die Einfahrt verweigert. Der Motor an Bord muss selbst bei Gegenwind mindestens fünf Knoten schaffen. Das konnte ich eigentlich nicht garantieren, und nach wie vor stimmte irgendetwas mit dem Öldruck und der Temperatur nicht, doch ich unterschrieb alles. Weiterhin wurden vier Leinen von mindestens 40 Metern Länge sowie massive Fender verlangt; normale reichten in der Schleuse als Schutz nicht aus. Diese Fender zu besorgen war allerdings kein größeres Problem. Permanent befahren Segelboote den Kanal, und die meisten verwenden alte Reifen, die sie irgendwo unterwegs aufgelesen haben. Meistens umhüllen sie die Reifen mit einer Plane, damit das Boot nicht schwarz wird. Diese Reifen gehen im Kanal von Hand zu Hand: Diejenigen, die ihn durchquert haben, übergeben sie denjenigen, die ihnen entgegenkommen usw. Das nenne ich Verwertungskreislauf!

Außer der Lotsenpflicht an Bord (unabhängig von der Größe des Bootes) muss man vier weitere Personen mitnehmen, so genannte *linehandlers*, die sich in der Schleuse um die Leinen kümmern. Auch wenn die *Artemisia* so klein war, dass sie in der Schleuse ohnehin nie alleine liegen konnte und somit wohl nie mehr als zwei *linehandlers* brauchen würde, musste ich trotzdem vier Personen an Bord nehmen. Oft erwischt man Personen, die die Durchfahrt mitmachen wollen, bevor sie mit ihren eigenen Booten den Kanal durchqueren, doch es war spät in der Saison, und die meisten hatten lange vor mir die Durchquerung entweder bereits erprobt oder selbst hinter sich gebracht. Natürlich gibt es auch professionelle *linehandlers*, die aber wollen bezahlt werden. Ich würde eine Person an Bord haben, Maria, meine nächste Begleiterin, die sich bereits auf dem Weg von Stockholm hierher befand. Ich musste also noch drei weitere finden. Ich bekam den Termin meiner Durchfahrt genannt und hörte mich um. Ich fand drei willige Aspiranten. Maria würde am Vorabend der Abfahrt mit einem Autopiloten im Gepäck (!)

landen, alles war fix und fertig. Das Windruder war wieder repariert, und wenn Maria den Autopiloten mitbrachte, hatte ich also eine Selbststeueranlage in Reserve. Ich war zu diesem Zeitpunkt so erschöpft von den Vorfällen der letzten vier Monate, dass es nur gut war, wenn sich nun alles so glatt lösen ließ. Doch ganz so leicht sollte es schließlich doch nicht werden …

Laut Bestimmung muss man 24 Stunden vor der Abreise bei der Betreibergesellschaft des Kanals anrufen und die Durchfahrt bestätigen. Wenn innerhalb dieser 24 Stunden dann irgendetwas passiert, ein Besatzungsmitglied krank wird oder ein *linehandler* nicht auftaucht, muss man eine hohe Strafe zahlen. Andersherum gilt dies natürlich nicht. Als ich den Betreiber anrief, um zu bestätigen, dass ich bereit zur Abreise war, war er es nicht!

»Wir haben keinen Lotsen für Sie. Unsere Lotsen sind in dieser Woche alle auf einem Lehrgang«, sagte die Stimme am anderen Ende der Leitung.

»Aber das müsst ihr doch gewusst haben, als ihr mir den Termin gegeben habt?«, fragte ich.

»Ähm, ja, also, wir haben keine Lotsen. Versuchen Sie es in vierzehn Tagen noch mal.«

Als sich der erste Schock gelegt hatte, rief ich wieder an und beschwerte mich. Ich hatte meine Besatzung zusammengetrommelt und alle Vorbereitungen getroffen, und wenn man mich hier weitere zwei Wochen warten ließ, würde ich wirklich nicht mehr vor der Orkansaison heimkehren. Ein Argument, das ich bereits einmal zuvor angewendet hatte, nur dass es diesmal wahr und akut war. Doch was konnte er tun, der Mann am Telefon? Er wiederholte, was er beim ersten Mal schon gesagt hatte. Voller Wut schleuderte ich den Hörer auf die Gabel.

Ich hatte mich mit John, der mein Boot vermessen hatte, angefreundet und sogar seine ganze Familie kennen gelernt. Er hatte angeboten, mich zum Flugplatz zu fahren, damit ich Maria abholen konnte. Als er kam, um mich abzuholen, erzählte ich ihm, was passiert war. Wir waren uns einig, dass das Ganze komplett wahnsinnig war, aber offenbar war dies nicht das erste Mal, dass die Betreibergesellschaft Passagiere derart auflaufen ließ. Draußen auf dem Flugplatz starrten wir dann auf den Bildschirm mit den Ankunftszeiten. Ich fand Marias Flug, und daneben stand in großen Buchstaben: CANCELLED. Wie, abgesagt? John zog mich hinter sich her, um in Erfahrung zu bringen, wo sich der Flieger gerade befand. Am Informationsschalter konnten sie uns keine näheren Auskünfte geben. Irgendwann erfuhren wir, dass das Flugzeug Bogotá, wo es zwischengelandet war, nie verlassen hatte, vermutlich weil man versäumt hatte, eine Landeerlaubnis für Panama einzuholen. John brachte mich darauf zur *Artemisia* zurück. Glück im Unglück also, dass ich nicht am nächsten Tag den Kanal durchqueren musste, denn so hätte ich Strafe zahlen müssen, nur weil Marias Flug abgesagt worden war. John riet mir, der Kanalbetreibergesellschaft täglich in den Ohren zu liegen, und versprach mir, sich umzuhören, ob sich nicht irgendwo ein beschäftigungsloser Lotse finden ließ.

Am folgenden Tag kam Maria an; der Autopilot guckte aus ihrer Handtasche hervor.

»Meine Güte, die am Zoll haben sich vielleicht gewundert, was ich hier dabeihabe!«, sagte sie lachend.

Schön, dass sie da war! Wir kannten uns seit über 15 Jahren und hatten schon allerhand gemeinsam durchgemacht. Ich glaube, dass kaum etwas unsere Freundschaft gefährden könnte. Sie ist verheiratet und hat zwei Kinder, doch das hindert sie nicht daran, eine solche Reise zu unternehmen. Maria und ich waren ein paar Jahre lang gemeinsam Besitzer meines alten IF-Bootes gewesen, und in dieser Zeit waren wir oft zusammen segeln. Das war nun schon eine Weile her, doch das beunruhigte mich überhaupt nicht. Ich wusste, dass sie sich schnell wieder an alle Handgriffe erinnern würde, und vor allem wusste ich, dass wir keinerlei Probleme haben würden, miteinander zu reden. Eine ungeheure Erleichterung.

An den folgenden Tagen telefonierte ich täglich mit der Betreibergesellschaft, und siehe da, auf einmal hatte sich ein Lotse gefunden! Ich weiß nicht, wo der herkam, doch ich bekam einen neuen Termin genannt, nur vier Tage nach dem ursprünglichen. Meine zuvor engagierten *linehandlers* standen nicht mehr zur Verfügung, sodass ich mich erneut auf die Suche begeben musste. Doch schließlich und endlich waren wir vollzählig: Gary, ein Engländer, der auf Saint-Martin, einer der Westindischen Inseln, lebte und auf die andere Seite des Kontinents wollte, um auf einem Boot nach Hause zu trampen; Sabine aus Österreich, die ein Jahr lang Mittelamerika bereist hatte und bald heimfliegen würde, vorher aber noch den Kanal sehen wollte; Juan aus Panama, der ab und zu im Hafen arbeitete; und schließlich Maria und ich.

Früh am Morgen des 21. Mai kam das Lotsenboot und setzte nicht nur einen, sondern gleich zwei Lotsen bei uns ab! Weshalb setzten sie einen Lehrling ausgerechnet auf das kleinste Boot, das an diesem Tag die Schleuse durchqueren würde? Nun waren wir zu siebt auf der *Artemisia*! Die Lotsen wendeten sich direkt an Gary, weil sie davon ausgingen, dass er der Kapitän war. Doch Gary lächelte nur und meinte, sie sollten nicht mit ihm reden; der Kapitän stehe dort drüben – und zeigte auf mich. Die Lotsen konnten ihre Verwunderung nur schlecht verbergen.

In all den Papieren, die ich unterschrieben hatte, stand, dass man gegebenenfalls Vorkehrungen treffen solle, damit der Lotse nicht nass würde ... Wie, bitte schön, sollte das funktionieren? Ich hoffte, dass kein Tropfen vom Himmel fallen würde. Aber man sollte den Lotsen auch vor der Sonne schützen. Das war einfacher, denn

Hüte hatten wir. Allerdings hatten die beiden ihre eigenen auf dem Kopf.

Ich hatte von anderen Seglern gehört, dass der Lotse das Recht besaß, die Weiterfahrt zu verweigern, wenn er an Bord kam und meinte, das Boot genüge nicht den Bestimmungen. Wenn man aber erst einmal durch die erste Schleuse gekommen war, würde er selten umkehren, auch wenn er mit irgendetwas unzufrieden war. Allerdings war da ja noch diese Sache mit den fünf Knoten bei Gegenwind ... Es galt also, die erste Schleuse zu erreichen, und bis dort war es nicht allzu weit. Ich startete den Motor und gab Gas. Wir waren fünfeinhalb Knoten schnell und die Lotsen schienen zufrieden. Ich wachte aufmerksam über die Instrumente. Auf halbem Wege zur ersten Schleuse wurde der Motor etwas zu warm und der Öldruck fiel ein wenig. Doch man schloss die Schleusentore hinter uns und ich konnte endlich aufatmen. Jetzt musste der Motor nur noch den Rest der Strecke durchhalten.

In der Schleuse vertäuten wir die *Artemisia* längs an einem Lotsenboot. Nun mussten meine *linehandlers* anfangen zu arbeiten. Sie mussten die Leinen befestigen und durchholen und auf das Signal unseres Lotsen hin die *Artemisia* wieder von dem Lotsenboot losmachen. Als ich mich hinunterbeugte, um mit einer Leine zu helfen, wies der Lotse mich zurecht – meine Rolle war die des Kapitäns und mein Platz am Ruder, nirgendwo sonst!

Als die Schleusenpforten hinter uns geschlossen waren, strömte von vorne das Wasser in die Schleuse hinein. Das Boot hob sich in einer gleichmäßigen Geschwindigkeit. Maria, Gary, Sabine und Juan standen backbords und sorgten dafür, dass wir nicht an das Lotsenboot anschlugen, wenn die Wasserwirbel stärker wurden. Auf ein weiteres Zeichen des Lotsen machten Gary und Maria uns vom Lotsenboot los, und wir fuhren in die zweite und gleich auch in die dritte Schleuse hinein, in der wir wieder längs am selben Boot festmachten. Die Unsicherheit, die meine *linehandlers* in der ersten Schleuse noch gehabt hatten, war verflogen. Die Lotsen beschränkten sich darauf, Befehle zu erteilen.

Bereits am Ende des 19. Jahrhunderts hatte eine französische Firma mit dem Bau des Kanals begonnen. Sie ging jedoch bankrott, sodass die Arbeit am Kanal bis 1907 stillstand. Dann nahmen die Vereinigten Staaten den Bau wieder auf. Nach sieben Jahren, 1914, war er befahrbar, ein Meilenstein für die Seefahrt, denn zuvor musste man immer einen ganzen Kontinent umfahren. An jedem Ende gibt es drei Schleusen, und unabhängig davon, aus welcher Richtung man kommt, muss man zunächst aufwärts schleusen. In der Mitte befindet sich ein künstlicher See, der Gatunsee, dessen Wasseroberfläche über dem natürlichen Niveau liegt. Der Kanal ist über 80 Kilometer lang, man steigt (verteilt über drei Schleusen) insgesamt 26 Meter, um am anderen Ende genauso weit herunterzusinken. Die Schleusen sind 33,5 Meter breit.

Zu Beginn des 20. Jahrhunderts halfen die Vereinigten Staaten Panama, sich von Kolumbien zu lösen. Als Gegenleistung bekamen die USA die Hoheit über das Kanalgebiet zugesprochen. 1977 verständigten sich Panama und die USA darauf, dass die Souveränität und alleinige Aufsicht über den Kanal ab Januar 2000 wieder auf panamaischer Seite liegen sollte.

Diese Übergabe war gerade in vollem Gange, als wir den Kanal passierten, und die meisten waren der Meinung, es sei keine gute Entwicklung. Das Misstrauen zwischen Amerikanern und Panamaern war tatsächlich überall spürbar. Das Areal um den Kanal herum war schon immer eine Gegend der Privilegierten gewesen, mit schönen Häusern und Einkaufszentren. Es war wie ein autonomes Gebiet innerhalb von Panama und das schafft natürlich scharfe Gegensätze.

Wir tuckerten den Kanal entlang bis zum Gatunsee und wurden dabei immer langsamer. Irgendwann sah unser Lotse auf die Uhr, berechnete die Distanz, die wir noch zurücklegen mussten, und teilte mir schließlich mit, dass wir langsamer wurden. Das wusste ich bereits – wir fuhren mit einer Geschwindigkeit von drei Knoten gegen den Wind.

»Woran kann das liegen?«, fragte ich verwundert. »Vielleicht haben wir zu viele Leute an Bord, ich habe noch nie eine so große Besatzung gehabt!«, versuchte ich zu erklären.

Maria drehte sich weg, um nicht lachen zu müssen, und ich versuchte, unschuldig zu gucken. Entweder glaubten sie meiner Erklärung, oder aber sie wussten genau, dass ich log, jedenfalls sagten sie nur, wir sollten früher als geplant vor Anker gehen.

Als wir die Seemündung erreichten, bekam ich die Anweisung, dort zu ankern. Die Lotsen wurden von einem Lotsenboot abgeholt und fuhren nach Hause. Ich wollte sogleich etwas tun, worauf ich schon fast ein Jahr lang gewartet hatte: im See baden! Schon bald landeten wir alle in dem erstaunlich klaren Wasser und schrubbten nebenbei den Kiel. Doch es gab überhaupt nicht viel Bewuchs daran. Ein Grund dafür war das kalte Wasser in Patagonien, in dem kaum etwas festwächst. Außerdem hatte die *Artemisia,* seit wir Patagonien verlassen hatten, nie lange an einem Ort gelegen. Gary schwamm an Land und pflückte Mangos, die wir zum Nachtisch essen würden. Als der Abend anbrach, wurde es richtig stockfinster, und wir hörten Affen in den Bäumen kreischen. Es war, als befänden wir uns mitten im Dschungel. Wir genossen die Nacht, bis die Müdigkeit uns überwältigte. Alle fünf fanden irgendwann irgendwo einen Schlafplatz und Stille legte sich über die *Artemisia*.

Am nächsten Morgen kamen die Lotsen früher als erwartet. Die ganze Besatzung sprang auf und frühstückte im Stehen. Die Lotsen befürchteten wohl, auch heute nur eine Geschwindigkeit von drei

Knoten zu erreichen, doch es war beinahe windstill, sodass wir zur Zufriedenheit der Lotsen fast vier Knoten machten. Sie hatten uns einen großen Sack Eis mitgebracht: ein willkommenes Geschenk in dieser Hitze. Am Tag zuvor hatten sie gefragt, ob sie ihre Getränke in meinem Kühlschrank unterbringen durften, doch ich hatte sie enttäuschen müssen. Der Kühlschrank hatte in Patagonien den Geist aufgegeben. (Nicht dass ich ihn dort in Betrieb gehabt hätte, doch die Feuchtigkeit hatte zuerst dem Kühlschrank und schließlich auch der Heizung den Garaus gemacht.) Die Lotsen wichen etwas von ihrer strikten Haltung ab, und als ich Sabine das Ruder überließ, weil sie noch nie ein Boot gesteuert hatte, sagten sie gar nichts. Sabines Freude zu sehen, als sie am Steuer stand, war herrlich: Sie wollte es gar nicht mehr aus der Hand geben!

In den ersten drei Schleusen hatten wir immer an einem Lotsenboot angelegt. Als wir uns den drei letzten Schleusen näherten, erklärte uns der Lotse, dass wir zusammen mit zwei weiteren Segelbooten die Schleusen durchqueren würden. Vor der Schleuse vertäuten wir die drei Boote miteinander, das Boot mit dem stärksten Motor kam in die Mitte. Auch wir anderen mussten den Motor anwerfen, aber das mittlere Boot würde die Richtung angeben. Dann fuhren wir zusammengebunden in die Schleuse ein. Auf ein Signal warfen die *linehandlers* die Leinen hinüber an Land zum Schleusenpersonal, das uns dorthin bugsierte, wo es uns haben wollte.

Jetzt ist es aber nun einmal so, dass der Panamakanal nicht für kleine Freizeitboote, sondern für große Handelsschiffe gebaut wurde ... Als ich achteraus schaute, sah ich einen riesigen schwarzen Frachter in die Schleuse einfahren. Er füllte die gesamte Schleuse, hatte maximal einen Meter Spielraum auf beiden Seiten! Dieses Schiff wurde nicht von Menschen, sondern von einer Lokomotive auf Schienen mit dicken Drahtseilen gezogen. Ich fühlte mich ziemlich klein, wie ich dort auf meinem Boot stand und diesen Koloss auf mich zukommen sah. Wie nah würde er überhaupt kommen? Wahrscheinlich viel zu nah, doch bis jetzt hatten wir immer noch einen beruhigenden Abstand voneinander. Ich stellte mir unsere Lotsen auf einem solchen Fahrzeug vor. Als die Pforten schließlich geöffnet wurden, gab es heftige Turbulenzen im Wasser, die durch die Motoren des Riesenschiffes noch verstärkt wurden, sodass der Druck auf die Poller der kleinen Segelboote enorm war.

Für uns lief alles glatt im Kanal, doch es hatte hier schon unzählige Unglücksfälle gegeben. Nur zwei Tage nachdem wir den Kanal durchquert hatten, kam dort ein Segelboot schwer zu Schaden. Einer der Poller war abgerissen, und aufgrund der Wirbel in der Schleuse war es unmöglich gewesen, die Kontrolle über das Boot wiederzuerlangen, sodass das Boot an die Schleusenwand gedrückt wurde. Die Besatzung blieb unverletzt, doch das Boot hatte Totalschaden.

Nach zwei Tagen im Kanal gelangten wir glücklich hinaus auf den Atlantik, und nachdem wir den Lotsen gedankt und uns von ihnen verabschiedet hatten, legten wir im Cristobal Yacht Club außerhalb der Stadt Panama an.

Seit Maria an Bord war, hatte ich mit ihr alle mehr oder weniger realistischen Möglichkeiten diskutiert, die mir für die Weiterfahrt offen standen. Es war klar, dass ich den Atlantik nicht vor dem 1. Juni würde überqueren können, wenn laut Statistik die Orkane einsetzten. Welche Alternativen hatte ich? Ich konnte die *Artemisia* entweder in einem sicheren Hafen liegen lassen und nach Hause fliegen, in der kommenden Saison wiederkommen und dann weitersegeln, oder die *Artemisia* irgendwohin nach Südamerika segeln, um dort die nächste Saison abzuwarten. Die letzte Alternative war, trotz der Gefahr nach Hause zu segeln. 1998 war ein »*El-Niño*-Jahr«, ein Wetterphänomen, das in unregelmäßigen Abständen eintrat und dafür sorgte, dass die üblichen großen Wettersysteme sich nicht so verhielten, wie sie es sollten. (Das war wahrscheinlich auch der Grund, warum Lasse und ich durch ganz Patagonien hindurch hatten kreuzen müssen.) Es gibt eine Menge Informationen und Forschungsmaterial über Orkane, doch zu dieser Zeit waren sich alle Experten darüber einig, dass aufgrund von *El Niño* die Orkansaison später und mit schwächeren Winden einsetzen, dafür mit umso stärkeren Orkanen abschließen würde. Torbjörn faxte mir jede Menge Informationen über *El Niño* und Orkane im Allgemeinen, doch am Ende war ich so schlau wie zuvor. Es handelte sich ja ausschließlich um Annahmen, wie sich das Wetter vermutlich entwickeln würde. Ich wägte alles gründlich ab. Von außen betrachtet, schien die Wahl vielleicht einfach, doch sie war es nicht für mich. Ich konnte mir beispielsweise nicht vorstellen, die *Artemisia* zurückzulassen. Ich hatte keine rationalen Argumente für diese Entscheidung, aber nichtsdestotrotz eine starke Überzeugung. Es war auch eine Frage des Geldes, doch letztlich ging es darum, was ich wirklich wollte. Und das ist nicht immer klar zu erkennen.

Während ich den Beschluss in mir wachsen ließ, installierten Maria und ich den neuen Autopiloten. Wir überlegten außerdem, wohin wir von Panama aus segeln wollten. Der ursprüngliche Plan hätte uns zu den Westindischen Inseln geführt, doch das würde bedeuten, den ganzen Weg dorthin im Gegenstrom zu kreuzen, und wenn ich von irgendetwas mehr als genug bekommen hatte, so war das Gegenwind! Wir informierten uns über andere Länder und beschlossen schließlich, uns vom Wind irgendwohin treiben zu lassen. Sabine und Gary blieben in der Woche, in der wir im Hafen lagen, bei uns an Bord, und das Boot fühlte sich leer an, als die beiden, jeder in eine andere Richtung, weiterreisten.

Täglich beobachteten wir Indianerinnen am Hafen, die Kleider und Schmuckgegenstände verkauften, die im Patchwork-Stil angefertigt waren. Statt einen Stoff zu besticken, legen sie Stoff an Stoff und bilden so verschiedene Muster. Kein Kleidungsstück sieht aus wie ein anderes. Die Frauen waren Cuna-Indianerinnen. Die Cuna-Indianer bilden die stärkste Indianernation weltweit und besitzen ein autonomes Reservat innerhalb von Panama. Für ihr Wohlergehen wird hauptsächlich durch den Fleiß der Frauen gesorgt. Das Land wird von Mutter zu Tochter vererbt, die Frauen haben eine sehr viel stärkere Stellung als in vielen anderen Kulturen.

Maria kaufte für ihre Kinder T-Shirts. Die Frauen und ihr Handwerk waren schöne Farbtupfer in dem ansonsten ziemlich tristen Hafenareal. Der Hafen war mit Latten eingezäunt, nachts patrouillierten Wachen. Viele warnten uns vor Überfällen außerhalb der Umzäunung und rieten uns, immer ein Taxi zu nehmen, doch Maria und ich hatten nie irgendwelche Probleme, auch wenn wir überallhin zu Fuß gingen.

Kapitel 14

Beinahe ein Auffahrunfall

Nach vielem Hin und Her beschloss ich, nach Hause zu segeln, auch wenn ich die Atlantiküberfahrt erst nach dem 1. Juni antreten würde. Am 28. Mai verließen wir in einer schwülen Flaute den Hafen, konnten so aber testen, wie sich der Autopilot bei Motorfahrt verhalten würde. Im Gegensatz zur Selbststeueranlage funktioniert der Autopilot elektrisch und besteht aus einer Stange, die an der Ruderpinne befestigt wird. Der Autopilot steuert nach einem eingebauten Kompass. Immer wenn er den Kurs änderte, hörten wir ein leises Ticken, ein Geräusch, das ich von der Selbststeueranlage nicht kannte, doch der Autopilot hielt den Kurs gut. Ich hatte die Bestandteile der Selbststeueranlage wieder zusammenschweißen lassen, ich wusste nicht, zum wievielten Male, doch nun hatte ich zwei Reservevorrichtungen – das sollte doch wohl ausreichen!

Maria und ich sahen die gelb-braune Küste Panamas langsam verschwinden, während wir in nordöstlicher Richtung weitersegelten. An den ersten Tagen war es vollkommen leer, sowohl auf dem als auch im Wasser. Wir sahen zwar ein paar andere Schiffe, aber keine Vögel, keine Fische, keine Säugetiere, nichts. Sonderbar, warum gab es hier keinerlei Leben? Als sich irgendwann endlich der erste Vogel über uns blicken ließ, atmeten wir regelrecht auf.

Einmal weckte mich Maria sehr früh am Morgen. »Kannst du mit an Deck kommen? Da kommt ein Boot direkt auf uns zu.«

Ich ging ins Cockpit. Der Morgennebel lag noch über dem Meer, die See war ruhig, nur eine schwache Brise wehte. Ich konnte das

Boot dort draußen sehen. Es war kein großes Boot, aber es steuerte tatsächlich direkt auf uns zu.

»Wer kann das sein?«, fragte ich laut – mehr mich selbst als Maria. »Warum steuern die genau auf uns zu, wenn das ganze Meer rundherum leer ist?«

»Glaubst du, das sind Piraten?«, fragte Maria.

Die Gegend, die berühmt-berüchtigt für Piraten ist, lag ein ganzes Stück weiter östlich, hier sollten sich eigentlich keine aufhalten; wir waren zu weit von der kolumbianischen Küste entfernt. Aber trotzdem – warum fuhren sie direkt auf uns zu?

Uns schlug das Herz bis zum Hals, als wir da saßen und dem Boot entgegenstarrten, das immer näher kam. Was tun, wenn das wirklich Piraten waren? Die einzige »Waffe«, die wir an Bord hatten, war ein scharfes Fischmesser. Die Wahrscheinlichkeit, dass ich es gegen einen Menschen verwenden würde, war äußerst gering. Was konnten wir tun, damit sie uns nicht töteten? Wenn die uns jetzt umbringen, wird uns wohl nie jemand finden. Ich dachte an Torbjörn, Marias Mann Sören und ihre Kinder. Was sollte aus ihnen werden? Was war das Sinnvollste? Was konnten wir tun? Die Gedanken schwirrten mir im Kopf umher, trotzdem konnte ich keine sinnvolle Strategie ersinnen. Wir saßen stumm da und warteten.

Schon bald konnten wir das Boot deutlich erkennen. Es war ein Motorboot, ungefähr acht Meter lang. Irgendjemand drosselte seine Fahrt.

»Es sieht aus, als wollten sie von achtern kommen«, sagte Maria und nahm ihr Fernglas herunter.

Und genau das taten sie, etwa 50 Meter von uns entfernt. Wir konnten die unscharfen Umrisse von zwei Personen an Deck ausmachen. Vielleicht 15 Sekunden lag das Boot unbewegt hinter uns, dann gab der Fahrer Gas und das Boot verschwand in der Ferne. Wir atmeten auf.

»Und wer war das jetzt?«, fragte ich.

»Wahrscheinlich dachten sie, das Boot ist zu klein, hier gibt's nichts zu holen. *Falls* es Piraten waren, versteht sich.«

»Ja vielleicht ... Wenn das wirklich Piraten waren, bin ich froh, dass sie mein Boot zu klein fanden.«

Wieder war das Meer leer, und ich ging zurück in die Koje, um noch ein bisschen zu schlafen. Doch ich konnte mich nicht entspannen, der Gedanke an Piraten schwirrte in meinem Kopf herum. Hier durfte es doch überhaupt keine geben. Aber was sollten das sonst für Leute gewesen sein? Wir würden es nie erfahren.

Wir begannen, gegen die Strömung in Richtung Westindische Inseln zu fahren – einen schlimmeren Seegang hatte ich selten erlebt. Ich dachte darüber nach, ob es überhaupt möglich war, in einer angemessenen Zeit die Westindischen Inseln zu erreichen. Maria war das erste Mal auf offener See. Eigentlich mochte sie das Navigieren um kleine Inseln herum viel lieber, weil das weniger langweilig war. Die Nachtwachen, die sie nur mithilfe meines Walkmans und Musik überstand, wurden ihr besonders lang. Ich wollte unbedingt, dass sie die Westindischen Inseln erreichte, daher hatte ich keine Lust umzukehren.

Es war inzwischen richtig heiß, nicht einmal Sonnenbaden kam infrage. Wir holten wieder das Laken hervor und spannten es über das Cockpit, um im Schatten sitzen zu können. Eimer voll Meerwasser, mit dem wir uns gegenseitig bespritzten, bescherten uns außerdem ein wenig Abkühlung. Bei Flaute kann man ins Wasser springen, aber wenn man bei Wind eine Leine raushängt, schmerzt der Wasserwiderstand am Körper zu sehr. Überdies musste man in dieser Region auf Haie Acht geben. Trotzdem hätte man sich bei Flaute schon mal ein Bad im Meer gönnen können.

In der Kajüte war es 32 °C warm, und mein kleiner Ventilator leistete uns große Dienste, bis er beschloss, den Geist aufzugeben. Da trotzten wir jedem gesunden Menschenverstand und öffneten die Vorpiek-Luke, um ein bisschen Durchzug zu bekommen. Natürlich schwappte kurz darauf eine einzige Welle ins Boot und ertränkte alles in Salzwasser.

»Das wird niemals trocknen«, seufzte Maria, als wir unsere Sachen zum Trocknen im Cockpit aufhängten.

»Ein bisschen trockener als jetzt wird es schon«, entgegnete ich. »Aber richtig angenehm wird es nicht sein, in den feuchten Laken zu schlafen, wir haben also jetzt nur noch 20 statt 27 Fuß Boot zur Verfügung!«

Wie lachten und gewöhnten uns an die etwas salzigen Laken.

Maria erlebte zum ersten Mal Meeresleuchten. Sie sagte, es habe ausgesehen, als hätte jemand die Funken einer Wunderkerze über das Meer gestreut.

Eines Nachts weckte Maria mich erneut, weil sie ein Schiff gesehen hatte, das beunruhigend nahe an uns herangekommen war. Ich warf einen Blick in seine Richtung und sie hatte Recht. Die Seefahrtsregeln besagen, dass motorbetriebene Boote Segelbooten ausweichen müssen – außer in engen Fahrwassern. Allerdings sollte man sich als Segler mit Überlebenswillen nie darauf verlassen, dass ein größeres Schiff immer ausweicht. Ich hatte bislang noch nie erlebt, dass Handelsschiffe auf offener See nicht ausgewichen waren. Allerdings hatte ich auch manchmal größere Schiffe angefunkt, um sicherzugehen, dass sie mich auf dem Radar gesehen hatten, was bislang immer der Fall gewesen war – auch wenn sie bisweilen auf dem Radar hatten nachsehen müssen ...

Ich beschloss, dieses Fahrzeug anzurufen. Nach einer Weile antwortete eine Stimme, bedankte sich für den Hinweis und versicherte uns, dass man natürlich ausweichen würde. Dann wünschte sie uns eine gute Weiterfahrt. Wir entspannten uns und sahen nur hin und wieder nach den Laternen des Schiffes. Bei Nacht auf dem Meer den

Abstand zu einem anderen Schiff zu schätzen, ist nicht leicht. Mal sieht es aus, als wäre es weit weg, dann wieder, als wäre es viel zu nah. Wir unterhielten uns über dies und jenes, als Maria plötzlich fragte: »Du, fährt der nicht in die falsche Richtung?«

Ich sah hinüber zu dem Schiff und nun war es uns tatsächlich sehr nah. Wir konnten den dunklen Schiffsrumpf erkennen, die Decksbeleuchtung und die einzelnen Kabinen. Regungslos sah ich, wie die Laterne aus meinem Blickfeld verschwand. Da steuerte wirklich jemand in die falsche Richtung ... Ich starrte einige Sekunden lang zu dem Schiff hinüber, rannte dann zum Steuerruder und halste. Ich hielt den Atem an, denn es lagen inzwischen nur noch 25 Meter zwischen uns und dem dunklen Schiff, das dröhnend an uns vorbeifuhr. Nach fünf Sekunden war alles vorüber; es war nichts passiert, abgesehen davon, dass Maria und ich für einen Moment Todesangst gehabt hatten. Als der Schreck vorüber war, funkte ich den Steuermann an und beschimpfte ihn lauthals. Er antwortete auf meinen Anruf, reagierte jedoch nicht auf meine Schmähungen. Im Nachhinein kann ich mir vorstellen, dass ich ihn mit meinem ersten Anruf geweckt hatte und er so verschlafen gewesen war, dass er ganz einfach nicht nachgedacht hatte, als er den Kurs änderte. Oder aber es befand sich noch ein anderes Segelboot dort draußen, das wir nicht sehen konnten. Vielleicht hatte der Steuermann gedacht, dass mein Anruf von diesem Boot gekommen war? Natürlich wäre das nur menschlich, aber es hätte verheerende Folgen haben können.

Trotz der Hitze war ein Kaffee hin und wieder eine Wohltat. Ich saß im Schatten des Lakens im Cockpit und schrieb ins Logbuch, während Maria das Wasser für den Kaffee im Auge behielt. Wenn es kochte, füllte sie es in eine Thermoskanne. Das hatte sie schon viele Male gemacht, auch bei Seegang. Doch diesmal meinte eine dieser vorwitzigen Wellen genau im unpassenden Moment vorbeischauen zu müssen. Die *Artemisia* wurde zur Seite geworfen, worauf kochend heißes Wasser über Marias Hand schwappte. Ich griff schnell nach einem Eimer und holte damit Meerwasser herauf, um ihre Hand zu kühlen. Allzu kühl war es nicht – das Wasser war sicher 26 °C warm –, aber immerhin.

Maria muss unerträgliche Schmerzen gehabt haben. Sie konnte die ganze Zeit an nichts anderes denken und erzählte mir immerzu, wie sehr ihr die Hand wehtat. Wenn sie mal keine Lust hatte, darüber zu sprechen, fragte ich sie nach der verbrühten Hand, bis sie irgendwann keine Schmerzen mehr empfand, auch wenn sie sich darauf konzentrierte. Das klingt wahrscheinlich nach der vollkommen falschen Taktik, doch Tatsache ist, dass der Schmerz viel schneller nachlässt, wenn man ihn bewusst fokussiert, anstatt ihn zu verdrängen. Wir wunderten uns, dass Maria sich nicht einmal Brandblasen zugezogen hatte, sondern nur ein Finger leicht gerötet war.

Vier weitere Tage und Nächte kreuzten wir in Richtung Westindische Inseln, aber als wir dann immer noch nicht einmal Haitis schimmernde Berge gesichtet hatten, sah ich ein, dass es keinen Sinn hatte. Maria stimmte mir zu und war erleichtert, dass sie nicht länger gegen den Wind und die Strömung ankämpfen musste. Welchen unserer Alternativhäfen sollten wir auswählen? Wir entschieden uns für Kuba, änderten den Kurs, hatten endlich wieder Wind von achtern und flogen geradezu über das Meer!

Als wir in kubanische Gewässer kamen, versuchten wir über den Sender, irgendjemanden zu kontaktieren, doch leider ohne Erfolg. Wir segelten weiter und gingen davon aus, dass schon irgendwann jemand Kontakt zu uns aufnehmen würde, was auch geschah. Man stellte uns die üblichen Fragen, nach dem Namen des Bootes, nach dem Anrufsignal, unserer Nationalität, nach der Zahl der Menschen an Bord und nach unseren Namen. Als ich die letzte Frage beantwortet hatte, hörten wir den Mann auf spanisch verwundert ausrufen: *Es dos mujeres!* – »Das sind zwei Frauen!«

Kapitel 15

Ein warmes Willkommen auf Kuba

Als wir in die Bucht einliefen, konnten wir rote und grüne Punkte sehen, die die Fahrrinne nach Santiago de Cuba markierten. Dies waren die ersten Seezeichen, die ich seit England zu Gesicht bekam – Leuchttürme ausgenommen! Ein kleines Patrouillenboot aus Blech näherte sich uns. Die zwei Männer in dem Boot hatten keinen Sender zur Verfügung, sodass wir uns umkreisten, um ihre Fragen beantworten zu können. Sie signalisierten uns, ihnen zu folgen. Die Fahrt führte uns weiter in die Bucht hinein bis an einen Steg, an der zwei weitere ausländische Boote lagen, ein englisches und ein französisches.

In fast allen anderen Häfen, die ich anlief, hatte es eine Ewigkeit gedauert, sich zu klarieren. Meist gab es drei verschiedene Büros, die man in einer fremden Stadt erst einmal finden musste, und in der Regel lagen sie weit entfernt voneinander. Wenn man diese Prozedur an einem halben Tag erledigte, hatte man sich geschickt angestellt oder schlicht und ergreifend Glück gehabt. Einige Segler hatten uns Schauergeschichten vom Papierkrieg mit den kubanischen Behörden erzählt, doch ich kann sagen, dass Kuba einer der unkompliziertesten Orte überhaupt war! Dort darf man nämlich nicht an Land gehen, bevor alle Papiere in Ordnung sind, stattdessen kommen die Beamten selbst an Bord. Die *Artemisia* war bald richtiggehend bevölkert. Die Beamten hatten unterschiedliche Aufgaben: Drei waren für die Klarierungsformalitäten zuständig, es gab einen Tierarzt, einen Humanmediziner, einen Beamten von der

Einwanderungsbehörde, einen Lebensmittelkontrolleur und zwei Zöllner. An Bord hielten sich fast ständig neun Personen gleichzeitig auf. Wie schon so viele Male zuvor, musste ich jede Menge Formulare ausfüllen und unzählige Fragen beantworten. Eine der amüsanteren Fragen auf einem Formular lautete: »Führen Sie Ratten oder *andere* mit sich, die nicht eines natürlichen Todes gestorben sind?« Ich fragte mich, was mit »andere« gemeint war, andere Tiere oder Menschen?

Alles in allem brauchten wir nur anderthalb Stunden für die Prozedur und durften dann kubanischen Boden betreten. Der kleine Hafen gehörte zu einem Dorf namens Punta Gorda, in dem etwa 250 Menschen lebten. Punta Gorda liegt ungefähr eine halbe Autostunde von Kubas zweitgrößter Stadt, Santiago de Cuba, entfernt. Bis vor wenigen Jahren war es fast unmöglich, mit einem Freizeitboot die Genehmigung zu bekommen, nach Kuba einzureisen, doch inzwischen ist das kein Problem mehr. Hier und da werden neue Häfen angelegt und die Behörden sind sehr entgegenkommend.

Maria und ich gingen hinauf zum Dorf, um uns ein wenig umzuschauen und zu sehen, ob es dort ein Lebensmittelgeschäft gab. Doch es stellte sich heraus, dass man nach Santiago de Cuba fahren musste, um einzukaufen. Wir hatten es jedoch nicht eilig damit, weil wir noch Vorräte an Bord hatten. Es dauerte nicht lange, bis die ersten Kubaner uns ansprachen, und nach ein paar Tagen schienen wir bereits das halbe Dorf zu kennen. Alle wollten unbedingt erfahren, wer wir waren, und auch wenn Maria bei uns zu Hause als dunkelhaarig bezeichnet wird, war sie in den Augen der Dorfbewohner blond. Wir lernten eine Familie nach der anderen kennen und wurden in viele Häuser eingeladen. Eines der Häuser gehörte Alberto, einem weißhaarigen Mann, der als Englischlehrer gearbeitet hatte, bevor er pensioniert wurde. Die meisten waren sehr verwundert, dass die Besatzung der *Artemisia* nur aus zwei Frauen bestand, doch nur Alberto traute sich zu fragen: »Ihr zwei segelt wirklich alleine, ohne irgendeinen Mann?«

»Ja«, antwortete ich.

Alberto sah uns eine Weile an. »Dann habt ihr wohl keine Familie?«, fragte er.

»Doch«, entgegnete Maria. »Ich bin verheiratet und habe zwei Kinder. Und Milo lebt mit einem Mann zusammen«, erklärte sie.

Alle schauten uns verwundert und schweigend an. Dann sagte Alberto zu mir: »Also wenn du meine Freundin wärst, müsstest du hier sein«, und zeigte auf den leeren Platz neben ihm.

»Wenn du in Schweden leben würdest, hättest du mit dieser Einstellung keine Freundin«, entgegnete ich lächelnd.

Die Kubaner waren sehr offen und gesprächig, und es dauerte nicht sehr lange, bis wir in lange Diskussionen über Gott und die Welt verwickelt wurden. Alberto war fast immer dabei, und wenn unser Spanisch nicht ausreichte, konnte er ins Englische übersetzen. Die Kubaner erzählten freimütig, was sie an Kuba mochten und was sie unangenehm fanden. Die freie Arzt- und Ausbildungswahl hatte ihre Spuren hinterlassen. Ich war überrascht, wir gesund alle aussahen. Auf allen Westindischen Inseln sind die Kubaner tatsächlich die gesündesten und haben die geringste Säuglingssterblichkeit. Sie müssen auch nicht massenhaft Kinder bekommen, um im Alter versorgt zu sein. Die Kubaner können außerdem ihren Beruf frei wählen und genießen eine kostenlose Ausbildung. Doch sie empörten sich über die restriktiven Reisebestimmungen. Auch durften sie die *Artemisia* nicht betreten, weil das Boot ausländischer Boden war. Es war eine Sache, hier mit Maria und mir zu sitzen und über all dies zu reden. Aber sie würden sich sicherlich nicht in aller Öffentlichkeit beklagen. Wenn ein Kubaner öffentlich Kritik an Fidel Castro übt, riskiert er eine Gefängnisstrafe.

Viele Lebensmittel werden rationiert, was am Handelsembargo der USA gegen Kuba liegt und jeden einzelnen Kubaner trifft. Natürlich gibt es Unterdrückung auf Kuba; Menschen werden verfolgt und inhaftiert, wenn sie gegen die Menschenrechtsverletzungen auf Kuba protestieren. Und Unterdrückung lässt sich nie rechtfertigen. Doch das Handelsembargo ist nur ein Machtspiel zwischen höheren Instanzen, das den Alltag aller Kubaner belastet. Und wenn die Regierung der Vereinigten Staaten die gleichen Kriterien auch bei anderen Staaten anwenden würden – ein Embargo gegen einen Unterdrückungsstaat zu verhängen –, wären es so viel mehr Länder, mit denen sie keinen Handel treiben dürften! Das Embargo beinhaltet auch, dass Staaten, die trotzdem mit Kuba Handel treiben, von den USA bestraft werden. Das Paradox an der ganzen Sache ist, dass Kuba zwei Währungen hat, nämlich seine eigene und den amerikanischen Dollar. In bestimmten Geschäften bezahlt man seine Einkäufe nur mit Dollars, und dort kann man fast alles bekommen. Doch die Kubaner selbst werden in Pesos bezahlt und haben daher keinen Zugang zu diesen Geschäften. Die Konsequenz war, dass Maria und ich mit Dollars bezahlen sollten, als wir beispielsweise über den Preis für die Fahrt nach Santiago de Cuba verhandelten. Mit diesen Dollars konnten die Kubaner dann Sachen einkaufen, die sie sonst nicht bekommen würden.

Unter anderem lernten wir eine Familie kennen, in der der Mann Koch war. Er hatte Urlaub und verdiente sich nebenbei ein bisschen Geld dazu, indem er für Touristen kochte. Steve und Andy von dem englischen Segelboot, das neben uns lag, schwärmten so von den Gerichten, die er servierte, dass wir sie eines Abends zum Haus des Kochs begleiteten. Es lag am Rand des Dorfes und wir wurden dort von einem lebhaften, mit dem Schwanz wedelnden Hund empfangen. Vor dem weißen Haus stand eine zehn Meter hohe Wasserzisterne, links von der Haustür war der Hühnerhof. Im Innern des

Hauses trafen wir auf den Rest der Familie und auf die Hauskatze. Das Abendessen zeigte, dass Steve und Andy nicht übertrieben hatten, und das Allerbeste waren die Hummer. Alles war wunderschön angerichtet und die Hummer leuchteten rot auf dem Tisch. Ich hatte zuvor nie einen ganzen Hummer gegessen, und nun verstand ich, warum andere so sehr davon schwärmen. Es war wirklich ein Hochgenuss.

Steve und Andy sollten das Boot, mit dem sie segelten, nach England bringen. Der Besitzer war ein Engländer, der auf Kuba lebte und das Holzboot daheim in England verkaufen wollte. Es war etwa 40 Fuß lang. Sie waren in Havanna gestartet, in Richtung Antigua gesegelt, einer östlichen Westindischen Insel, aber auf dem Weg hatten sie Probleme bekommen und Puerto Gordo als Nothafen angelaufen. Das Boot war in einem Gewitter leck geschlagen, als es von einem Wellenkamm gestürzt war. Zwei Tage und Nächte lang hatten sie das Boot leer gepumpt, und in ihrem Bericht klang noch immer die große Angst mit, zu sinken, auch wenn sie es nie ehrlich zugeben wollten. Das Leck lag unter der Wasseroberfläche, sodass sie das Boot an Land stellen mussten, um den Schaden zu beheben. Doch die Hebevorrichtung in der einzigen Werft der gesamten Umgebung war für ihr Boot nicht geeignet. Ein Kubaner verriet ihnen eine bestimmte Mischung, die das Boot abdichten würde, auch wenn man sie unter Wasser auftrug. Also tauchten sie unter das Boot und bestrichen es mit der Mischung. Es funktionierte gut, aber ganz dicht war es nicht, sodass eine Atlantiküberfahrt nicht infrage kam. Sie mussten stattdessen zurück nach Havanna segeln.

Kuba ist eine wunderschöne Insel. Am Rand von Punta Gorda liegt ein hoher Berg, von dem aus man einen fantastischen Blick über die Bucht und die umliegende Landschaft hat. Die Farben und Düfte waren unglaublich intensiv. Maria, Andy und ich gingen auf dem

Berg spazieren und genossen die Aussicht. Andy entdeckte dort einen Baum, der uns unbekannte Nüsse trug. Neugierig pflückte er eine davon. In der Schale lagen mehrere kleine, längliche Nüsse. Andy probierte eine.

»Ist sie gut?«, fragte ich.

»Hmm, ja, schmeckt ein bisschen wie Walnuss. Willst du auch eine?«

Ich nahm ein kleines Stück, und es schmeckte tatsächlich ein wenig wie Walnuss, nur ein bisschen schärfer. Wir naschten ein wenig mehr davon, während wir zurück zu Maria gingen, die auf einer Bank Platz genommen hatte und sich mit einer Frau unterhielt.

Nur fünf Minuten später begann mein Mund auszutrocknen und mir wurde übel.

Andy war etwas weiter hinten stehen geblieben. Er war kreidebleich.

»Maria, kannst du die Frau fragen, ob sie irgendetwas über die Nüsse an diesem Baum da weiß?«, bat ich sie.

Maria kam schnell mit einer Antwort: »Sie sagt, ihr hättet sie besser nicht essen sollen. Ihr werdet euch übergeben müssen und Durchfall bekommen, aber sie sind nicht tödlich.«

Die ersten Symptome hatten Andy und ich bereits erfahren. Nach anderthalb Stunden ging es Andy, der sich mehrfach übergeben hatte, ein bisschen besser. Mir jedoch nicht. Die Übelkeit schien überhaupt nicht nachzulassen, und ich fühlte mich äußerst schwach. Ich hatte Angst, weil ich inzwischen ziemlich viel Flüssigkeit verloren hatte. Weder das Erbrechen noch der Durchfall ließen auch nur im Geringsten nach.

»Du musst irgendetwas zu dir nehmen! Milch wäre am besten«, meinte Maria. »Schaffst du es ins Dorf hinunter?«

Ich stand von der Erde auf, doch so sehr ich mich abmühte, ich hatte keine Kraft mehr und konnte nur wenige Schritte gehen. Maria rannte nach Punta Gordo hinunter, während Andy bei mir blieb. Sie kamen mit Alberto zurück, der mich ins nächstgelegene Haus trug. Das Gerücht, die *gringa* habe Nüsse gegessen, hatte sich schon verbreitet. Eine große Menge stand um mich herum. Maria versuchte, mir Milch einzuflößen, aber ich behielt nichts bei mir. Ich wusste, wie wichtig es war, Flüssigkeit zu mir zu nehmen, doch sobald ich etwas schluckte, musste ich mich wieder übergeben.

Eine unerhörte Müdigkeit kam über mich und ich wollte nur noch schlafen. Ganz, ganz weit weg konnte ich Maria meinen Namen rufen hören. Wie in Trance fühlte ich, wie mich jemand hochhob und in ein Auto setzte. Das Auto fuhr schnell und ruckartig. Es war voller Menschen, trotzdem war es vollkommen still. Dann fühlte ich, wie mich wieder jemand hochhob, Stimmen, schnelle Schritte, jemand sprach zu mir, ich konnte nicht antworten.

Nur langsam regte sich wieder Leben in mir. Ich sah mich mühsam um: Maria, Alberto, Menschen auf Pritschen, eine Nadel in meinem Arm, ein Tropf.

»Wie geht es dir?«, fragte Maria.

»Danke, mir ging es schon mal schlechter ...«

»Warum hast du diese Nüsse gegessen? Wir haben uns alle solche Sorgen gemacht! Das war wirklich dumm!« Alberto stand am Fußende des Krankenbettes und sah mir ins Gesicht.

Was sollte ich sagen? Er hatte ja vollkommen Recht – ich war unglaublich blöd gewesen.

»Ich habe nichts zu meiner Verteidigung zu sagen«, flüsterte ich.

Er lachte und fragte, ob ich einen Kaffee haben wollte. Selten hat mir ein Kaffee so gut geschmeckt!

Ich durfte das Krankenhaus erst verlassen, als der Tropf aufgebraucht war.

»Warum musst du mir immer so eine Angst einjagen?«, fragte Maria mit einem Lächeln.

Leider war dies nicht das erste Mal gewesen. 1986 hatte ich mit Maria und Gabriella, einer gemeinsamen Freundin, Südamerika bereist. Wir saßen im Zug von Arica in Chile nach La Paz in Bolivien. Der Wagon war voll gestopft mit Menschen und Tieren. Die Strecke sollte eine sehr schöne sein, und das war sie in der Tat, allerdings gab es nur ein einziges kleines Fenster direkt unter der Decke. Wir hatten zwei Sitzplätze auf dem Boden bekommen, die wir abwechselnd besetzten. Als der Zug plötzlich bremsen musste, fiel eine große Holzkiste von der Hutablage herunter und mir direkt auf den Kopf.

Zwei Tage später hatte ich immer noch Kopfschmerzen, die weiter zunahmen. Abends bekam ich Schüttelfrost. Ich hatte Schmerzen und es stach in meinem linken Arm und Bein. Ich geriet in Panik, denn ich wusste, dass dies Symptome für eine Hirnblutung sein konnten. Wenn ich nun gelähmt würde? Sowohl Maria als auch Gabriella sind Krankenschwestern, und ich wusste, dass sie beide das Gleiche dachten, als ich ihnen erzählte, wo ich Schmerzen hatte. Irgendwann fiel ich in einen tiefen Schlaf. Als ich wieder aufwachte, konnte ich zu meiner großen Freude beide Arme und Beine bewegen.

Maria erzählte mir, dass alle ungeheuer hilfsbereit gewesen waren. Als sie beschloss, mich ins Krankenhaus zu bringen, hatte man in null Komma nichts das einzige Auto im Dorf herbeigeschafft. Auch Maria hatte große Angst gehabt, weil sie im Auto meinen Puls nicht mehr fühlen konnte.

Damals versprach ich ihr, sie nie wieder einer solchen Situation auszusetzen.

Wenn man körperliche Arbeit verrichten wollte, musste man es früh am Morgen tun, denn schon um halb neun war es so warm, dass jemandem, der in diesem Klima nicht aufgewachsen war, der

Schweiß nur so hinunterlief. Auch die *Artemisia* zeigte ein paar Ermüdungserscheinungen. Einige Abdichtungen und kleinere Reparaturen mussten erledigt werden, bevor ich alleine weitersegeln würde, und der Abfahrtstermin näherte sich mit großen Schritten. Meine Reiseroute führte von Kuba nach England, mit einem Zwischenstopp auf den Azoren. Ich würde eine lange Zeit alleine sein, länger als jemals zuvor. Wie würde ich mich verhalten? Wie würde ich damit klarkommen, nur mit mir selbst reden zu können? Wie würde die Einsamkeit sich anfühlen? Doch ich war bereit dazu, dies alles herauszufinden.

Am Morgen des 16. Juni, vor meiner Abreise, bekam ich erneut Besuch von den Behörden. Ein kleiner, schwarzer Hund durchsuchte das Boot nach versteckten kubanischen Zigarren. Natürlich fand er nichts, allerdings hinterließ er jede Menge Hundehaare. Als alle wieder von Bord gegangen waren, tranken Maria und ich im Cockpit erst mal einen Kaffee. Maria würde nach Havanna reisen, wo sie vor ihrem Rückflug noch eine Woche bleiben wollte. Wir unterhielten uns darüber, was sie in Havanna alles unternehmen würde. Sie wollte unbedingt irgendein schönes Lokal aufsuchen, wo kubanische Musik gespielt wurde. Sie fragte mich, ob ich alles im Griff habe und für die Überfahrt gerüstet sei. Ich nickte und wir nahmen uns ganz fest in die Arme.

Worauf sollte ich jetzt noch warten! Mit klopfendem Herzen löste ich die Vertäuung und winkte Maria zu, die auf der Brücke stand. Sie wurde kleiner und kleiner, bis ich sie überhaupt nicht mehr sehen konnte. Jetzt war ich ganz allein.

Kapitel 16

Das Schlimmstmögliche tritt ein – Rigghavarie!

Nach aller Wahrscheinlichkeit würde ich die ersten hundert Seemeilen, das sind 180 Kilometer, also die gesamte südkubanische Küste entlang, kreuzen müssen. Danach würde ich gen Norden steuern. Das Kreuzen war ich ja inzwischen gewohnt und hundert Seemeilen schienen mir keine allzu lange Strecke mehr.

Am zweiten Tag frischte der Wind ordentlich auf, doch ich legte eine gute Strecke zurück und rechnete damit, dass ich den Kurs in ungefähr zehn Stunden würde ändern müssen. Am Nachmittag hatte der Wind beinahe die Stärke einer steifen Brise angenommen, und ich versuchte, die *Artemisia* so hart wie möglich voranzutreiben, um eine möglichst große Distanz zu schaffen und Zeit zu gewinnen. Alles schien in bester Ordnung zu sein. Ich leitete gerade ein Wendemanöver ein, als ich einen lauten Knall hörte. Es klang fast wie ein Pistolenschuss. Ich sah nach vorne und war geschockt: Die vormals gereffte Genua flatterte *außerhalb* der *Artemisia*! Das Vorstag hatte sich am Masttopp gelöst!

Ich hatte gelesen, was man in einer solchen Situation tun musste, doch ich hatte noch nie selbst eine Rigghavarie erlebt. Den Mast zu verlieren war immer eine meiner größten Ängste gewesen. Und ausgerechnet jetzt, am zweiten Tag der Etappe, die ich alleine hinter mich bringen wollte, befand ich mich auf einmal in genau der Situation, die ich am meisten fürchtete!

Ich starrte hinauf zum Masttopp, der bedenklich hin und her schwankte. Jetzt bloß nicht den Mast verlieren!, sagte ich laut zu mir selbst, während ich versuchte, einen klaren Gedanken zu fassen. Alles geschah wahnsinnig schnell, doch nach dem ersten sekundenlangen Schrecken war ich in der Lage, schnell und zielsicher zu handeln.

Zuerst wendete ich die *Artemisia*, bis der Wind genau von achtern kam, sodass der Druck auf den Mast sich verringerte. Ich nahm ein Fall zur Hand, um den Mast in der noch intakten Verankerung des Vorstags zu sichern, und spannte es, so gut ich konnte. Jetzt würde der Mast jedenfalls nicht herunterbrechen. Das Großsegel hatte ich nicht gesetzt; ich startete den Motor und schaltete den Autopiloten ein, sodass das Boot immer denselben Kurs zum Wind behielt.

Dann musste ich versuchen, die Genua, die Drahtseile und die Rollreffanlage, auf die die Genua aufgerollt gewesen war, durchzuholen. Die Genua flatterte nun, da der Wind von achtern wehte, vor dem Boot her. Es scheint ein ungeschriebenes Gesetz zu sein, dass der Wind stärker wird, anstatt sich zu legen, wenn etwas Derartiges passiert ...

Die See war unruhig geworden, die *Artemisia* bewegte sich ruckartig vorwärts. Ich musste kämpfen, um mich an Bord zu halten, während ich gleichzeitig mit dem Segel, den Leinen und Seilen rang. Überdies setzte die Dämmerung ein und das Geräusch der fauchenden Wellen wurde immer lauter. Die Rollreffanlage konnte ich nicht retten, ich musste sie mit einem Bolzenschneider in der Mitte zerlegen, um auch nur einen Teil an Bord zu bekommen. (Sie ragt über das Boot hinaus.) Doch das Segel schien mir ganz geblieben zu sein.

Ich weiß nicht mehr, wie lange ich brauchte, um alles zurück an Bord zu bekommen, ich schätze, es waren mehrere Stunden. Ein Teil der Genua hatte sich plötzlich mit Wasser gefüllt und war *unter* das Boot geglitten. Es wurde dadurch ungeheuer schwer, und ich bezweifelte, dass ich es jemals wieder an Bord holen konnte. Ich musste mich an Deck niederlassen, um wieder zu Atem zu kommen. Die Wellen zischten um mich herum, und der Wind zerrte an allem, was nicht anständig gesichert war, doch das alles bekam ich nicht mit. Ich konzentrierte mich voll darauf, wieder zu Kräften zu kommen, um das Segel zu reffen, und schließlich gelang es mir tatsächlich, es der See abzuringen. Als ich alles gesichert hatte, sank ich, vollkommen erschöpft, im Cockpit zu Boden. Mein Körper bebte und die Tränen liefen mir übers Gesicht, während ich gleichzeitig einen Liter Wasser hinunterkippte. Doch langsam gewann die Freude überhand, die *Artemisia*, ihren Mast und mich selbst gerettet zu haben.

Was sollte ich nun tun? Der Wind pfiff und die Wellen brachen um mich herum. Ich fuhr mit Motorkraft, noch dazu in die falsche Richtung, und der Wind schien sich nicht im Geringsten legen zu wollen. Ich konnte an dem nur provisorisch befestigten Mast doch kein Segel setzen! Tief in einer Ersatzteilkiste war ein zusätzliches Vorstag verstaut. Ich war heilfroh, dass ich es mitgenommmen hatte! Doch ich wollte bei diesem Seegang nicht zehn Meter den Mast hinaufklettern, um es zu befestigen. Das überstieg nun wirklich meine Kräfte. Ich musste also einen Nothafen anlaufen. Noch bevor ich auf die Seekarte sah, wusste ich, welcher Hafen der nächste war, und konnte mir in all diesem Chaos ein Grinsen nicht verkneifen. Es war die amerikanische Militärbasis Guantánamo Bay! Ich hatte noch nie von ihr gehört, bevor Maria und ich eine Seekarte von Kuba studierten. Wir konnten kaum glauben, dass sie immer noch, mitten auf Kuba, existieren konnte. Doch so war es.

Per VHF kontaktierte ich die Basis, erzählte, was passiert war, und fragte, ob ich den Hafen anlaufen durfte. Nachdem ich meine Nationalität, Fakten über das Boot und meine Position genannt hatte, erhielt ich die Erlaubnis. Wenn ich den Hafen von Guantánamo Bay erreicht hätte, sollte ich am Pier Nummer 17 anlegen. Ich bedankte mich und beendete das Gespräch. Ein wenig später erst wurde mir klar, dass ich nachts um drei Uhr in den Hafen einlaufen würde; es würde also vollkommen dunkel sein. Weil es sich bei Guantánamo Bay um eine Militärbasis handelte, war mir die Seekarte keine Hilfe. Es war ja nichts eingezeichnet. Wie sollte ich bloß im Dunkeln in einer Militärbasis Pier Nummer 17 finden? Ich funkte erneut die Basis an und fragte, ob möglicherweise ein Patrouillenboot unterwegs sei, das mich in den Hafen geleiten könnte. Mein Gesprächspartner verstand mein Problem und versicherte mir kurze Zeit später, dass mich ein Boot begleiten würde. Ich war sehr erleichtert und dankte dem Mann überschwänglich. Ich musste laut lachen, als er daraufhin mit tiefer amerikanischer Stimme antwortete: »Well ma'm, we are here to serve and help!«

Gegen drei Uhr nachts lag ich außerhalb der Basis und wartete auf meine Eskorte. Es kam ein schnelles Schlauchboot, und nachdem wir uns begrüßt hatten, begann eine lange und kurvenreiche Fahrt hin zu dem angegebenen Pier. Dort vertäute ich mein Boot und wurde sogleich von einem Soldaten aufgesucht, der meine Papiere sehen wollte. Nach einer Weile kam ein Lieferwagen, aus dem ein aggressiver und Respekt einflößender Hund heraussprang.

»Wir müssen Ihr Boot durchsuchen«, sagte der Mann, der die Hundeleine hielt.

Nur mit Mühe bekam er den großen Hund an Bord, und mir fiel ein, dass er ja an Bord nichts sehen würde, weil ich alle Lichter gelöscht hatte. Ich war auf halbem Wege zurück an Bord, um sie wieder anzuschalten, als der Hundeführer mich anfuhr: »Weg vom Boot! Der Hund könnte Sie umbringen!«

Ich wich zurück und starrte den Hund an, der mit hochgezogenen Lefzen dastand.

»Ich wollte nur Licht machen, damit Sie etwas sehen«, versuchte ich vorsichtig zu erklären.

Erst als er die Leine fest im Griff hatte, durfte ich das Boot wieder betreten und das Licht anschalten.

Zwischen dem kleinen, zottigen Hund, der auf dem Boot nach kubanischen Zigarren gesucht hatte, und dieser Bestie, die Drogen aufspüren sollte, war ein himmelweiter Unterschied. Als ich schließlich zu Bett gehen durfte, war es fünf Uhr, und ich hätte gut und gerne 24 Stunden durchschlafen können, wäre nicht um neun Uhr morgens eine junge Frau erschienen, die mich zu einem Büro bringen sollte, in dem ich einmal mehr massenhaft Papiere ausfüllen musste. Ich war bestürzt, als ich erfuhr, was es kostete, an diesem Pier zu liegen. Ein Dollar pro Fuß und Tag. Für die *Artemisia* würde es also 220 Kronen pro Tag kosten. Na ja, ich kann mir vorstellen, dass man hier auf Besucher keinen Wert legte.

Später gingen wir zu irgendeinem Chef – meine Kenntnis militärischer Ränge ist begrenzt –, der mir einen angenehmen Aufenthalt wünschte. Er hatte von meiner Rigghavarie gehört und fragte, ob ich Hilfe brauchte. Ich lehnte zunächst ab, weil ich dachte, ich würde den Schaden alleine beheben können, doch stehenden Fußes teilte er mir zwei Soldaten zu, die mir zur Hand gehen sollten, wenn ich ihre Hilfe eventuell doch benötigte. Es wirkte ein wenig albern, doch Andrew und Larry folgten mir fröhlich zur *Artemisia*. Es spielte keine Rolle, dass die beiden noch nie ein Vorstag befestigt hatten und dass es eigentlich mein Boot war. Sie erledigten die Aufgabe mit größter Selbstverständlichkeit. Sie waren begeistert, dass ich sie am Mast emporklettern ließ, doch sobald ich die Gelegenheit hatte, kletterte ich selbst noch mal hinauf und inspizierte das Ganze. Schließlich wollte ich über den Atlantik segeln und nicht sie!

Das Reservevorstag zu befestigen war kein Problem, doch das Rollreff war kaputt, und es war auch nicht möglich, es zu reparieren. Bisher hatte ich noch nie das Vorsegel austauschen müssen, doch ich hatte meine alte Genua, eine Kreuz- und eine Sturmfock dabei. Das Problem war nur, dass sie umgenäht waren, um auf die Rollreffanlage zu passen, sodass keine Löcher da waren, um das Segel am Vorstag zu befestigen. Andrew, Larry und ich fuhren in der halben Basis umher, bis wir Ösen fanden, mit denen wir neue Löcher stanzen konnten. Dann gab es nur noch ein einziges Problem: Ich hatte keine Karabinerhaken, mit denen ich das Segel befestigen konnte. Während des ganzen Törns waren diese Haken das Einzige, das ich bereute, nicht mitgenommen zu haben. Die Soldaten waren zunächst sehr optimistisch. Sicherlich würde man in irgendeinem Verschlag solche Haken finden; schließlich befanden wir uns auf einer Marinebasis. Doch nachdem wir emsig gesucht und alle möglichen staubigen Kammern durchwühlt hatten, gaben wir auf. Ich musste eine Alternative finden. Das Beste, was wir finden konnten, war ein ganz normaler Schäkel mit abnehmbarem Splint und Sicherungsring. Damit würde es schwer werden, die Takelung zu wechseln, doch funktionieren würde es allemal. Zur Sicherheit gaben sie mir doppelt so viele, wie ich eigentlich brauchte, denn genau wie ich befürchteten sie, dass ein paar über Bord gehen würden, bevor ich heimkam.

An diesem Tag aß ich bei der Frau, die ich morgens getroffen hatte, zu Abend. Sie war erst 18 Jahre alt und leistete ihren Militärdienst in Guantánamo Bay ab. Fast alle auf der Basis wohnten in Häusern, die an schwedische Studentenwohnheime erinnerten. Ihr politisches Bewusstsein schien allerdings aus den fünfziger Jahren zu stammen. Ihrer Meinung nach kam den USA immer noch die Aufgabe zu, die Welt vom Schreckgespenst des Kommunismus zu befreien.

Ich blieb zwei Tage in Guantánamo Bay, einem ziemlich absurden Ort. Die Basis gibt es seit 1903. Es waren zeitweise bis zu 10000 Personen dort stationiert, heutzutage sind es nur noch 4000. Viele

Werfthallen stehen leer, vieles sieht verfallen aus. Auf dem Gelände gibt es einen Supermarkt, einen McDonald's, ein Kino und ein paar Restaurants. Das ist alles, womit man seine Freizeit verbringen kann. Das Areal rund um die Basis ist angeblich das am dichtesten verminte der Welt. Den Amerikanern, die hier arbeiten, ist strengstens verboten, in das Land hineinzufahren, in dem sie sich faktisch befinden. Als amerikanischer Staatsbürger darf man Kuba per Gesetz nicht betreten. Doch die Amerikaner in Guantánamo Bay können die Kubaner auf der anderen Seite der Bucht sehen. Ich erfuhr auch, dass die Militärpsychologen dem Personal in Guantánamo Bay empfahlen, das Gebiet mindestens alle zwei Monate für kurze Zeit zu verlassen. Einer, der die Basis neun Monate lang nicht verlassen hatte, sah mich geradezu hasserfüllt an, als ich erzählte, dass ich in Kuba gewesen war. Er war überzeugt davon, dass ich eine böswillige Kommunistin war. Da verstand ich die Empfehlung der Psychologen!

Andrew half mir, mit einem ihrer Meteorologen in Kontakt zu treten, der mir erzählte, dass keine Orkane zu erwarten waren. Die hiesigen Meteorologen haben jede Menge Erfahrung mit diesem Wetter und können ziemlich exakt vorhersagen, ob irgendein Unwetter im Anzug ist, noch bevor es die Westindischen Inseln erreicht. Das war beruhigend zu hören, denn schließlich war die Orkansaison schon drei Wochen alt.

Es war mir gelungen, alle defekten Teile des Rollreffs zu verstauen, sodass ich es hoffentlich reparieren konnte, wenn ich wieder zu Hause war. Als ich das gerissene Vorstag kontrollierte, sah ich, dass sich der Schaden ein Stück weit unterhalb des Drahtseilendes befand. Ich hob es auf, um später herauszufinden, was eigentlich passiert war. Ich rief Torbjörn von Guantánamo Bay aus nicht an, sondern schrieb ihm einen Brief und erzählte ihm alles. Die ganze Situation schien nach wie vor unwirklich; außerdem wollte ich nicht, dass er sich Sorgen machte. Das tut er an und für sich selten. Er meint, es lohne sich nicht, womit er sicherlich Recht hat, doch mir hatte dieses Erlebnis hier ganz schön Angst eingejagt.

Am letzten Abend ging ich mit Dan, einem der Meteorologen, in einem Restaurant essen. Anschließend suchten wir eine Bar auf, in der man auch Dart spielen konnte, eine der beliebtesten Freizeitbeschäftigungen auf der Basis. In der Bar hingen zwei große Bildschirme, auf denen permanent Werbung, Musikvideos oder amerikanische Spielfilme liefen. Gestärkt durch eine große Schale Popcorn und unter viel Gelächter erlernte ich die Kunst, eine rundherum nummerierte Scheibe mit einem Wurfpfeil zu treffen!

Früh am nächsten Morgen machte ich mich zum zweiten Mal auf, den Atlantik zu überqueren. Während ich mich von der Militärbasis entfernte, erinnerte ich mich an all die Situationen, in denen ich auf amerikanisches Militär getroffen war, als ich an *Greenpeace*-Aktionen gegen Nuklearwaffentransporte und Raketentests teilnahm. Sie waren alle nicht sonderlich freundlich gewesen, doch es kommt immer darauf an, in welchem Kontext man aufeinander trifft. Vor vielen Jahren befand ich mich einmal vor der Küste Floridas, um gegen einen amerikanischen U-Boot-Test mit Tridentraketen zu protestieren. Tridentraketen sind so genannte strategische Kernwaffen, die man vor einem Kontinent unter Wasser abfeuern kann und die mit hoher Präzision auf Feindesland einschlagen. Wir suchten das U-Boot auf offener See auf, um auf diese Waffen aufmerksam zu machen. Natürlich war es eskortiert von der Marine, die zu verhindern versuchte, dass wir dem U-Boot zu nahe kamen. Das war allerdings überhaupt nicht unser Ziel, denn die Last, die es trug, war dazu viel zu gefährlich. Das Ganze hätte wirklich ein schlimmes Ende nehmen können – vor allem für einige Marinesoldaten. So erschreckend schlecht, wie sie ihre Schlauchboote manövrierten, war es ein Wunder, dass niemand zu Schaden kam. Sie schienen ein ungeheures Bedürfnis zu haben, den Macho herauszukehren und zu zeigen, dass sie unsterblich waren. Der Führer eines der Boote fuhr beispielsweise plötzlich eine viel zu scharfe Kurve, sodass er und sein Begleiter aus dem Boot geschleudert wurden. Weil der Führer keinen Notstopp eingeschaltet hatte, fuhr das Boot ohne Steuermann immer weiter um die beiden herum. Außerdem hatten die beiden ihre Schwimmwesten nicht richtig angelegt, sodass diese sich vor ihren Gesichtern aufbliesen und sie kaum noch Luft bekamen. Da ihre eigenen Leute außer Gefecht gesetzt waren, waren es zwei meiner Freunde, die beide retteten und ihr Boot zum Halten brachten. Später wurden wir allesamt festgenommen! In ihrer Frustration mähten die Soldaten das Gummiboot nieder, das ich gefahren hatte, und schlugen die Kraftstoffpumpe in Stücke.

Es ist ganz offensichtlich, dass das militärische System auf Menschen baut, die nicht selbst denken. Täten sie es, würde das ganze System zusammenbrechen. Um Menschen zu grausamen Kriegshandlungen zu bewegen, muss man sie einem beachtlichen Druck und Demütigungen unterwerfen, sonst funktioniert es nicht. Solche Systeme sind äußerst gefährlich, und für die Gefahr, die von ihnen ausgeht, gibt es zahlreiche Beispiele. »Ich habe nur Befehle ausgeführt« ist eine der häufigsten Rechtfertigungen, die man von Menschen zu hören bekommt, die unbeschreibliche Grausamkeiten verübt haben. Doch diese Rechtfertigung taugt nichts. Wir sind immer und unter allen Umständen für unsere eigenen Handlungen und Taten verantwortlich.

Kapitel 17

Allein mit dem Meer

An den zwei Tagen, die ich auf der Militärbasis verbracht hatte, war der Wind konstant geblieben, doch als ich in See stach, hatte er sich ein wenig gelegt, auch wenn das Wasser immer noch unruhig war. Ich fuhr auf die Meerenge Paso de los Vientos zu, die Kuba von Haiti trennt. Die Strömung und der dichte Verkehr beanspruchten meine ganze Aufmerksamkeit, sodass ich mich in dieser Nacht nicht ausruhen konnte. Bei meiner Abreise von Guantánamo Bay wusste ich, dass ich etwa drei Tage benötigen würde, um aufs offene Meer zu gelangen, und in dieser Zeit würde ich nicht viel Schlaf bekommen. Als ich den Paso de los Vientos fast durchquert hatte, wollte ich zwischen einigen südöstlich gelegenen Bahamasinseln hindurchfahren. Die Inseln auszuwählen war nicht ganz einfach. Mein Reiseführer warnte vor vielen Klippen und unberechenbaren Winden und beschrieb all die Plätze, an denen Boote aufgrund der Strömungen Schiffbruch erlitten hatten. Ich entschied mich für eine der breiteren Wasserstraßen, das erschien mir am sichersten.

In der Nacht kam wie auf Bestellung ein Gewitter auf, das mit großer Wahrscheinlichkeit ein paar Tage andauern würde. Vage meinte ich mich erinnern zu können, dass genau dies das typische Wetter in der Gegend war: Tagsüber war es schön, doch abends kamen Gewitter auf, die bis Sonnenaufgang wüteten. Der Wind kam nach wie vor von vorne, die Windstärke variierte von frischer bis steifer Brise. Während der Gewitter musste ich manuell steuern, weil sowohl die Richtung als auch die Stärke des Windes permanent wechselte. Die See war sehr rau und ich wollte endlich weiter weg vom Land kommen.

Ohne das Rollreff war ich gezwungen, auf das Vordeck zu gehen, um die Takelung zu wechseln. In diesem Wetter war es leichter, die Kreuzfock ständig gesetzt zu haben und stattdessen das Großsegel zu reffen.

Die letzte Nacht in dieser Gegend wurde eine Art Feuerprobe. Wie üblich zog gegen neun Uhr abends ein Gewitter auf; ich sah, wie es am ganzen Horizont blitzte. Nach einer Weile wurde der Wind so unstet, dass ich wieder einmal per Hand steuern musste. Der Himmel öffnete seine Schleusen und es begann zu schütten – ein Regen ohnegleichen. Das Meer brodelte und dröhnte, es war vollkommen unmöglich, nach oben zu gucken, weil die Regentropfen so groß waren, dass sie in den Augen schmerzten. Es wäre auch ohne die riesigen Regentropfen unmöglich gewesen, etwas zu sehen. Die Sicht war im Prinzip gleich Null, Himmel und Meer gingen ineinander über. Ich hoffte nur, dass niemand in diesem Inferno in meiner Nähe war, und fragte mich, warum dieses Gewitter nicht irgendwo anders hinziehen konnte – schließlich stand ihm das ganze Meer offen! Inmitten dieser enormen Naturgewalten fühlte ich mich ziemlich klein.

Es gibt verschiedene Theorien darüber, wie man ein Kunststoffboot vor einem Gewitter schützt. In der Regel wird empfohlen, vier (oder mehr) Kabel an den Wanten und Stagen zu befestigen und die losen Enden ins Wasser zu lassen. Wie üblich gibt es in dieser Hinsicht geteilte Meinungen. Manche behaupten sogar, dass diese Kabel bei einem Blitzeinschlag mehr schaden als nützen. Ich hatte entsprechende Kabel an Bord, doch irgendwann hatte ich zu zweifeln begonnen und sie nicht länger aufgehängt.

Das Unwetter wollte nicht aufhören. Ich saß dreißig Stunden ununterbrochen am Ruder und war wohl noch nie zuvor so nass gewesen. Ich konnte diese Zeitspanne nur überstehen, indem ich nicht auf die Uhr schaute. Ich dachte auch nicht darüber nach, wie lange das Unwetter noch andauern würde oder wie lange es schon anhielt. Irgendwann würde es schon aufhören, und das Wichtigste war, dass die *Artemisia* und ich ungeschoren davonkamen.

Als der Wind und der Regen eine Pause einlegten, um Luft zu holen, ging ich hinunter, um Kaffeewasser aufzusetzen. Ich hatte mich die letzten 24 Stunden von Obst und Nüssen ernährt. Es war vollkommen schwarz dort draußen, wenn nicht die Blitze den halben Himmel erleuchteten. Als ich in der Kajüte stand und ungeduldig auf das warme Getränk wartete, erhellte ein Blitz die *Artemisia* und das halbe Meer um sie herum, als ob jemand einen enormen Scheinwerfer angestellt hätte. Das Gewitter befand sich nun genau über mir. Das Tosen war ohrenbetäubend und die *Artemisia* zitterte und vibrierte.

Das Ticken des Autopiloten hörte plötzlich auf. Nein! Das durfte doch nicht wahr sein ... Ich starrte auf das GPS, das wie immer meine Position anzeigte. Statt Kaffee zu trinken, musste ich wieder zurück ans Steuer. Während ich versuchte, die *Artemisia* auf irgendeinem Kurs zu halten, schwirrten mir die Gedanken durch den Kopf. War der Blitz in das Boot eingeschlagen und hatte den Autopiloten zerstört? Wenn das so war, weshalb funktionierte das GPS noch? Normalerweise fallen dann doch alle elektrischen Anlagen aus. Würde ich auf dem Rest der Fahrt meiner Selbststeueranlage vertrauen müssen? Dieser Gedanke schien mir nicht sonderlich verlockend. Ich konnte es kaum erwarten, dass das Unwetter sich legte, damit ich endlich die *Artemisia* selbst steuern lassen und den Autopiloten untersuchen konnte. Zu meiner großen Erleichterung entdeckte ich, dass nur eine Sicherung durchgebrannt war! Der Autopilot tickte brav weiter und nach ein paar Stunden verzog sich das Gewitter. Ich fiel in die Koje und gönnte mir meinen lang ersehnten

Schlaf, denn inzwischen war ich weit genug vom Land entfernt und auf offener See.

Was war eigentlich passiert? Wenn es ein Blitzeinschlag gewesen war, weshalb hatte es nur den Autopiloten erwischt? Hatte es damit zu tun, dass sich die Antenne des GPS an Deck befand? Die Antenne zum Sender hatte ich abgenommen, auch wenn immer gesagt wird, dass das nichts hilft. War noch irgendetwas anderes am Boot beschädigt? Als ich anfing zu suchen, entdeckte ich einiges, was ich zuvor nicht gesehen hatte. Zwei der Wantenspanner waren ganz dunkelgelb, eine Verfärbung, die sich nicht entfernen ließ. Einige bronzene Wantenspanner schienen ordentlich blank poliert, und es war nicht ich selbst gewesen, die sie poliert hatte! Oben am Mast sahen die Wanten und Stage rostig aus – auch das war neu! Und als ich mir aus einer Eingebung heraus das Freibord ansah, entdeckte ich, dass die Deckschicht rund um das Boot rissig war wie alte Malerfarbe. Kleinere Risse hatte es schon zuvor gegeben, doch nun waren es deutlich mehr geworden. So hatte es nicht ausgesehen, als ich Kuba verlassen hatte. Irgendetwas war passiert, aber was?

Erst zu Hause sollte ich eine Antwort auf diese Frage erhalten.

Nachdem das Gewitter vorübergezogen war, wurde es etwas ruhiger. Ich wollte nun so schnell wie möglich weiter in den Norden segeln, um aus der Orkangegend herauszukommen.

Es gibt zahlreiche Informationen über Orkane: Wie man sich ihnen entzieht; wie man erkennt, wo ihr Zentrum ist, sodass man auch weiß, in welche Richtung man flüchten muss ... Abhängig davon, in welchem Sektor – vom Auge des Orkans aus gesehen – man man sich befindet, gibt es unterschiedliche Handlungsempfehlungen. Bestimmte Sektoren sind günstiger als andere. Ich war überzeugt davon, dass ich mich nicht würde erinnern können, was ich gelesen hatte, wenn ich einmal in einen Orkan geriet. Ich würde einfach zu viel Angst haben. Also machte ich eine Skizze mit den verschiedenen Sektoren und mit Stichworten, die mich daran erinnern sollten, was ich zu tun hatte. Die Skizze befestigte ich am Kartentisch und sah sie mir jeden Tag an.

Inzwischen wehte eine gleichmäßige frische Brise. Abgesehen von zwei Schiffen, die ich an den Tagen nach dem Gewitter sah, war das Meer wochenlang vollkommen menschenleer. Ich hielt mich außerhalb der Schifffahrtsstraßen, um das Risiko entgegenkommenden Verkehrs zu minimieren, und das Leben an Bord wurde sehr gemütlich. Wieder zu Hause, las ich viele Bücher von Seglern, die alleine unterwegs gewesen waren. Ich wollte viele offen gebliebene Fragen klären, unter anderem das Schlafproblem. Wann kann man schlafen? Den Büchern zufolge hatten die meisten Segler eine Eieruhr dabei, die sie zwischen fünf und dreißig Minuten einstellten, und sie hatten auch nie länger am Stück geschlafen.

Von dem Augenblick, in dem man am Horizont ein Schiff entdeckt, bis zu dem, in dem man selbst an dieser Stelle ist, vergehen durchschnittlich zwanzig Minuten. Ich nahm jedoch fast nie eine Uhr zur Hand. Während meines Segeltörns war mir rasch bewusst geworden, dass meine Sinne auf See besonders sensibilisiert waren. Ich hörte besser, registrierte die kleinsten Veränderungen und lernte die *Artemisia* sehr gut kennen. Sogar wenn ich tief schlief, wachte ich bei der kleinsten Drehung des Windes auf, weil sich die Geräusche veränderten. Andere Schiffe hörte ich, lange bevor ich sie sehen konnte. Ich behielt einen ganz normalen 24-Stunden-Rhythmus bei, legte mich am Abend schlafen. Natürlich stand ich hin und wieder nachts auf. Ich wachte immer von selbst auf. In manchen Nächten bekam ich überhaupt keinen Schlaf, doch ich stellte auch fest, dass mein Schlafbedürfnis nicht so groß war wie an Land.

Ich stand morgens sehr früh auf (was ich zu Hause niemals freiwillig tun würde!), ging sogleich an Deck und kontrollierte, ob die

Takelung verändert werden musste. Ich verschaffte mir einen Überblick, sah mir den Himmel und die Wolken an – verrieten sie mir etwas über das aufkommende Wetter? Ich ließ meinen Blick langsam über den Horizont schweifen, um nach Schiffen oder schwimmenden Containern Ausschau zu halten. Oft stand ich auch nur da, betrachtete die gleichmäßigen Wellen und empfand dabei eine innere Freude und Harmonie.

Dann war es Zeit fürs Frühstück. Es bestand aus selbst gebackenem Brot (!), mit Erdnussbutter, Marmelade oder Käse aus der Tube (Butter hatte ich mir abgewöhnt, seit der Kühlschrank nicht mehr funktionierte), Tee oder Kaffee, mit Milch! In vielen südlichen Ländern ist H-Milch weiter verbreitet als Frischmilch. Jedes neue Besatzungsmitglied, das aus Schweden kam, brachte ein paar Dosen Kaviar mit, ein willkommenes Geschenk, das leider stets viel zu schnell zur Neige ging. Ich nahm mein Frühstück im Cockpit ein, und wenn ich fertig war, markierte ich meine Position auf der Seekarte und machte Eintragungen ins Logbuch. Für die nicht Eingeweihten: Dies ist ein Buch, in das man seine Position, Wetter, Wind etc. einträgt. Man ist verpflichtet dazu, auch wenn man ein Freizeitskipper ist. Die Aufzeichnungen können einem später von großem Nutzen sein.

Musste ich irgendetwas tun? Wenn nichts Dringendes zu erledigen war, setzte ich mich ans Steuer und fuhr ein paar Stunden, bis es zu warm wurde. Meistens tat ich dies, um den Autopiloten zu entlasten, auch wenn er wahrscheinlich keine Entlastung benötigte, doch ich wollte nicht riskieren, dass er kaputtging. Außerdem hatte ich nichts dagegen, am Ruder zu sitzen. Oft saß ich da und sang. Das Gute daran, alleine auf See zu sein, ist, dass man ungehemmt singen kann. Die Fische haben sich jedenfalls nicht beklagt. Manchmal war jede einzelne Zelle meines Körpers in einem Glücksrausch und ich hätte die ganze Welt umarmen können. In mein Tagebuch schrieb ich: »Dieses liebliche Geräusch des Wassers rund um das Boot! Das Meer ist so schön. Wind auf der Haut. Die Wolken bewegen sich die ganze Zeit, verformen sich und verändern ihr Aussehen. Unendlichkeit um mich herum. Die Sonne ging hinter den Wolken unter, doch genau über dem Horizont blickte sie hervor, rund wie eine Apfelsine. Obwohl ich ein Ziel habe, will ich nicht, dass dies hier jemals zu Ende geht. Hier, mit dem weiten Horizont und dem günstigen Wind, hier komme ich zur Ruhe.«

Wenn es zu heiß wurde, überließ ich das Ruder dem Autopiloten. Und wenn die Sonne ihren Höchststand erreichte und die Solarzellen volle Energie lieferten, machte ich Wasser, wenn ich welches brauchte. Doch in den heißesten Stunden war das einzig Sinnvolle, sich in die Kajüte zu einer Siesta zurückzuziehen. Der neue kleine Ventilator, den ich mir auf Kuba gekauft hatte, leistete mir gute Dienste. Langsam wurde es ein wenig kühler, es wurde Zeit fürs Abendessen, und oftmals kochte ich Essen für zwei, weil ich es nicht gewohnt war, alleine zu sein. Nach dem Abspülen – ich hielt das Geschirr ins Meerwasser, bis es sauber gespült war – setzte ich mich in den Schatten unter das Laken und schrieb Briefe oder Artikel, die ich schicken wollte, wenn ich irgendwann wieder an Land kam. Manchmal flüchtete ich mich auch in die Zeit, die Isabel Allende in ihrem Buch *Der unendliche Plan* beschreibt. Wenn die Sonne unterging, setzte ich mich noch eine Weile ans Steuer. Dort genoss ich zahlreiche Sonnenuntergänge. Wenn die Sterne funkelten, legte ich mich ein bisschen ins Cockpit und sah zum Himmel, bevor ich schlafen ging. Das Letzte, das ich sah, war der Mond, der die Kajüte beschien.

Wie sehr ich mein Rollsegel vermisste, das man nur auf- oder ausrollen musste, um die Segeloberfläche zu ändern! Außerdem brauchte man auf diese Weise das Vorsegel nicht auszutauschen.

Weil es inzwischen etwas beschwerlicher war, die Takelung zu wechseln, schob ich dies immer gerne vor mir her. Wenn ich noch ein bisschen warte, legt sich der Wind sicher wieder, dachte ich oft. Doch meistens ist das nicht der Fall ... Auch aus Sicherheitsgründen empfand ich einen gewissen Widerwillen. Ich war gezwungen, aufs Vordeck zu gehen und zu arbeiten, und bei schlechtem Wetter kann da leicht etwas passieren. Als ich das erste Mal das Vorsegel austauschen musste, dauerte es eine gute halbe Stunde. Zuerst nahm ich die Sicherheitsringe heraus und steckte sie mir zwischen die Zähne, den Schäkel hielt ich in der einen Hand, während ich mit der anderen Hand das Segel austauschte. Was für eine Prozedur! Doch ich gewöhnte mich daran und fand so langsam einen Weg, das Ganze eleganter und doppelt so schnell zu erledigen. Meine alte Genua war kein schöner Anblick. Sie sah alt und verschlissen aus und war bereits auf einer Pazifiketappe gerissen. Hoffentlich hielt sie bis Horta!

Ich begann, mit mir selbst zu sprechen. Manchmal mache ich das auch zu Hause, doch inzwischen redete ich in der Wir-Form. »Wir müssen so langsam das Großsegel setzen!« Andere Stimmen fehlten mir allerdings nicht so sehr, wie ich befürchtet hatte. Die erste Zeit passierte es ein paar Mal, dass ich aufwachte, weil ich ein störendes Geräusch hörte. Halbwach lag ich da und mein erster Gedanke war: Warum tut denn niemand was dagegen? Erst dann fiel mir ein, dass ich ja alleine war.

Für viele ist »alleine« ein überwiegend negativ besetztes Wort. Aber man kann auf unterschiedliche Art und Weise alleine sein. Die schlimmste Form, alleine zu sein, ist vermutlich, wenn man sich inmitten anderer Menschen alleine fühlt. Viele behaupten, dass sie es nicht aushalten könnten, über eine längere Zeit hinweg alleine zu sein – sagen wir, eine Woche. Was befürchten sie? Haben wir Angst vor uns selbst? Weshalb bloß?

In vielen anderen Kulturen hat das Alleinsein einen besonderen Stellenwert. Man entfernt sich von den anderen, um eine Entscheidung zu treffen, um mit den Göttern in Kontakt zu treten oder um sich selbst kennen zu lernen. Wir werden ständig vom Verhalten und den Meinungen anderer beeinflusst. Wagen wir nicht einen Schritt zur Seite und schaffen Distanz, finden wir vielleicht nie heraus, wer wir selbst sind und was uns eigentlich formt.

Endlich bekam ich Gelegenheit, das zu tun, was Torbjörn auf der ersten Atlantiküberfahrt gemacht hatte: mir einige existenzielle Fragen zu stellen und darauf Antworten zu finden. Wie will ich mein Leben leben? Was ist wichtig für mich? Was will ich nicht länger akzeptieren oder womit will ich mich nicht länger zufrieden geben? Was ist mir inzwischen nicht mehr so wichtig?

Dort draußen auf dem Meer sah ich die Welt klar und deutlich, diesen fantastischen Planeten, auf dem wir leben. Jeden Morgen bekam ich ein Wunderwerk zu sehen, wenn die Sonne aufging und ein neuer Tag anbrach. Ich sah die ewigen Wellen kommen und gehen, die Wolken am Himmel, die mir verrieten, welches Wetter ich zu erwarten hatte; die herrlichen Seevögel, die unendlich lange umhersegelten; die Besuche der verspielten Delfine, Wale in der Ferne und Fische, die den Schatten der *Artemisia* suchten. Diese schwindelerregende Unendlichkeit, die ich fühlte, wenn ich über das Meer schaute, auch wenn ich wusste, dass ich nur etwa drei Seemeilen weit sehen konnte! Wenn die Sonne hinter dem Horizont untergegangen war, hatte die Erde eine weitere Runde um ihre eigene Achse gedreht und die Sonne ging auf der anderen Seite wieder auf.

Das Leben selbst folgt bestimmten Gesetzen, alles gehört zusammen und hängt von allem anderen ab, ein ewiger Kreislauf. Der einzige lebendige Organismus, der dies vergessen zu haben scheint, ist derjenige, der am meisten von allem anderen abhängig ist, nämlich der Mensch.

Manchmal werde ich richtiggehend wütend darüber, wie der Mensch sein Leben vertut. Wir kultivieren unsere Vorurteile, bis wir selbst an sie glauben. Wir flüchten uns in Ausreden, um nicht mit den Folgen unserer Handlungen konfrontiert zu werden. Doch es ist unmöglich, vor Unannehmlichkeiten wegzulaufen, denn irgendwann tauchen sie wieder auf, wenn man am wenigsten damit rechnet.

Ich dachte beispielsweise darüber nach, wie wir uns selbst sehen. Man hört oft den Satz: »Der Mensch ist im Grunde ein Egoist, er hat immer Kriege geführt und zerstört, das liegt in seinen Genen.« Doch 1986 formulierten 20 Wissenschaftler aus aller Welt eine Erklärung zur Gewaltfrage, in der unter anderem dieses steht: »Wissenschaftlich nicht haltbar ist die Annahme, Krieg oder anderes gewalttätiges Verhalten sei beim Menschen genetisch vorprogrammiert. ... Wissenschaftlich nicht haltbar ist die Annahme, Krieg sei verursacht durch einen ›Trieb‹ oder ›Instinkt‹ oder irgendein anderes einzelnes Motiv.«

Für mich ist das Leben ein Geschenk. Doch das Geschenk beinhaltet auch eine Verantwortung für das Leben selbst: die Erde zu verwalten, sodass kommende Generationen teilhaben können an all dem, was die Erde zu geben hat.

20 Prozent der Weltbevölkerung verbrauchen 80 Prozent der Ressourcen der Erde. Mit welchem Recht? Du und ich sind Teil dieser 20 Prozent. Unser Wohlstand besteht nur, weil andere Not leiden. Wenn wir den Preis bezahlten, der für Anbau, Pflege, Ernte und Verarbeitung von beispielsweise Kaffee, Tee, Baumwolle oder Holz tatsächlich angemessen wäre, und wenn wir dies alles direkt von den Menschen beziehen würden, die diese Arbeit verrichten, würden sie endlich eine Chance haben, ihrer Not zu entfliehen. Viele Konflikte könnten vermieden werden, die aus Hunger und Ausbeutung resultieren. Doch dann würden wir uns über höhere Preise beschweren!

Wir alle sind mitverantwortlich für den Zustand der Erde und ihre Zukunft. Es ist ein weit verbreiteter Irrtum, dass die meisten von uns ohnehin nichts zu sagen hätten. In Schweden ist die Politikverdrossenheit groß. Sie richtet sich nicht nur gegen schwedische Politiker, sondern auch gegen andere Machthaber, die gelogen, ihre Macht missbraucht und Menschen betrogen haben. Die das Gefühl der Machtlosigkeit in der Bevölkerung mitverursacht haben.

Doch es gibt auch eine andere Sichtweise. Viele Hersteller behaupten, sie produzierten lediglich, wonach die Konsumenten verlangten. Doch was kaufen wir darüber hinaus ein? Sind wir uns bewusst, dass wir unsere Umwelt zerstören und andere Menschen ausbeuten, nur damit wir konsumieren können? Ich schreibe dies hier nicht, um bei anderen ein schlechtes Gewissen zu erzeugen, sondern um zu zeigen, welche Macht jeder Einzelne von uns tatsächlich hat. Jedes Mal wenn wir einkaufen, treffen wir eine Entscheidung. Wenn ein Produkt sich nicht verkauft, wird irgendwann seine Produktion eingestellt. Dann verlieren Menschen ihre Arbeit. Ich weiß, dass Arbeit wichtig ist, sie lässt einen jeden teilhaben an der Gesellschaft. Doch das eine muss das andere nicht ausschließen. Ich habe auch keine perfekte Lösung parat, doch was ich vermitteln will, ist die Einsicht, dass man in neuen Bahnen denken und nicht an eingefahrenen Mustern festhalten muss. Wir können frei entscheiden, ob wir unsere Macht anwenden wollen oder nicht. Ich will nur die vielfachen Möglichkeiten aufzeigen, die wir haben, um unsere Zukunft zu verändern.

Vorurteile und Irrtümer an sich sind nicht das eigentlich Gefährliche. Gefährlich sind Gleichgültigkeit und Hoffnungslosigkeit.

Kapitel 18

Ein ordentlicher Sturm

Tag für Tag kam ich weiter nach Norden. Würde die Prognose sich bewahrheiten? Würde ich das Orkangebiet rechtzeitig verlassen können? Eines Tages konnte ich freudig meine Position außerhalb des Areals markieren und stellte fest, dass ich Glück gehabt hatte. Ich kam um das Erlebnis eines Orkans herum, und die schwelende Unruhe, die ich die ganze Zeit verspürt hatte, verschwand.

Ein paar Tage später kam ein Wasserschwall von achtern, der in keinem Verhältnis zu dem Wind stand, der in den letzten Tagen geweht hatte. Ich machte mir etwas Sorgen, denn genau dies war ein Zeichen für herannahende Orkane, doch im Grunde befand ich mich außerhalb der Gefahrenzone. Der Wind frischte auf, doch er legte sich bald wieder, so verschwendete ich keinen Gedanken mehr daran.

24 Stunden später sah ich dunkle Wolken am Himmel hinter mir aufziehen und der Wind frischte erneut auf. Er wurde kontinuierlich stärker. Ich setzte die Kreuzfock und reffte das Großsegel, und als die Nacht hereinbrach, holte ich das Groß- und die Sturmfock ganz ein. Der Wind kam schräg von achtern, die Wellen rollten unter der *Artemisia* hindurch und hoben sie in die Höhe. Es pfiff in der Takelage und das Boot schoss voran. Das Meer türmte sich zu hohen Wellenbergen, die Wellen hinterließen überall weiße Gischt. Ich war in ein Unwetter geraten.

Es gibt viele unterschiedliche Wege, aus einem Sturm herauszusegeln. Viele Segler habe ich befragt und viel darüber gelesen, bevor ich losgesegelt war, weil ich wissen wollte, wie man es am besten anstellte. Doch alles hängt vom Boot, seiner Besatzung und den äußeren Umständen ab. Ich war frustriert, dass ich keine genaueren Antworten auf meine Fragen erhielt. Doch heute weiß ich, dass es schlicht unmöglich ist, simple Antworten zu geben. Dennoch sollte man die verschiedenen Strategien kennen und wissen, wie das eigene Boot reagiert.

Am Morgen barg ich das Großsegel und segelte nur mit der Sturmfock. Die *Artemisia* wurde dadurch nicht langsamer, sie rauschte weiter über das Meer hinweg. Weil es schwer war, weiterhin per Autopilot zu fahren, blieb ich den ganzen Tag selbst am Steuer. Die Wellen wurden immer größer und der Wind heulte unablässig. Ich konzentrierte mich darauf, die Wellen zu parieren, die von hinten gegen die *Artemisia* krachten, und sprach mit mir selbst: »Keine Sorge, Milo, du hast ein gutes Boot. Die *Artemisia* schafft es, bleib ruhig. Dieser Sturm dauert nicht lange an, er legt sich bald wieder.« Aus allen Richtungen hörte man ein konstantes Tosen, die Wellenkämme zerstoben, überall war weiße Gischt.

Auch als die Nacht anbrach, legte sich der Sturm nicht, im Gegenteil! Ich schaltete den Autopiloten wieder ein, um mich etwas auszuruhen. Die Sicht war schlecht. An und für sich war das egal, weil man zwischen den hohen Wellen ohnehin nur ein paar Meter weit sehen konnte. Wenn noch irgendjemand hier draußen unterwegs ist, kann er mich garantiert nicht sehen, dachte ich. Verflucht, warum bin ich nur hier auf dem Meer? Werde ich das hier durchstehen, werde ich überleben?

Ich legte mich hin, konnte aber nicht schlafen. Plötzlich fiel mir ein, dass ich ja einen allgemeinen Funkruf über das VHF absetzen konnte. So würde ich erfahren, ob noch jemand hier draußen war. Es war seltsam, meine eigene Stimme zu hören, die einen Unbekannten anrief. Stille. Niemand antwortete.

Ich wusste, dass ich versuchen musste, ein wenig Schlaf zu bekommen. Ich konnte nichts mehr tun, ich musste versuchen, die Kontrolle abzugeben, und mich hinlegen. Ich wusste, dass ich meine Kräfte später noch brauchen würde. Nichts würde dadurch besser werden, dass ich jetzt wach blieb. Ich hatte ja schon mehrfach die Erfahrung gemacht, was mit einem Menschen passiert, der nicht schlafen kann. In der Kajüte schloss ich die Luken ordentlich, damit kein Wasser ins Boot kommen konnte, und legte mich in die Koje. Der Autopilot tickte, das Meer dröhnte und heulte – und ich schlief!

Als es langsam zu dämmern begann, löste ich den Autopiloten ab. Mit einer Mischung aus Faszination und Angst schaute ich über das Meer. Es fauchte und brodelte um mich herum, Wellenberge türmten sich auf, die ihre Gischt über die Wasseroberfläche versprühten. Es pfiff und kreischte in der Takelage. Die *Artemisia* wurde von einer Welle nach der anderen hin und her geworfen. Der Himmel war dunkelgrau und die Wolken rauschten tief vorüber. Du musst die Angst in Schach halten, sagte ich mir, nicht an die Zukunft denken, denk nur an das Hier und Jetzt. Bleib aktiv; steuere, so lange du kannst!«

Am Tag zuvor hatte ich ein klares Muster erkennen können. In einigermaßen gleichmäßigen Abständen kamen drei Wellen in kurzer Folge, die höher waren als die anderen. Ich sah sie kommen und konnte sie mit der *Artemisia* parieren. Hin und wieder funkte ich über das VHF, doch niemand antwortete.

Ich begann, müde zu werden. Wenn ich nur wüsste, wie lange das hier noch weitergeht, dachte ich. Es darf nichts kaputtgehen! Bitte, *Artemisia*, halte durch!«

Den ganzen Tag über stürmte es mit unverminderter Stärke. Ich hatte keine Ahnung, wie stark der Wind war, weil mein Windmesser schon vor langer Zeit den Geist aufgegeben hatte. Wahrscheinlich war das auch ganz gut so. Ich nahm Getränke, Nüsse, Rosinen und Obst zu mir. An Kochen war nicht zu denken.

Mitten am Tag sah ich plötzlich drei Wellen auf mich zurollen, die viel höher waren als alle anderen und die sich mit einem ohrenbetäubenden Dröhnen näherten. Der Rest der Welt hörte auf zu existieren, es gab nur noch mich, das Boot und diese Wellen. Ich umklammerte das Steuer mit aller Kraft und starrte der ersten Welle entgegen. Sie kam und hob uns hoch hinauf, bevor wir auf ihrer Rückseite herunterrutschten. Obwohl sich die *Artemisia* im Wellental verlangsamte, meisterte sie trotzdem die zweite Welle.

Dann kam die dritte Welle. Sie war die größte, und ich musste mit Entsetzen feststellen, dass das Wellental hinter der zweiten so tief war, dass unten kaum Wind war. Die *Artemisia* hatte kaum noch Fahrt, *ich würde diese letzte Welle nicht nehmen können!* Ich blickte nach oben und sah die Welle über dem Masttopp brechen. Mein Herz raste. Ich klammerte mich so gut wie möglich am Steuer fest, schloss die Augen und hörte nur noch den Lärm, als diese gigantische Welle über der *Artemisia* und mir niederschlug.

Für einen unendlich langen Moment wusste ich nicht, ob ich mich über oder unter der Wasseroberfläche befand. Doch so langsam floss das Wasser ab. Ich warf einen schnellen Blick nach hinten, um zu sehen, ob weitere dieser riesigen Wellen anrollten, doch es sah nicht danach aus. Ich rappelte mich auf und sah besorgt über das Boot. War irgendetwas kaputt oder über Bord gegangen? Hatte das Sonnendach überlebt? Alles sah aus wie immer – bis ich mich umdrehte, um das Ruder zu inspizieren. Mitten in diesem Inferno musste ich lachen. Die arme Selbststeueranlage! Ich hatte die Ruderpinne zu ihrem Schutz aufgehängt, als ich sie außer Betrieb genommen hatte. Doch die Gewalt der Welle hatte die Pinne und ihre Befestigung im Neunziggradwinkel verbogen. Nun hatte ich also definitiv keine Selbststeueranlage mehr.

Es ist fast unmöglich auszumachen, wie hoch Wellen sind, wenn man in einem kleinen Boot sitzt. Man überschätzt die Höhe fast immer. Ich versuchte es nicht einmal, doch auf der letzten Seite meines Logbuchs war eine Tabelle über die Windstärken und Wellenhöhen auf See. Bei Windstärke 10 auf der Beaufort-Skala (ca. 24 bis 28 Meter pro Sekunde) sind die Wellen acht bis zehn Meter hoch. Ja, das kam ungefähr hin.

Einige Stunden später nahm der Wind spürbar ab. Wenn er sich doch nur ganz legen würde! Um kein Tempo zu verlieren, setzte ich das gereffte Großsegel wieder. Plötzlich meinte ich, ein Schiff gesichtet zu haben! Ich reckte mich, so sehr ich konnte, um besser sehen zu können. Ja, da! Wenn ich selbst auf dem Kamm einer Welle war, konnte ich es sehen. Und es war gar nicht weit weg! Ich hüpfte in die Kajüte hinunter und rief es über das VHF an. Mitten in dieser Einsamkeit hörte ich plötzlich eine Stimme! Ich war also doch nicht alleine auf diesem Meer unterwegs. Ein Mann fragte, wie es mir ginge.

»Danke, gut, den Umständen entsprechend«, antwortete ich. »Kennst du den Wetterbericht? Hat es sich endlich ausgestürmt?«

»Ja, der Wind hat sich ja auch schon wesentlich gelegt. In 24 Stunden ist alles vorbei«, antwortete er.

»Wie ist denn die momentane Windstärke? Mein Windmesser hat den Geist aufgegeben.«

»Na ja, im Moment sind es ungefähr 28 Meter pro Sekunde.«

28 Meter pro Sekunde? Ich legte den Hörer auf und sah hinaus. Aber der Wind hatte sich doch gelegt – das sollten 28 Meter pro Sekunde sein? Wie viele Meter pro Sekunde mussten es vorher gewesen sein? Wahrscheinlich war es nur gut, dass mein Windmesser kaputt war, denn wenn ich gewusst hätte, wie stark der Wind tatsächlich gewesen war, hätte ich vermutlich noch mehr Angst bekommen ...

Ich versuchte erneut, wieder etwas zu schlafen. Der Himmel hatte sich aufgeklart, der Mond schien schwach. Im Halbschlaf horchte ich nach dem Ticken des Autopiloten. War das Einbildung oder klang es anders als sonst? Widerwillig stand ich wieder auf, um nachzusehen.

Auf der Ruderpinne sitzt ein kleiner Zapfen, an den man den Arm des Autopiloten setzt. Der Druck auf dem Zapfen war so groß gewesen, dass er sich in das Holz gebohrt und das Loch arg vergrößert hatte. Der Zapfen saß zu hoch und der Winkel zum Arm des Autopiloten hatte sich verändert. Was sollte ich tun? Ich konnte doch nicht die ganze Nacht per Hand steuern! Ich musste beidrehen, auf Tageslicht warten und dann die Konstruktion reparieren.

Ein ziemlich beschwerliches Unterfangen ... Ich mischte Kleber an und kletterte zum Ruderblatt hinaus. Dort musste ich mich so hinsetzen, dass ich gleichzeitig den Schaden beheben und sicherstellen konnte, dass kein einziger Wassertropfen in den Leim und das Loch geriet – und all dies, während die *Artemisia* auf dem Wasser ihre Bocksprünge machte! Als ich fertig war, deckte ich alles ab, damit der Kleber abbinden konnte.

Der Wind hatte sich inzwischen tatsächlich fast ganz gelegt. Er hatte wohl »nur« noch die Stärke einer steifen Brise. Ich versuchte also erneut zu schlafen, während ich darauf wartete, dass die Mischung aushärtete, was gut gelang.

Am Ende, nach vier Tagen und Nächten, konnte ich alle Reffs lösen und den klaren, blauen Himmel genießen. Wir hatten es geschafft! Wenn ich schlief, träumte ich manchmal von dem Dröhnen des Meeres und wachte mit einem Ruck auf, doch dort draußen hörte ich nur ein leises Rauschen und das Ticken des Autopiloten. Ich empfand eine sprudelnde Freude und Stolz, dass ich es aus diesem Unwetter heraus geschafft hatte.

Eine Schildkröte trieb vorbei! Sie lag einfach nur im Wasser und bewegt sich in ihm auf und nieder, mitten im Meer. Ich genoss das Leben, das ich um mich herum beobachten konnte. Welche Freude, dies alles erleben zu können! Ich war niemals gelangweilt, kam nie auf den Gedanken, dass dieses Leben eintönig sein könnte. Ich fand mein inneres Gleichgewicht und war glücklich darüber.

Wenn ich nicht wieder Gegenwind bekam, würde ich in knapp einer Woche in Horta ankommen. Ich war in ein Gebiet gekommen, das man als Azorisches Hochdruckgebiet bezeichnet. Hier ist man ohnehin sehr schwachen Winden ausgesetzt und an einem Tag herrschte völlige Flaute. Nach einem halben Tag wurde ich der Geräusche der killenden Segel überdrüssig und startete den Motor. Die Sonne schien, ich lag im Cockpit und nahm ein Sonnenbad. Irgendwann richtete ich mich auf, um zum Horizont hinüberzusehen, und warf dabei einen schnellen Blick auf die Instrumente. Ich erstarrte. Was?! Der Öldruck war gleich null! Ich stellte den Motor sofort ab und fragte mich, wie lange dies wohl schon so gewesen war. Der Motor hatte genau wie immer geklungen. Missmutig beschloss ich, ihn von nun an so wenig wie möglich in Betrieb zu nehmen. Offenbar erhörte der Wind mein Bitten, denn er frischte in diesem Moment wieder auf.

Ein Schiff am Horizont! Als es ein wenig näher kam, fragte ich die dortige Besatzung nach dem Wetterbericht.

»Bis zu den Azoren nichts als Flaute«, war die deprimierende Antwort, die ich auf meinen Anruf hin bekam. »Woher kommst du?«

»Aus Schweden«, antwortete ich.

»Warte mal ...«

»He, bist du auch aus Schweden?«

Dann sprach mich eine junge schwedische Männerstimme an.

»Bist du etwa auch aus Schweden?«

»Ja, ich arbeite hier an Bord. Segelst du alleine? Wie alt bist du?«

Ich kicherte bei dieser Frage. »Ja, ich bin alleine unterwegs und vierzig Jahre alt.« Ich konnte mir die Frage nicht verkneifen: »Und wie alt bist du?«

»Ach, ich bin sechzehn.«

»Was? Und wie ist es, so weit weg von zu Hause zu sein?«

»Es ist ein bisschen einsam, manchmal habe ich Heimweh. Es ist aber trotzdem toll. Ich muss jetzt Schluss machen, aber danke für die kurze Unterhaltung!«

»Danke gleichfalls!«

Ich war so baff gewesen, dass er mit seinen sechzehn Jahren auf See arbeitete, dass ich ganz vergessen hatte, nach seiner Aufgabe an Bord zu fragen!

Zu Beginn schien sich die Wettervorhersage zu bewahrheiten: völlige Windstille. Manchmal schaltete ich den Motor für einige Stunden an, bis der Öldruck wieder gefährlich niedrig wurde. In der Zwischenzeit musste ich mich einfach treiben lassen. Es war frustrierend; ich merkte, wie sehr es mich belastete, dieses Warten auf Wind! Ich schrie ihm entgegen, beschimpfte und verfluchte ihn, doch das alles half natürlich nichts. Während des ungeduldigen Wartens kam immer häufiger der Gedanke an zu Hause auf. Was erwartete mich dort? Wie sollte ich ein Leben an Land führen nach all den Erlebnissen auf See? Wie sollte ich mich dort jemals wieder »zu Hause« fühlen? Auf dem Meer empfand ich Zugehörigkeit und Stärke.

Wenn doch nur endlich ein bisschen Wind aufkommen würde!

Dem Himmel sei Dank. Die Prognose stimmte nicht ganz. Ich hatte tatsächlich gutes Wetter auf dem ganzen restlichen Weg zu den Azoren. Vom Himmel zur Hölle und wieder zurück.

Delfine kamen und begleiteten mich. Zum ersten Mal, seit ich Kuba verlassen hatte, musste ich mir etwas mehr anziehen, wenn auch nur gegen Abend. Es war kühler geworden. Ich saß da und sah auf das Meer hinaus, als ich irgendetwas auf der Wasseroberfläche zu erkennen glaubte, doch es war im nächsten Moment wieder verschwunden. Sekunden später hörte ich ein Platschen. Ich stand auf und entdeckte auf Deck verwundert einen kleinen Kraken. Er hatte wahrscheinlich versucht, irgendeinem Räuber zu entkommen, der ihn zum Abendessen verspeisen wollte, und einen verzweifelten Luftsprung unternommen. Doch in seine Flugbahn hatte sich ausgerechnet ein Segelboot geschoben ... Der arme Krake war offenbar gegen eine der Sturmluken geschlagen. Ich sammelte auf, was von ihm übriggeblieben war, und warf ihn zurück ins Meer.

Irgendwann bekam ich wieder meine Menstruation. Das war etwas ungewohnt, schließlich war sie zehn Monate lang ausgeblieben. Der Knoten in der Leiste war allerdings immer noch da. Ich hatte mich in der Zwischenzeit fast an seine Existenz gewöhnt und wäre ziemlich verwundert gewesen, wenn der eines Tages verschwunden wäre.

Eines frühen Morgens konnte ich am Horizont eine Anhöhe ausmachen. Nach einer Weile teilte sie sich, ich blickte auf die westlichen Azoreninseln. Land! Andere Menschen, andere Geräusche, andere Gerüche. Ich näherte mich der Insel Faial mitten in der Nacht. Neben Faial liegt die Insel Pico mit dem höchsten Berg der Inselgruppe. Die Sonne ging hinter diesem Berg auf, und als sie genau hinter der Bergkuppe lag, bildeten die Wolken einen Kreis um sie herum, sodass es aussah, als hätte der Berg einen Hut auf dem Kopf. Welch ein Willkommen!

Ich startete den Motor für das letzte Stück, der Öldruck blieb einigermaßen konstant. Am 22. Juli, nach 32 einsamen Tagen und Nächten auf See, hatte ich wieder festen Boden unter den Füßen.

Kapitel 19

Zurück in die Zivilisation

Ich hatte gerade alles vertäut und war in die Kajüte gegangen, um die üblichen Papiere zusammenzuklauben, als ich eine Stimme hörte, die meinen Namen rief. Ich sah hinaus, und dort stand Mike, der Engländer, den ich in Porto Santo getroffen hatte!

»Das ist ja unglaublich!«, rief Mike. »Ich habe gerade auf der Hafenmauer gestanden und einem Segelboot zugewinkt, das nach Frankreich aufgebrochen ist. Da habe ich ein Boot gesehen, das aussah wie deines, nur dass es keine Rollgenua hatte, und ich dachte, das kannst ja nicht du sein. Aber du bist es! Was ist denn bloß mit der Anlage passiert?«

»Das ist eine lange Geschichte«, sagte ich lächelnd. »Ich erzähl dir alles, wenn ich die Formalitäten erledigt habe.«

Als ich Torbjörn zu Hause anrief, hellte sich meine Stimmung auf. »Hallo! Ich bin angekommen! Ich hab's über den ganzen Atlantik geschafft!«

»Herzlichen Glückwunsch!«, sagte er lachend.

»Du, es tut mir Leid, dass ich dich von Guantánamo Bay aus nicht angerufen habe. Die Situation war so unwirklich, und ich wollte nicht, dass du dir Sorgen machst. Aber wahrscheinlich hast du dir nach meinem Brief trotzdem Sorgen gemacht …«

»Ja, es war seltsam zu lesen, was dir passiert ist, aber ich kann verstehen, warum du nicht angerufen hast. Ist danach alles gut gegangen?«

Ich dachte an den vermeintlichen Blitzeinschlag und den Sturm.

»Ja, im Großen und Ganzen ist alles gut gegangen. Ich habe wahrscheinlich einen Blitzeinschlag gehabt und bin in einen gewaltigen Sturm geraten. Ich habe alles aufgeschrieben. Ich werfe heute noch einen Brief für dich ein. Es wäre zu teuer, jetzt alles am Telefon zu erzählen.«

»Sag mal, ist wirklich alles in Ordnung mit dir und dem Boot?«

»Ja, ja, uns geht es ausgezeichnet«, antwortete ich.

Und mir ging es wirklich ausgezeichnet. Doch es sollte sich zeigen, dass die *Artemisia* mehr in Mitleidenschaft gezogen war, als ich ahnte.

Es wurde ein Tag des Erzählens. Mike hatte eine tolle Zeit auf den Westindischen Inseln gehabt und Inseln besucht, die er bei seiner ersten Reise nicht gesehen hatte.

»Die Jungferninseln waren allerdings eine große Enttäuschung«, sagte er. »Dort ist alles vollkommen auf Touristen eingestellt und total amerikanisiert. Alles steht im Zeichen des Dollars – nein, dort will ich nicht noch einmal hin.«

»Hast du irgendwas von Gerry gehört, der auch alleine unterwegs war?«, fragte ich ihn.

»Nein, nichts«, sagte er. »Aber sein Boot liegt hier an Land.«

»Was? Wieso denn das? Ist es beschädigt? Hast du irgendwas gesehen?«

»Nein, ich habe keine Ahnung, was passiert ist. Ich habe ihn das letzte Mal im Oktober gesehen, als ich Porto Santo verlassen habe. Aber vielleicht finden wir ja etwas heraus.«

Wir gingen in ein Restaurant essen, um zu feiern, dass ich über den Atlantik gesegelt war, und als ich später in meine Koje kletterte, schlief ich ein, noch bevor ich den Kopf auf das Kissen gelegt hatte.

Am Morgen darauf wachte ich erschrocken auf. Ich hörte Autos! Hilfe, ich musste viel zu nahe an Land gekommen sein! Ich flog aus der Koje, bevor ich mich daran erinnerte, dass ich an einem Steg angelegt hatte und nicht mehr auf See war. Ich musste über mein eigenes Verhalten laut lachen und machte mir daraufhin im Cockpit ein Frühstück, das aus frisch gebackenem Brot, Käse, Saft und Kaffee bestand. Wie merkwürdig – es schaukelte gar nicht mehr.

Mike und ich begannen, uns nach Gerrys Boot zu erkundigen. Doch das Einzige, was wir herausfanden, war, dass er überstürzt nach England hatte reisen müssen und wahrscheinlich nicht rechtzeitig zurückkehren würde, um das Boot nach Hause zu segeln. Daher stand das Boot an Land. Niemand wusste, was daheim in England passiert war.

Ich bemerkte, dass viele Menschen in der Umgebung in Zelten lebten. »Warum sind hier so viele Zelte aufgestellt?«, fragte ich.

»Ach ja, das kannst du ja gar nicht wissen«, sagte Mike. »Vor zwei Wochen hat es auf der anderen Seite der Insel ein Erdbeben gegeben. Viele Menschen sind dabei obdachlos geworden.«

Auf jeder noch so kleinen Fläche entlang der Hauptstraße stand ein Zelt. Der Wiederaufbau der Gebäude hatte bereits begonnen. Doch es war finanzielle Hilfe vom Festland nötig. Daher waren auch überall Lebensmittel- und Kleidersammlungen in vollem Gange.

Ich spazierte zum Bootsgeschäft der Insel, um dort Grüße von meinem Freund Magnus auszurichten. (Er hatte mir die Angelschnur geschenkt, bevor ich von zu Hause fortgesegelt war.) Er kannte die Besitzer, Duncan und Ruthi, von seinen eigenen Aufenthalten in Horta. Er hatte eine Zeit lang als Skipper auf Booten gearbeitet, die zwischen verschiedenen Orten hin und her gesegelt werden sollten, meist zwischen den Westindischen Inseln und Europa. Die beiden waren froh, von Magnus zu hören. Ich fragte nach dem Erdbeben und erfuhr, dass auch ihr Haus zerstört worden war.

»Wir hatten aber noch Glück«, sagte Ruthi. »Komplett zerstört wurde nur die Küche.«

»Und jetzt, im Sommer, kann man ja auch im Zelt wohnen«, fügte Duncan hinzu. »Es dauert allerdings nicht mehr allzu lange, bis der Winter kommt, und was sollen die Leute dann tun? Wir können immerhin in unserem Haus wohnen, aber all die anderen, die nicht so viel Glück hatten, wo sollen die hin?«

»Hat Magnus eigentlich erzählt, dass ihm seine Kameras gestohlen wurden, als er das letzte Mal hier war?«, fragte Ruthi. »Die Polizei hat später die ganze Fototasche gefunden! Und alles war noch drin. Allerdings lag sie in einem Regal zu Hause, als das Erdbeben einsetzte, und sie ist auf den Boden geknallt ... Ich habe keine Ahnung, ob irgendetwas kaputtgegangen ist. Aber es wäre toll, wenn du sie ihm mitbringen könntest. Nur habe ich sie jetzt nicht dabei.«

»Selbstverständlich«, sagte ich. »Und es hat keine Eile, ich will noch ein Weilchen hier bleiben.«

Ich sah mich in dem Geschäft ein wenig um und entdeckte eine Gastlandflagge, die ich nicht zuordnen konnte. »Ist das die Azoren-Flagge?«, fragte ich.

»Ja, wir sind zwar ein Teil von Portugal, aber die Azoren haben trotzdem ihre eigene Flagge.«

Ruthi nahm eine aus dem Regal und legte sie auf den Tisch. Die eine Hälfte der Flagge war blau, die andere weiß. In der Mitte befand sich ein großer Vogel.

»Das Blau steht für das Meer, das Weiß für den Himmel, und der Vogel kann von oben all die vielen kleinen Inseln sehen«, erklärte Ruthi.

»Die möchte ich gerne kaufen.«

Ich verließ das Geschäft und ging zurück zur *Artemisia*. Dort ersetzte ich die Flagge Portugals durch die der Azoren.

Die meisten, die zu den Azoren segeln, sehen nur Horta. Schon im 15. Jahrhundert waren Faial und einige andere Inseln Orte, an denen Seefahrer sich noch einmal ausruhten, bevor sie den Atlantik überquerten. Hier ging man an Land und stockte seine Vorräte auf. Noch heute hat Horta die gleiche Bedeutung, allerdings hauptsächlich für Fahrtensegler. Und Faial ist eine schöne Insel. Allerdings bestehen die Azoren aus weiteren neun Inseln, die alle ihre Besonderheiten aufweisen. Leider segeln die meisten einfach an ihnen vorbei – auch ich selbst.

Die Inselgruppe wurde vermutlich um 500 v. Chr. von den Phöniziern entdeckt. Die Phönizier waren Seefahrer, die im östlichen Mittelmeerraum ansässig waren. Die Inseln blieben unbewohnt, bis Portugal im 15. Jahrhundert Anspruch auf sie erhob.

Die Tage vergingen in einem geruhsamen Tempo. Ich hatte die Gelegenheit, Wäsche zu waschen, in einem Restaurant am Hafen *Café au lait* zu trinken und mit den anderen Seglern zu sprechen. Horta ist eine hübsche Kleinstadt mit niedrigen Häusern und engen Gärten. Dennoch konnte auch hier ein neues, modernes Bürogebäude stehen, das überhaupt nicht ins Bild passt. Hier halten sich Segler gerne auf, denn sie sind in der Regel auf dem Weg nach Hause und wollen die Insel nicht wirklich verlassen. Auch ich selbst hatte keine große Lust, den Tag meiner Abreise gen Norden festzulegen; stattdessen ließ ich einen Tag nach dem anderen verstreichen.

In Horta gibt es die Tradition, den Namen seines Bootes sowie seinen eigenen Namen an die Hafenmauer zu schreiben. Tut man es nicht, hat man auf der nächsten Segeletappe Pech. Ein solches Risiko wollte ich natürlich nicht eingehen, also musste ich eine leere Stelle finden und Farbe auftreiben. Es gibt ganz fantastische Wandmalereien am Hafen, man kann unendlich lange herumgehen und man findet immer wieder neue. Ich bin keine große Künstlerin, doch wenigstens stehen nun dort auch der Name meines Bootes und mein eigener.

Eines Tages kam ein eigenartiges Segelboot in den Hafen gefahren. Es hatte zwei unverstagte Masten und war grün und beige bemalt. Als ich später Mike traf, fragte ich ihn, ob er etwas darüber wusste.

»Ja, das ist die *Badger*!«, sagte er und war gleich Feuer und Flamme. »Kannst du dich erinnern, dass ich dir in Porto Santo von Annie und Pete Hill erzählt habe?«

Ich versuchte, mich zu erinnern, doch Porto Santo war eine Weile her und Mike hatte von ziemlich vielen Menschen erzählt.

»Du weißt schon, Annie, die ein paar Bücher über Langstreckensegeln geschrieben hat.«

»Jaaa, das Paar, das mit ganz wenig Geld losgesegelt ist? Die wollte ich schon immer einmal treffen!«

Am nächsten Abend saß ich im Cockpit der *Badger* und lernte Annie und Pete aus England kennen. Das Boot war in der Tat einzigartig, ein Stahlschoner mit Dschunkenrigg. Er hatte zwei unverstagte Masten, d. h. keine Wanten und Stage, und erinnerte ein bisschen an asiatische Boote – und doch wieder nicht. Der Schiffskörper und die Segel waren grün, das Deck beige-braun. Ich war wirklich fasziniert von diesem Boot, das mit vielen Konventionen brach.

Annie und Pete sind knapp fünfzig Jahre alt und seit zehn Jahren Langfahrtensegler. Abgesehen von ein paar Ausflügen zu den Westindischen Inseln und in die USA sind sie unter anderem nach Island und Grönland gesegelt. Sie haben einen unkonventionellen Lebensstil und eine außergewöhnliche Einstellung zu langen Segeltörns. Um leben zu können, wie sie es tun, haben sie ihr Boot selbst gebaut, und es ist ein Musterbeispiel für praktische und einfache Lösungen. Nur wenig Material hatten sie selbst gekauft, sondern sich dessen bedient, was andere weggeworfen hatten. Vieles bauten sie auch selbst. Weil sie kein GPS hatten, navigierten sie meistens mit einem Sextanten. Sie gehen fast nie in ein Restaurant, sondern kaufen große Mengen Lebensmittel ein, wenn diese irgendwo billig zu haben sind. Für sie ist das Langfahrtensegeln ein Lebensstil, kein einmaliges Ereignis im Leben. Sie leben von den Zinsen ihrer Staatsanleihen. Außerdem haben sie ein Einkommen aus dem Verkauf von Annies Büchern. Ihr Budget beträgt 1300 britische Pfund im Jahr (Stand 1993). 300 Pfund legen sie pro Jahr als Inflationsausgleich zurück. Das mag für viele unglaublich klingen, und man sollte meinen, dass man die »ärmlichen« Verhältnisse dem Boot und ihnen selbst ansah. Doch die *Badger* war in Toppform; es war alles vorhanden, was für einen langen Segeltörn nötig war. Und gemütlich war es auch noch! Annie und Pete passten wunderbar zu ihrem tollen Boot.

Ich mochte die beiden vom ersten Augenblick an. Man merkte ihnen an, dass sie bekannt und beliebt waren, denn die ganze Zeit über kamen Leute vorbei, um mit ihnen zu plaudern.

Die Zeit in Horta war großartig und ich genoss sie in vollen Zügen. Doch nach zwei Wochen war es für mich an der Zeit aufzubrechen. Ich verabschiedete mich also im Bootsgeschäft von Ruthi und Duncan. Magnus' Fototasche verstaute ich ordentlich. Wenn sie das Erdbeben überlebt hatte, sollte sie schließlich auch den Segeltörn nach Hause überstehen. Zwei Tage bevor ich selbst Horta verließ, hisste Mike seine Segel und setzte Kurs auf England.

Es war inzwischen der zweite August, und mit etwas gemischten Gefühlen stach ich wieder in See. Hatte ich irgendetwas vergessen? Hatte ich alles inspiziert und repariert, was nötig gewesen war? Was lag noch vor mir? Doch ich empfand auch eine große Sehnsucht, wieder auf See zu sein; eine Sehnsucht nach den vertrauten Geräuschen von Wind und Wasser und nach den Horizonten.

Ich holte tief Luft und startete den Motor, der sofort ansprang. Ich löste die Taue, die mich mit dem Land verbanden, und ließ den Hafen hinter mir. Die Segel waren schnell gesetzt, der Kurs bestimmt, und die Freude darüber, mit der *Artemisia* wieder draußen auf dem Meer zu sein, breitete sich in meinem Körper aus. Faial wurde immer kleiner, ebenso wie ein paar andere Azoreninseln, die wie kleine Felsen um mich herum verstreut lagen. Nach einem Tag war keinerlei Land mehr in Sicht.

Ich wusste, dass es bald kälter und regnerischer werden würde. Doch noch genoss ich die Wärme und hoffe, dass es nicht allzu schnell ginge, bis ich England erreichte. Als ich im Cockpit zu Abend aß, sah ich plötzlich irgendetwas im Wasser schwimmen. Es sah aus, als würde es sich mir nähern, und ich versuchte zu erkennen, was es war. Ich starrte aufs Wasser – und konnte nicht glauben, was ich da sah: ein verpacktes Gefrierhühnchen! Am nächsten Tag sah ich eine Schildkröte, neben der ein großes Stück rohes Fleisch schwamm, das drei Mal so groß war wie die Schildkröte selbst.

Doch ein paar Tage später geriet ich endgültig aus der Fassung. Ich war in der Kajüte, um Wasser für einen Kaffee aufzusetzen. Ich hörte ein ungewöhnliches Geräusch und versuchte, es zu lokalisieren. Es glich einem pfeifenden Kaffeekessel, doch einen solchen besaß ich nicht. Nachdem ich mich vergewissert hatte, dass das Geräusch nicht aus dem Innern des Bootes kam, ging ich ins Cockpit und suchte draußen weiter. Da sah ich, dass nicht weniger als fünf Wale um das Boot herumschwammen! Ihr Pfeifen hatte ich gehört! Zuerst wollte ich hinunterrennen und meine Kamera holen, doch ich hatte Angst, dass sie in der Zwischenzeit verschwinden würden, und ich wollte keine Sekunde ihres Besuches verpassen. Doch sie schienen nicht in Eile zu sein, also lief ich doch schnell nach unten. Als ich wiederkam, waren sie immer noch da. Sie schwammen ganz nahe heran, und als ich mich über die Reling beugte, bespritzten sie mich mit Wasser. Sie waren schätzungsweise fünf, sechs Meter lang. Einige von ihnen spielten am Vorschiff. Manchmal schwammen sie auf der Seite, ungefähr so, wie es Delfine tun.

Und da, zum zweiten Mal in meinem Leben, drehte sich einer von ihnen und sah mich mit einem Auge an. Die Zeit stand still, ich war unbeschreiblich glücklich und voller Lebensenergie.

Die Wale blieben ungefähr eine Viertelstunde, bevor sie weiterschwammen. Bis heute wird mir ganz warm vor Glück, wenn ich an dieses Ereignis denke. Später fand ich heraus, dass es sich um Grindwale gehandelt hatte.

Manch einer wird sich fragen, warum ich keine Angst gehabt habe. Die Wale hätten mich ja angreifen können. Aber ich bin davon überzeugt, dass sie das niemals getan hätten. Natürlich sind schon Segelboote von Walen zerstört worden. Doch soweit ich weiß, geschieht dies nur unter bestimmten Umständen: Wenn der Wal im Wasser liegt und schläft, beispielsweise. Dann hört er das Geräusch des Bootes nicht, vor allem wenn es sich um ein Whitbread-Boot handelt, das ungeheuer schnell fährt. Oder wenn man sich unwissentlich (oder wissentlich) zwischen eine Kuh und ihr Kalb schiebt oder wenn man »sie jagt«, um näher an sie heranzukommen und sie besser zu sehen. Nicht wirklich überraschend, wenn sie sich dann zu verteidigen versuchen! Ansonsten attackieren Wale niemanden, und ich habe mich nie bedroht gefühlt, wenn ich das Glück hatte, ihnen nahe zu sein, im Gegenteil. Haie dagegen können gefährlich werden, aber das ist natürlich etwas anderes.

Wenn ich Flaute hatte, schaltete ich zeitweise den Motor an, allerdings mit steigender Unruhe. Die erste Stunde lief er stets einwandfrei, doch dann sank der Öldruck. Ich musste den Motor für eine Stunde abstellen, anschließend lief er wieder, manchmal sogar mehrere Stunden am Stück. Irgendetwas war ganz offensichtlich kaputt; ich konnte nur hoffen, dass der Motor den restlichen Weg durchhalten würde.

Das Barometer fiel langsam und kontinuierlich. Ich war aus dem warmen Hochdruckgebiet herausgefahren und näherte mich Europa, wo es langsam Herbst wurde. Die Nächte wurden kühler, immer mehr graue Regenwolken zogen auf, doch glücklicherweise waren sie nicht allzu häufig genau über mir. Eines Nachts, ich wollte gerade einschlafen, hörte ich, wie sich Delfine vor dem Boot unterhielten. Dieses Mal blieb ich liegen und hörte einfach ihren Geräuschen zu. Der Bootsrumpf funktioniert fast wie ein Resonanzraum, man hört alles sehr genau. Was sie sich wohl zu erzählen hatten?

Das Meer war nicht mehr so leer. Täglich konnte ich mehrere Schiffe ausmachen, nach zwei Wochen sah ich den ersten Leuchtturm und das Festland wurde immer klarer erkennbar. Meine Schlafphasen wurden wieder kürzer, und ich musste mir einen Wecker stellen, um sicherzustellen, dass ich rechtzeitig aufwachte. Die Zeit der unendlichen Weite war ein für alle Mal vorbei. Es fühlte sich ein wenig so an, als segelte ich einem Ziel entgegen, das ich eigentlich gar nicht erreichen wollte. Natürlich wollte ich nach Hause, schließlich wollte ich Torbjörn und andere Freunde wieder sehen. Doch hatte ich nicht das Gefühl, nach Hause zu kommen. Definitiv nicht! Das Meer hatte mir so viel Freude und Lebenskraft geschenkt, auch Sorge, Angst und Frustration natürlich, doch was blieb, waren Gefühle der Dankbarkeit und Zugehörigkeit. Was hatte ich daheim in Stockholm zu suchen?

Der Ärmelkanal tauchte vor mir auf. Zuerst segelte ich weiter nordwärts, um dem Festland näher zu kommen und mich dann in der Küstenverkehrszone fortzubewegen. Ich betete um guten Wind, wollte bei diesem dichten Verkehr auf keinen Fall kreuzen müssen oder in eine Flaute geraten. Und die Wettergötter waren auf meiner Seite. Ich hatte sogar kurze Ruhemomente, in denen ich schlafen konnte, ganz gleich, welche Tageszeit gerade war.

Mein Ziel war Southsea, eine Hafenstadt südlich von Portsmouth. Dorthin kann man entweder an der Isle of Wight vorbei und dann nordwärts segeln, oder man durchfährt den Meeresarm »Solent«, der sich zwischen der Insel und dem Festland befindet. Dort sind die Gezeiten besonders kompliziert, weil sich die Flut quasi doppelt anstaut. Als ich mich der Isle of Wight näherte, rechnete ich aus, dass ich ab sofort den ganzen Weg mit der Strömung fahren würde, wenn ich jetzt in den Solent einfuhr. Viele Segelregatten, große wie kleine, starten hier, und auch wenn mich Regatten nie gereizt hatten, war es interessant, nun durch dieses so oft beschriebene Gebiet zu segeln. Genau am südwestlichen Zipfel der Isle of Wight liegen drei Kliffreihen, die man passenderweise *The Needles*, »Nadeln«, nennt. Man kann zwischen ihnen hindurchsegeln, sofern der Wind und die Gezeiten es zulassen. Besonders bei Regatten gibt es immer irgendjemanden, der hier einige Minuten gewinnen will. Allerdings haben diesen Versuch viele damit bezahlt, dass sie auf Grund liefen oder ihrem Boot anderen großen Schaden zufügten. Ich sah die Felsen in der Dämmerung und wollte gar nicht erst versuchen, zwischen ihnen hindurchzusegeln!

Im Hafen von Southsea blieb ich ein paar Tage und erholte mich von der schlafarmen Zeit im Ärmelkanal. Torbjörn hatte sich Urlaub genommen, um mit mir das letzte Stück nach Hause zu segeln. Wir wollten uns in Brighton treffen. Als ich mich dieser Stadt nun zum zweiten Mal näherte, war mir ihre Silhouette wohlbekannt. Vor knapp einem Jahr war ich von hier aus aufgebrochen. Heute, am 23. August 1998, war ich zurück, doch es fühlte sich an, als sei inzwischen ein halbes Leben vergangen!

Torbjörn kam diesmal mit etwas weniger Gepäck als damals, als er in Funchal angeheuert hatte. Obwohl es fast so war, als hätten wir uns erst gestern gesehen, war in der Zwischenzeit doch so viel passiert – wo sollte ich nur den Anfang machen? Ich konnte das alles unmöglich auf einmal erzählen, es musste Stück für Stück geschehen, alles zu seiner Zeit.

Ich hätte gerne den Werkstattmeister aufgesucht, der mir vor einem Jahr vorhergesagt hatte, dass das Kardangelenk nicht einmal ein paar Stunden halten würde. Er war leider im Urlaub, sodass ich ihm nicht erzählen konnte, dass es tatsächlich den ganzen Weg über gehalten hatte. Vieles hatte die Zeit nicht heil überstanden – doch das war schließlich etwas anderes.

Kapitel 20

Kreuzkurs Nordsee

Wir verließen England mit einer guten Wettervorhersage im Gepäck. Leider zeigte sich, dass sie nicht mit der Realität übereinstimmte. Wir hatten kaum Wind, und die Brise, die wehte, kam von vorne. Doch die Sonne schien, und ich hatte das Gefühl, schon fast zu Hause zu sein. Vielleicht war es dieses Gefühl, das mich davon abbrachte, in Brighton Karabinerhaken für mein Vorsegel zu kaufen? Ich hätte dies auch in Horta erledigen können, doch weil mein Geld knapp war, hatte ich darauf verzichtet. Ein Segelmacher hatte dort meine inzwischen arg verschlissene Genua verstärkt, was beinahe all mein restliches Geld verschlang. Er hatte mir außerdem ein paar Karabinerhaken geschenkt, die vieles erleichterten. In Brighton hätte ich Torbjörn bitten können, die fehlenden Pistolenhaken zu kaufen, doch ich war es inzwischen so gewohnt, die Segel mit den amerikanischen Schäkeln zu wechseln, dass ich nicht eine Sekunde lang daran gedacht hatte.

Auf der Nordsee mussten wir ständig kreuzen. Wenn wir gerade einmal einen guten Kurs aufgenommen hatten, kam uns garantiert ein Öltanker in den Weg, sodass wir wieder wenden mussten. Außerdem regnete es. Nicht nur Torbjörn und ich fanden, dass es ziemlich unangenehm war. Es waren auch keine Vögel dort draußen unterwegs. Sie suchten an Deck Schutz unter der Sprayhood und dem Segel, bis es zu regnen aufhörte. Einige flogen sogar in die Kajüte! Dann kam auch noch eine steife Brise auf. Die See wurde so rau und aufgewühlt, dass es schwer wurde, vor dem Wind zu segeln.

Wir waren gezwungen, den Kurs zu ändern und in die unserem Ziel entgegengesetzte Richtung zu segeln.

Das Wetter konnte sich nicht entscheiden. Der Motor lief auf vollen Touren, und so lange er sich immer wieder erholen konnte, funktionierte er gut. Eines regnerischen Tages suchte wieder einmal ein Vogel Schutz unter der Sprayhood. Wind kam auf und ich wollte die Segel setzen. Der Vogel saß genau auf dem Spill, sodass ich die Segel so sachte wie möglich hisste, um ihn nicht fortzujagen. Der Vogel sah sich das Spill an, blieb aber ganz ruhig sitzen. Als die Segel gesetzt waren, wollte ich den Motor ausschalten. Seit Patagonien war er kurzgeschlossen, weil der Rost das Zündloch zerfressen hatte, und wie üblich zog ich einfach die Kabel heraus. Doch nichts passierte!

»Torbjörn, der Motor geht nicht aus!«

»Hast du die Kabel herausgenommen?«

»Ja, aber er läuft trotzdem weiter!«

Warum blieb der Motor nicht einfach stehen? Wir wussten, dass ein Motor »durchgehen« konnte; dann ließ er sich nicht mehr abschalten, bis er von alleine abstarb. Das dann aber für immer ...

»Wir müssen die Dieselzufuhr stoppen«, sagte Torbjörn.

Gesagt, getan.

Der Motor lief weiter.

In mir stieg Panik auf. Wie konnten wir den Motor nur anhalten? Die Dieselzufuhr war gestoppt, er hatte keinen Druck mehr, und trotzdem lief er einfach weiter! Uns musste schnell etwas einfallen!

»Vielleicht geht der Anlasser ja noch«, schlug Torbjörn vor. »Kannst du den irgendwie abschalten?«

»Ja«, keuchte ich, während ich die Kabel suchte, die zum Anlasser führten, und sie herauszog.

Stille.

Der Motor war stehen geblieben.

Wir lachten vor Erleichterung. Als wir alles näher untersuchten, stellten wir fest, dass sich der Schalter des Anlassers durch Feuchtigkeit und Rost im »On-Modus« festgesetzt hatte, auch wenn er eigentlich vor Nässe und Rost geschützt war. Jetzt konnten wir auch auf diesen Knopf pfeifen und mussten mit den Kabeln hantieren.

Der Vogel, den ich nicht hatte stören wollen, als ich das Segel setzte, war auf und davon geflogen. Das war nur verständlich.

Irgendwann erreichten wir endlich die Mündung der Elbe und konnten Cuxhaven anfahren. Als wir später außerhalb des Nord-Ostsee-Kanals hin und her segelten, während wir auf grünes Licht warteten, war es nicht ganz einfach, sich in der Nähe der Schleusentore zu halten. Es war Flut, in eine Richtung fuhren wir sieben Knoten schnell, in die andere nur knapp zwei! Endlich durften wir in die Schleuse einfahren. Hinter uns lag ein großes, altes Segelboot. Ein Besatzungsmitglied kam hervor und rief zu uns herüber, ob wir es aus der Schleuse herausziehen konnten; ihr Motor sei kaputtgegangen.

»Wie viel wiegt denn das Boot?«, fragte ich.

»Zwanzig Tonnen«, antwortete er.

»Wir können es versuchen«, sagte ich, »aber leider können wir uns auf unseren Motor auch nicht verlassen.«

Es schien abwegig, dass wir überhaupt versuchten, das riesige Boot aus der Schleuse zu ziehen. Das Schleusentor öffnete sich und ich gab vorsichtig Gas. Zuerst passierte gar nichts, doch dann bewegten wir uns langsam. Als wir auf der Höhe des Schleusentors waren, riefen sie herüber, ihr Motor sei angesprungen, und wir lösten die Vertäuung.

Torbjörn und ich nahmen uns zwei Tage Zeit, um den Kanal zu durchqueren. Wir übernachteten am letzten Ankerplatz vor den Schleusentoren zur Ostsee, damit wir am nächsten Tag direkt weiterfahren konnten. Leider schienen die Wettergötter beschlossen zu haben, uns auf dieser letzten Etappe nach Hause das Leben zu vergällen. Auch auf der anderen Seite der Schleuse mussten wir die meiste Zeit kreuzen. Torbjörn hatte es langsam eilig; sein Urlaub war bald vorbei. Daher beschlossen wir, in Gislövs läge anzulegen, von wo aus er mit dem Zug nach Hause fahren konnte. Außerdem konnte ich dort Christian, meinen Bruder, treffen, der in Lund wohnte. Er holte uns ab und servierte uns zu Hause ein köstliches Abendessen.

In dem kleinen Hafen war immer noch alles beim Alten. Es war, als wäre dort die Zeit stillgestanden, während sie für mich vorwärts gerast war. In den Geschäften konnte man Dickmilch und die Tageszeitung *Dagens Nyheter* kaufen. Die Menschen sprachen schwedisch und das Leben schien seinen üblichen Gang zu gehen. Nur ich fühlte mich wie eine Fremde.

Torbjörn reiste also heim und ich blieb im regnerischen und windigen Schonen. Aber es würde ja nicht mehr lange dauern, bis auch ich zu Hause war. Dachte ich.

An der Brücke lag ein kleines hölzernes Segelboot. Es war rund sieben Meter lang und an Bord war ein irisches Paar von knapp zwanzig Jahren. Die beiden waren im Sommer von Irland nach Norwegen und Dänemark gesegelt und befanden sich jetzt auf dem Weg nach Holland, um ihr Boot überwintern zu lassen. Im Verhältnis zu meinem war es winzig. Doch sie fühlten sich wohl und meinten, die Größe sei gerade richtig. Es war lustig, sie kennen zu lernen, und schön zu sehen, dass Menschen mit noch viel weniger Komfort auskommen, als man üblicherweise für notwendig hält. Sie hatten keine schlechteren Erfahrungen gemacht als Leute, die in größeren Booten unterwegs waren.

Wir verließen Gislövs läge am selben Tag, die beiden gen Süden und ich gen Osten. Mein Ziel war Kristianstad. Ich rechnete damit, dass ich es in anderthalb Tagen bis dorthin schaffen würde, eine überschaubare Strecke. Als sich der Morgennebel lichtete, kam die wärmende Sonne hervor. Es wurde richtig gemütlich. Wieder fühlte ich mich auf dem Meer vollkommen zu Hause. Ich fuhr weiter nordwärts; der nächste Hafen war Kalmar. Dort musste ich ein paar Tage warten, bis sich der Nebel verzogen haben würde. Ich fühlte mich wie in einem Vakuum, hatte in Kalmar nichts zu tun, konnte nur warten. Am Ende beschloss ich, weiterzufahren, obwohl der Wind sehr schwach war. Ich wollte den Motor nicht zu häufig anschalten, aber draußen in der Meerenge würde es wohl auch ganz gut ohne ihn funktionieren. Als ich die schmalste Passage hinter mir gelassen hatte, setzte ich die Segel. Dann ging ich hinunter in die Kajüte, um mir eine Tasse Kaffee zu holen – und stand im Wasser!

Der Teppich schwamm – irgendwo drang jede Menge Wasser ein. Ich pumpte, so lange ich konnte. Das half. Doch ich konnte noch immer nicht sehen, woher das Wasser kam. Ich konnte das Leck nicht finden. Vermutlich war der Motor schuld, den ich gerade erst abgestellt hatte. Doch ich konnte ja wohl kaum mitten im Kalmar-Sund einen Tauchgang im Motorraum wagen! Ich ging zurück ins Cockpit. Der Wind blies ordentlich, und ich erreichte Västervik schneller, als ich gedacht hatte. Früh am Morgen legte ich an einer Schäreninsel vor Västervik an.

Schließlich fand ich das Leck. Der Auspuff war an der Unterseite gesprungen. Kein Wunder, dass massenhaft Wasser eindrang! Ich dichtete den Auspuff wieder ab.

Am nächsten Tag wollte ich weitersegeln, doch der Wind kam aus Nordost, beinahe eine steife Brise. Ich hatte inzwischen oft genug kreuzen müssen, sodass ich mich nach Västervik zurückzog, bis der Wind abflaute.

Ich musste lange warten. Jeden Tag sagte der Seewetterbericht das Gleiche; Nordost, 10 bis 14 Meter pro Sekunde. Man hätte meinen können, dass sie täglich dieselbe Wettervorhersage verlasen, doch leider stimmte sie mit der Realität überein. Außerdem regnete es unablässig.

Meine Motivation, nach Hause zu kommen, nahm rapide ab. Was sollte ich dort? Weshalb wollte ich überhaupt heim? Die Enttäuschung darüber, dass ich nicht bis zur Antarktis gekommen war, wurde mir wieder bewusst. Ich fühlte mich als Versagerin. Ich befürchtete, dass die Leute Mitleid mit mir haben würden, und wollte niemanden treffen. Auf der anderen Seite wollte ich unbedingt nach Hause in meine Wohnung kommen. Ich war ihr so nahe! Eine warme Dusche ... nicht mehr frieren, wenn man sich schlafen legt ... die Trockenheit genießen! Kurz hinter Patagonien war mein Heizgerät kaputtgegangen, ich hatte nur noch zwei Petroleumlampen, die ein wenig Wärme abgaben, doch diese Feuchtigkeit ... Es war klamm an Bord, Tropfen liefen an den Fenstern hinab. Ich wollte aber auch nichts mehr dagegen tun. Meine Rettung war das Schwimmbad mit Sauna in Västervik. Mein letztes Geld gab ich für ein paar Bücher aus, mit denen ich mir die Zeit vertrieb.

Endlich zog das Tiefdruckgebiet weiter und das Licht des Leuchtturms wurde immer deutlicher sichtbar. Es war immer noch dunkel, als ich in die Stockholmer Schären einlief. Dort nahm der Wind im gleichen Maße ab, wie die aufgehende Sonne Licht über die Inseln warf. Es war inzwischen Oktober. Das Wasser war menschenleer, keine anderen Boote weit und breit. Sachte glitt ich in der Fahrrinne vorwärts und überlegte, an welcher Insel ich anlegen sollte, um ein wenig zu schlafen. Doch noch bevor ich irgendeine Entscheidung getroffen hatte, war wieder Flaute. Ich musste das letzte Stück den Motor benutzen. Ich glaube, er wusste, dass wir fast daheim waren, denn er war – tot. Ich versuchte es mit allen Tricks, die früher funktioniert hatten, doch der Motor gab keinen Laut mehr von sich. Langsam trieb ich einigen Untiefen entgegen. Das konnte doch nicht wahr sein! Sollte ich etwa so weit gekommen sein, um auf ein paar Steinen in den Schären zu stranden?

Ich sah mich um. Kein einziges anderes Boot in Sicht. Doch, da, da kam eines! Nicht nur eines, mehrere! Es war die Marine, die zu einer Übung ausrückte. Ich funkte sie an und sie änderten den Kurs in meine Richtung. Ich sagte ihnen, dass ich lediglich in den nächsten Hafen wollte. Dort konnte ich dann in aller Ruhe den Fehler suchen. Doch sie meinten, es sei besser, mich zur Insel Dalarö zu schleppen.

»Wir machen nur die Schleppseile klar, dann kommt unser Mechaniker rüber«, sagte der Kapitän.

»Er kann gerne kommen«, entgegnete ich.

Der Mechaniker legte gleich los und versuchte den ganzen Weg nach Dalarö über, den Fehler zu finden. Immerhin war er hartnäckig. Mein Selbstwertgefühl wuchs und wuchs, während er weiter nach dem Fehler suchte, denn mehr oder weniger tat er genau das, was ich bereits versucht hatte, bevor er an Bord gekommen war. Doch seine Anstrengungen waren ebenso erfolglos wie meine eigenen. Als wir beinahe im Hafen angekommen waren, gelang es ihm, den Motor zu starten. Er lief ein paar Sekunden, bevor er wieder erstarb. Das Einzige, was der Motor von nun an von sich gab, war ein eigenartiges Geräusch, das ich noch nie zuvor gehört hatte. »Kadong, kadong, kadong.« Ungefähr so klang es.

Ich wurde zum Abendessen zu ihnen an Bord geladen. Sie bedauerten, dass sie mir nicht hatten helfen können. Doch ich war ihnen sehr dankbar dafür, dass sie es versucht und mich an Land gebracht hatten.

Als die Marinesoldaten den Hafen verlassen hatten, ging ich zu einer Telefonzelle und rief Arne an, der sich sehr gut mit Motoren auskennt. Als ich ihm das Geräusch beschrieb, wurde es still am anderen Ende der Leitung.

»Hast du ›kadong‹ gesagt?«

»Ja, genau, ›kadong‹. Sagt dir das was? Weißt du, was passiert sein könnte?«

»Wenn ich richtig vermute, ist es ziemlich ernst«, meinte Arne. »Ich glaube nicht, dass man den Motor noch reparieren kann. Ein solches Geräusch habe ich selbst noch nie gehört.«

»Verdammt!«

»Aber abgesehen davon bist du doch bald zu Hause! Ich freue mich schon darauf, dich wiederzusehen!«

»Na ja, das wird sich zeigen, wie bald ich nach Hause komme«, entgegnete ich.

»Du kannst doch segeln!«

»Hm ... Na, wir sehen uns demnächst, und danke!«

Ich trat aus der Telefonzelle heraus. Gegenüber stand ein SL-Bus. Stockholms Nahverkehr. Wenn ich den nahm, würde ich in zwei Stunden zu Hause sein. Gleichzeitig hatte ich das Gefühl, »zu Hause« wäre 1000 Kilometer entfernt. Ich konnte die *Artemisia* doch nicht einfach hier liegen lassen! Nicht jetzt, wo wir fast am Ziel waren.

Dem Wetterbericht zufolge würde ich kreuzen müssen. Ich musste außerdem durch die Hammarby-Schleuse hindurch, um nach Långholmen zu kommen. Diesen Weg wollte ich nur ungern ohne Motor einschlagen. Ich wollte nun wirklich nach Hause, und zwar sofort.

Ich betrat wieder die Telefonzelle und rief Maria an, die mit mir nach Kuba gesegelt war. Sie lebt mit ihrer Familie auf einer Insel in den Schären.

»Du, was machst du denn morgen?«, fragte ich.

»Och, nichts, was ich nicht aufschieben könnte. Weshalb fragst du?«

Ich erzählte ihr, was passiert war, und fragte, ob sie mich nach Långholmen schleppen wollte.

»Na klar kann ich das machen«, antwortete sie.

Anschließend rief ich Torbjörn an und sagte, dass ich mit großer Wahrscheinlichkeit am nächsten Tag heimkommen würde.

»Ich komme nach Långholmen und hole dich dort ab«, sagte er. »Jonas und viele andere wollten dich auch treffen. Ist das in Ordnung?«

Ich konnte nicht gleich antworten. Ich hatte so viele widersprüchliche Gedanken in mir. Doch das Gefühl, versagt zu haben, war so stark, obwohl ich wusste, dass es unsinnig war. Aus irgendeinem Grund hatte ich Angst davor, diese Leute zu treffen.

»Nein, lieber nicht. Ich weiß, dass das dumm ist von mir. Okay, Jonas, Magnus, Arne und Gunilla. Die verstehen mich. Aber niemand sonst, noch nicht.«

»Alles klar. Bis morgen!«

Es war ein klarer und schöner Morgen im Oktober, als Maria über das Wasser kam. Wir beschlossen, ihr Boot längs an der *Artemisia* zu vertäuen. So hatten wir zum einen eine bessere Kontrolle über beide Boote, zum anderen konnten wir uns so leichter unterhalten. Es funktionierte einwandfrei. Marias Boot wurde unser »Motorraum« und das Steuern übernahm ich auf der *Artemisia*.

Die Schären lagen sanft und still im Herbstlicht; ein schöner Tag, um nach Hause zu kommen. Als wir in die Hammarby-Schleuse einfuhren, konnte ich auf der anderen Seite einen Mast sehen. Ich erkannte ihn wieder, er gehörte zu Jonas' Boot *Sea Star*. Als die Schleusentore sich öffneten, fingen alle auf dem Boot an, ein Riesenspektakel zu veranstalten. Dann fuhren sie längs an uns heran und Magnus übergab mir einen riesigen Strauß Rosen, eine Flasche Champagner und eine Prinzessinnentorte!

»Woher wusstet ihr, dass ich Prinzessinnentorte liebe?«

»Wussten wir nicht, wir haben's einfach riskiert«, sagte Magnus.

Arne und Gunilla waren auch da sowie Jonas' 13-jährige Tochter Marie.

Sie sahen alle so aus wie damals, als ich abgereist war, außer Marie, die gewachsen war. War ich wirklich so lange fort gewesen? War ich nun wieder zu Hause? Sie sahen alle so froh aus, und ich wusste nicht, ob ich lachen oder weinen sollte. Wie würde ich all das vermitteln können, was ich erlebt hatte? Doch plötzlich sah ich klar. Ich hatte all das, was unterwegs passiert war, überstanden. Es war mir gelungen, heimzukommen. Als ich die fröhlichen Gesichter meiner Freunde sah, wurde mir bewusst, dass trotz aller Widrigkeiten nahezu alles möglich war.

Torbjörn stand auf der Brücke. Eine unbeschreibliche Wärme durchströmte mich. Dieser fantastische Mann, der mich den ganzen Weg über unterstützt hatte, der niemals an mir gezweifelt hatte! Ein unschätzbares Geschenk!

Als wir am Steg in Långholmen anlegten, versammelten wir uns alle auf der *Sea Star*. Ich wollte gerade die Torte anschneiden, als Magnus sagte: »Nein, nein, wir wollen keine Torte. Die ist für dich.«

»Aber ich kann doch die ganze Torte nicht alleine ...«

»Doch, du musst nur mal anfangen«, sagte Jonas und reichte mir einen Suppenlöffel.

Ich sah zu Torbjörn hinüber, der schallend lachte.

So viel Torte herunterzuschlingen, wie nur ... Marie schaute mich ein wenig neidisch an, als ich loslegte, doch ich versicherte ihr, dass ich die Torte niemals ganz aufessen könne und dass sie auch ein großes Stück abbekommen würde.

»Na, wie fühlt sich das an?«, fragte Gunilla.

»Oh, oh, das ist eine schwierige Frage ... Ich bin einfach so froh, euch alle zu sehen! Ach ja! Magnus, ich habe ein Geschenk für dich!«

Ich sprang hinüber auf die *Artemisia* und holte Magnus' Fototasche.

»Exklusivlieferung von den Azoren!«

»Himmel, meine Fototasche!«

Er stellte die Tasche zur Seite und fragte: »Sag mal, weißt du eigentlich, was du getan hast?«

»Was meinst du?«

»Soweit ich weiß, bist du die erste Schwedin, die alleine über den Atlantik gesegelt ist. Außerdem bist du um die halbe Welt gesegelt, durch einige der schlimmsten Gegenden, die man überhaupt befahren kann. Als Kapitänin auf diesem kleinen Boot dort. Ist dir bewusst, was für eine unglaubliche Leistung das ist?«

Ich sah ihn an und schüttelte den Kopf. Ich fand, er übertrieb maßlos.

Irgendwann weigerte sich mein Magen, noch mehr Sahne und Marzipan aufzunehmen. Marie und die anderen mussten mich ablösen. Mit einem Gefühl der Unwirklichkeit fuhren Torbjörn und ich über die Väster-Brücke heim. Es war der 9. Oktober 1998, und zum ersten Mal seit dem Mittsommerabend 1997 (eine einzige Nacht ausgenommen) legte ich mich in ein Bett, das auf festem Boden stand.

Kapitel 21

Festen Boden unter den Füßen

In den ersten Tagen befand ich mich in einer Art Vakuum. Ich wollte keine Freunde anrufen, alle meine Gedanken kreisten nach wie vor um die *Artemisia*. Ich begann, das Boot zu leeren und alles mit nach Hause zu nehmen, was gewaschen oder repariert werden musste. Wenn das Telefon klingelte, bat ich Torbjörn, das Gespräch anzunehmen. Ich hätte keine Antwort auf die Frage gewusst: »Wie war es?«

Nach einer knappen Woche trieb mich die Leere auf meinem Bankkonto in die Stockholmer Klinik, wo ich mich wieder um eine Stelle bewerben wollte. Als ich durch die Eingangstüren in die Abteilung trat, in der ich vor meiner Reise gearbeitet hatte, war alles beim Alten. Weiß gekleidete Menschen hasteten durch die Korridore und auch die Geräusche waren mir wohl bekannt. Doch Helena hielt plötzlich inne und starrte mich an.

»Milo! Herrgott, du bist zurück!«

Sie umarmte mich herzlich.

»Wir haben uns alle so große Sorgen gemacht«, sagte sie.

»Aber ich habe doch in regelmäßigen Abständen Postkarten geschickt?«

»Klar, aber das hat uns auch nicht beruhigen können«, sagte Helena lachend.

»Du, ich möchte gern wieder arbeiten.«

»Aber sicher, schau in den Ordner und trag dich ein. Wir brauchen dringend Leute!«

Ich nahm den Ordner mit den Schichtplänen zur Hand. So einfach war das.

Irgendwann rief ich Eva, eine meiner Freundinnen, an und verabredete mich mit ihr auf einen Kaffee in der Stadt.

Natürlich redeten wir viel, wir hatten uns schließlich lange nicht gesehen. Doch ich fühlte, dass ich ihr lieber zuhörte, als dass ich selbst etwas sagen wollte.

»Erzähl schon! Wie war es?«, ermunterte mich Eva.

»Du, frag mich in ein paar Monaten, vielleicht kann ich dann auf diese Frage antworten.«

Als ich heimkam, fühlte ich mich ausgehöhlt. Außerdem überkam mich eine große Müdigkeit, deren Ursache mir anfangs nicht klar war. Dann verstand ich mit einem Mal: Meine Sinne waren noch immer alle weit geöffnet. Ich hatte jeden Menschen, dem ich begegnet war, förmlich aufgesogen, alle Geräusche wahrgenommen, alle Bewegungen registriert. Kein Wunder, dass ich vollkommen erschöpft war! Ich war überwältigt davon, wie viele Sinneseindrücke man »ausschließen« musste, um in einer Großstadt leben zu können.

Torbjörn erzählte, dass er eigentlich ein Willkommensfest für mich hatte organisieren wollen, als ich nach Hause kam. Doch er wusste nicht, ob ich das überhaupt wollte. Dass er es nicht getan hatte, war ganz richtig gewesen. Ich hatte überhaupt kein Bedürfnis, andere Menschen zu treffen. Ich wollte einfach nur in Ruhe gelassen werden. Außer von Torbjörn – mit ihm konnte ich reden.

Ich hatte das Gefühl, alles hätte seinen Sinn verloren, und fühlte mich wie gelähmt. Ich erlebte mich selbst wie einen Außerirdischen. Niemand würde je begreifen, was ich erlebt hatte. Was sollte ich mit all dem tun, was ich in mir trug? In einem grauen Dunst vergingen Tage und Wochen, in denen ich hauptsächlich arbeitete, um ein wenig Geld zu verdienen.

Eines Tages erfuhr ich, dass der Schwedische Kreuzerverein, *Svenska Kryssarklubben*, mir eine Auszeichnung verleihen wollte, die so genannte Schiffsglocke. Im November fuhr ich nach Göteborg, um sie vor vierhundert Menschen entgegenzunehmen. Alle anderen, die die Ehrung vor mir erhalten haben, sind bekannte und ausgezeichnete Segler. Ich konnte kaum glauben, dass ausgerechnet ich die Schiffsglocke entgegennehmen sollte, aber natürlich war ich an diesem Abend ungeheuer stolz.

Ich nahm mit meinen Freunden telefonischen Kontakt auf, hauptsächlich, weil ich mich dazu verpflichtet fühlte. Eine von ihnen, Anna, erzählte mir, dass sie nach vielen Jahren im Pflegedienst eine Fortbildung zur Rettungsassistentin angefangen hatte. Sie fand es interessant und meinte, dass diese Ausbildung eventuell auch etwas für mich sein könnte. Wir hatten beide als Rettungsassistentinnen gearbeitet, allerdings ohne die formelle Lizenz.

»Stell dir vor, wenn du dich auch ausbilden lässt, könnten wir im Ambulanzwagen mitfahren! Es wäre klasse, wieder mit dir zusammenzuarbeiten«, meinte Anna. »An der Schule gibt es verschiedene Ausbildungszweige; du kannst tagsüber Kurse belegen oder in den Abendstunden.«

Ein Funke der Hoffnung. Das klang gar nicht so schlecht. Ich rief die Schule an und erfuhr, dass man auch ein Fernstudium absolvieren konnte. Perfekt, so konnte ich gleichzeitig arbeiten und mich um die *Artemisia* kümmern, wenn ich das wollte.

Über Silvester fuhren Torbjörn und ich zu seinen Eltern nach Yrttivaara in Nordschweden. Torbjörns Brüder kamen ebenfalls. Einer von ihnen, Bernt, ist mit einer Ärztin verheiratet. Plötzlich erinnerte ich mich an den Knoten in meiner Leiste, der nach wie vor da war. Ich wollte endlich wissen, was es mit ihm auf sich hatte ...

»Anki, ich habe da einen Knoten in der Leiste. Kannst du mal nachschauen, was das ist?«

»Wie lange hast du ihn denn schon?«

»Na ja, inzwischen ein knappes Jahr.«

Sie schaute mich missbilligend an.

»Lass mich mal sehen«, sagte sie dann.

Sie drückte und fühlte eine Weile, dann breitete sich ein erleichtertes Lächeln auf ihrem Gesicht aus.

»Du hattest einen Leistenbruch!«

»Was? Ich dachte, den bekommen nur Männer!«

»Nein, nicht nur, aber bei Frauen ist es tatsächlich äußerst ungewöhnlich. Du hast sicher zu viel und zu schwer gehoben und geschoben. Aber du musst operiert werden. Sieh zu, dass du das gleich tust, wenn du wieder zu Hause bist.«

Mein Knoten war ein Leistenbruch ... Es war eigenartig, plötzlich zu wissen, worum es sich handelte.

Im Januar 1999 begann ich die Ausbildung zur Rettungsassistentin. Es war das erste Mal, dass ich wieder zur Schule ging, seit ich das Gymnasium verlassen hatte. Und es war lustig! Dennoch fühlte ich mich nach wie vor eigentümlich bedrückt und apathisch. Trotzdem stimmte ich zu, als Torbjörn und einige andere ein verspätetes Willkommensfest ausrichten wollten. Wahrscheinlich war es gut so, sonst würden sich meine Freunde noch Sorgen um mich machen. Es wurde ein schönes Fest, und ich freute mich darüber, doch die Leere in mir war hinterher noch größer als vorher.

Ende Januar rief mich Anders Öhman an, ein Journalist von *Dagens Nyheter*. Er hatte von meinem Segeltörn gehört und wollte mich gerne kennen lernen. Ein paar Tage später trafen wir uns – es war ein folgenreiches Treffen. *Dagens Nyheter* und die Älvsjö-Bootsmesse wollten die *Artemisia* und mich im März in *Alles für die See* vorstellen! Ich hatte keine Ahnung, was da auf mich zukam, aber ich sagte zu.

Knapp eine Woche später weckte mich in aller Herrgottsfrühe das Klingeln des Telefons. In den letzten Tagen war es richtig kalt gewesen, das Eis wurde immer dicker. Der Wetterbericht prognostizierte eine länger anhaltende Kälteperiode. Der Mann am Telefon rief von einem Schlepper aus an, mit dem er die *Artemisia* abholen sollte, so schnell es ging. Sie lag nämlich immer noch im Wasser, und wenn wir länger warteten, würde sie einfrieren und nicht mehr zur Bootsmesse transportiert werden können. Ich zog mich in Windeseile an und fuhr hinunter zu dem Schlepper. Wir brachen das Eis bis hinunter nach Långholmen auf und befreiten die *Artemisia* aus der Umklammerung. Alle waren glücklich, außer den Schlittschuhläufern, deren Eisfläche zerstört war.

Die Bootsmesse wurde Ende März eröffnet. Dort standen nun die ramponierte *Artemisia* und ich inmitten neuer, blank polierter und teurer Segelboote. Ich fühlte mich etwas fehl am Platz zwischen all den Ausstellern. Die Messe dauerte zehn Tage lang – und was für Tage! Vor der *Artemisia* bildete sich eine konstant lange Schlange; alle wollten an Bord steigen und mein Boot sehen. Ich habe noch nie in meinem ganzen Leben so viele Leute begrüßt und mit so vielen gesprochen. Ich erfuhr so viel Hochachtung und hörte so viele freundliche Worte, dass ich langsam zu verstehen begann, dass ich tatsächlich etwas Ungewöhnliches getan hatte. Während der Messe durfte ich außerdem das *Båtsnytts Guldratt* entgegennehmen, »Das goldene Steuerrad der *Bootsnachrichten*«, eine Auszeichnung, die das Magazin ein Mal im Jahr vergab. Es war eine unglaublich intensive und fantastische Zeit.

Bootsklubs, Vereine und Organisationen von Malmö bis Piteå riefen an und baten mich, Vorträge über meine Reise zu halten. Und wieder bekam ich eine Auszeichnung, die Solander-Plakette der Segelgesellschaft von Piteå. Auf sie war ich besonders stolz, weil sie dem Botaniker Daniel Solander gewidmet ist, einem Bürger von

Piteå, der im 18. Jahrhundert auf James Cooks Schiff nach Feuerland gereist war.

Doch eines Tages im Mai erhielt ich einen ganz besonderen Anruf. Er kam aus der Zentrale der Stockholmer Klinik. Man fragte mich, ob ich daran interessiert wäre, dort als Umweltbeauftragte zu arbeiten. Was für ein Traumjob! Endlich würde ich die Möglichkeit haben, umweltfreundliche Maßnahmen zu treffen und nicht nur darüber zu reden! Es war eine Halbtagsstelle, was ich gut fand, denn so hatte ich auch noch Zeit für anderes. Trotzdem wollte ich meine Ausbildung zur Rettungsassistentin nicht abbrechen. Wenn ich jetzt absprang, würde ich sie niemals zu Ende bringen.

Während des wunderbaren Sommers 1999 arbeitete ich wie geplant nachts als Rettungsassistentin, um ein bisschen Geld für die *Artemisia* zusammenzubekommen. Durch die Risse in der Außenhaut war Feuchtigkeit eingedrungen und auch der Kiel war sehr mitgenommen. Sie musste in eine Werft gebracht werden und das würde mich einiges kosten ... Schon wenige Wochen nachdem ich heimgekommen war, war die *Artemisia* von einem Sachverständigen untersucht worden. Er hatte nie zuvor ähnliche Sprünge wie die in der Außenhaut meines Bootes gesehen, doch er war beeindruckt davon, in welch gutem Zustand es den Törn überstanden hatte.

Es stellte sich heraus, dass die Schäden am Kiel nicht so schlimm waren, wie ich befürchtet hatte, und im Sommer 2000 würde die *Artemisia* sicher wieder in den Schären vor Stockholm herumsegeln, schöner denn je!

Nach einer ziemlich langen Zeit traf ich mich wieder mit Lasse. (Wir wohnen nicht in derselben Stadt.) Ich war froh darüber, dass wir uns trafen, doch nach wie vor sind wir vollkommen unterschiedlicher Meinung darüber, warum unser gemeinsamer Törn so missglückt war. Anstatt über seine Erlebnisse zu sprechen, hat Lasse alles aufgeschrieben. Seine Beschreibung lässt mich vieles verstehen, was ich zuvor nicht begreifen konnte. Er hatte seinen Beschluss, mit mir zu segeln, bereits bereut, bevor er Schweden verließ. Vor allen Dingen wollte er seine Frau Ann nicht allein lassen. Aber er hatte auch befürchtet, dass wir in Zeitnot gerieten (was dann auch der Fall war, hauptsächlich weil wir in ganz Patagonien so viel Gegenwind hatten), und er wusste, dass ich schon zuvor eine ziemlich anstrengende Zeit durchgemacht hatte. Er betrachtete das Ganze als eine Art Hilfsaktion und wollte mich eigentlich dazu überreden, die *Artemisia* in Chile zu lassen und in der nächsten Saison weiterzusegeln. Er war einzig und allein bei mir geblieben, weil er mich nicht im Stich lassen wollte. Das Ganze war für ihn eine große Qual gewesen. Dass es irgendwann zwischen uns nicht mehr funktionierte, machte das Ganze nur noch schlimmer. Kein Wunder, dass es schließlich für uns beide ziemlich anstrengend geworden war.

Unsere Beschreibungen der Geschehnisse unterscheiden sich deutlich voneinander, und unsere Auffassungen von diesem Segeltörn werden wohl für immer verschieden bleiben.

Wie ich mich fühlte, als ich heimkam, und wie sich alles danach entwickelte – dazwischen liegen Welten. Die Arbeit als Umweltkoordinatorin ist sehr spannend und meine Segelvorträge bereiten mir immer noch viel Freude. Vor allem will ich zeigen, dass man zu mehr in der Lage ist, als man sich meistens zutraut, und dass einem immer und überall unendlich viele Möglichkeiten offen stehen.

Ich bin nach meinem Segeltörn keine andere Person geworden. Im Gegenteil: Ich bin heute mehr denn je ich selbst. Vor allem gehe ich weniger Kompromisse ein. Die Worte »Angst« und »Möglichkeiten« haben neue Dimensionen bekommen. Ich weiß heute, dass so vieles möglich ist. Es scheint, als ob wir heutzutage viel zu häufig versuchen, Kontrolle über etwas zu erlangen, das wir beim besten Willen nicht kontrollieren können, statt all unsere Energie dort einzusetzen, wo Veränderung möglich ist. Allzu oft sind wir in starren Konventionen befangen. Ich wünschte, wir würden häufiger wagen, sie zu durchbrechen.

Wonach streben wir eigentlich wirklich? Manchmal, wenn grundlegende Dinge in unserem Leben passieren, stellen wir uns die richtigen Fragen: Wie lebe ich mein Leben? Was ist mir wirklich wichtig? Wie soll die Zukunft aussehen?

Ich glaube, dass die Zukunft hoffnungsvoller aussähe, wenn wir uns nur ernsthaft auf diese Fragen einließen.

Viele fragen mich, ob und wann ich wieder in See steche. Für viele Langfahrtensegler ist es schwer zurückzukehren. Das Einzige, was zählt, ist so schnell wie möglich wieder aufzubrechen. So wollte ich nicht werden, zum einen, weil es auch an Land viel Gutes zu tun und zu erleben gibt, zum anderen weil ich glaube, dass auch dies eine Form der Flucht ist. Erst nach fast einem Jahr zu Hause begann ich die Tragweite dessen zu verstehen, was mir mein Törn tatsächlich gegeben hatte. Heute trage ich eine große Selbstgewissheit in mir, die mich überallhin begleitet. Ich fühle mich also wohl an Land. Doch das Meer liebe ich ...

Ich werde zuerst meine Schulden abbezahlen und die *Artemisia* reparieren. Dann kann ich über das Wann und Wie nachdenken. Realistisch betrachtet, wird dies ein paar Jahre dauern, aber das macht nichts. Ich weiß ja, dass alles möglich ist.

Reiseroute

1997
19. Juni
ab Långholmen
Besatzung: Micke und Reine

28. Juni
an Gislövs läge
(Trelleborg)

3. Juli
ab Gislövs läge
Besatzung: Inger und Jaak

13. Juli
an Brighton

28. Juli
ab Brighton
Besatzung: Peter

31. Juli
an Falmouth

7. August
ab Falmouth

25. August
an Madeira

14. September
ab Madeira
alleine

15. September
an Porto Santo

12. Oktober
ab Porto Santo
an Madeira am selben Tag

21. Oktober
ab Madeira
Besatzung: Torbjörn

25. Oktober
an Las Palmas

29. Oktober
ab Las Palmas

25. Dezember
an Mar del Plata

1998
4. Januar
ab Mar del Plata
Besatzung: Richardo

5. Januar
an Puerto Quequen

8. Januar
ab Puerto Quequen

17. Januar
an Puerto Deseado

2. Februar
ab Puerto Deseado

10. Februar
an Rio Gallegos

17. Februar
ab Rio Gallegos
Besatzung: Lasse

20. Februar
an Punta Arenas

23. Februar
ab Punta Arenas

31. März
an Puerto Montt

6. April
ab Puerto Montt

11. Mai
an Panama

21. Mai bis 22. Mai
Durchfahrt Panamakanal
Besatzung: Maria

28. Mai
ab Panama

9. Juni
an Kuba

16. Juni
ab Kuba
alleine

18. Juni bis 20. Juni
Guantánamo Bay

22. Juli
an Horta

2. August
ab Horta

23. August
an Brighton

27. August
ab Brighton
Besatzung: Torbjörn

13. September
an Gislövs läge

18. September
ab Gislövs läge
alleine

9. Oktober
an Långholmen

S/Y Artemisia – Bootsdaten

Bootsmodell: Bianca 27
Masthead-Takelage mit Mast auf Deck
Konstrukteur: Christensen, Bianca Yacht AS, Dänemark
Baujahr: 1971
Gesamtlänge: 8,25 m
Länge Wasserlinie: 6,20 m
Breite: 2,44 m
Tiefgang: 1,40 m (Langkiel)
Freibord: 0,70 m
Stehhöhe: 1,82 m
Verdrängung: 3250 kg
Ballast: 1450 kg
Großsegel: 16,4 m^2
Rollgenua: 26,9 m^2
Genua: 25,7 m^2
Fock: 15,5 m^2
Sturmfock: 6,4 m^2
Dieseltank: 120 l
Frischwasser: 120 l
Motor: Volvo Penta MD 1B
GPS: Silva Nexus
Echolot: Silva Nexus
Seenot-Rettungssender: EPIRB 406 MHz
Watermaker: PUR, Power Survivor 35

Selbststeueranlage: Navik
Autopilot: Autohelm, ST 4000 Plus
Rollreff: Hood 705
Wetterdienst: Navtex
Kocher: POD
Solarpaneel: Neste, NM75 G, 75 W
Heizung: Eberspächer, D1 L-C
Kühlschrank: Isostar Compact 2000
Pumpen: Whale, zwei Stück, manuell
Radiosender: Sangean, ATS8 18CS

Gesamtkosten:
Ausstattung der *Artemisia*: knapp 170000 schwedische Kronen
Ausgaben während des Segeltörns: ca. 80000 schwedische Kronen
Die kleine Reisekasse war möglich, weil meine Besatzung für die Lebensmittel verantwortlich war, während ich für die Instandhaltung des Bootes sorgte.
Zusätzliche Kosten bei der Heimkehr (Reparatur des Motors und Bezahlung des Autopiloten) 17000 schwedische Kronen, sowie das Abbezahlen des Kredits